Sobel

40 anos de liderança espiritual

Sobel

40 anos de liderança espiritual

Copyright © 2014 Henry Sobel
Copyright desta edição © 2014 Alaúde Editorial Ltda.

Todos os direitos reservados. Nenhuma parte desta edição pode ser utilizada ou reproduzida – em qualquer meio ou forma, seja mecânico ou eletrônico –, nem apropriada ou estocada em sistema de banco de dados sem a expressa autorização da editora.

O texto deste livro foi fixado conforme o acordo ortográfico vigente no Brasil desde 1º de janeiro de 2009.

Preparação: Cacilda Guerra
Revisão: Ana Luiza Candido
Capa e projeto gráfico: Rodrigo Frazão
Imagem de capa: Acervo do autor

Impressão e acabamento: Ipsis Gráfica e Editora Sociedade Anônima

1ª edição, 2014

CIP-Brasil. Catalogação na publicação
Sindicato Nacional dos Editores de Livros, RJ

S659s
Sobel, Henry
　　Sobel : 40 anos de liderança espiritual / Henry Sobel. - 1. ed. - São Paulo: Alaúde, 2014.
　　256 p. : il. ; 22 cm.
　　Inclui índice

　　ISBN 978-85-7881-212-6

　　1. Vida religiosa - Judaísmo. 2. Filosofia judaica. I. Título.

14-12357
　　　　　　　　　　　　　　　CDD: 296.7
　　　　　　　　　　　　　　　CDU: 26-4

2014
Alaúde Editorial Ltda.
Rua Hildebrando Thomaz de Carvalho, 60
São Paulo, SP, 04012-120
Tel.: (11) 5572-9474
www.alaude.com.br

Crédito das imagens

Shutterstock: p. 10 (© Oleg Ivanov IL); p. 18 (© blueeyes); p. 26 (© tomer turjeman); p. 34 (© grafnata); p. 45 (© Yakov Bloch); p. 53 (© Hitdelight); p. 63 (© Maglara); p. 69 (© Scott Rothstein); p. 78 (© tomer turjeman); p. 87 (© tomer turjeman); p. 92 (© tomer turjeman); p. 98 (© Claudia Fernandes); pp. 102-103 (© danileon); p. 109 (© Igor Shootov); p. 119 (© LeonP); p. 120 (© V.Kuntsman); pp. 136-137 (© Vladimir Chelovskiy); p. 144 (© tomer turjeman); p. 163 (© tomer turjeman); p. 169 (© Alon Othnay); p. 171 (© tomer turjeman); p. 172 (© Anneka); p. 176 (© spe); pp. 178-179 (© Constantine Pankin); p. 181 (© Constantine Pankin); pp. 184-185 (© grafnata); p. 192 (© Nancy Bauer); p. 198 (© Anneka); pp. 208-209 (© Yehuda Boltshauser); p. 211 (© grafnata); p. 215 (© Sergey Karpov); p. 216 (© evp82); p. 218 (© Vladimir Vorobeychik); p. 222 (© Arkady Mazor); p. 227 (© Samuel Perry); p. 231 (© grafnata); p. 235 (© Mika Schick); pp. 242-243 (© ChameleonsEye). **Acervo do autor:** pp. 40-41.

*"O passado é nosso legado,
o presente é nosso presente
e o futuro é nosso desafio."*

Henry Sobel

Apresentação

No início da década de 1970, o rabino Henry Sobel desembarcava em São Paulo a convite da Congregação Israelita Paulista – CIP. Começava aí a trajetória no Brasil de um líder capaz de transpor os limites da comunidade judaica no país para se tornar símbolo do diálogo inter-religioso e da luta pela preservação dos direitos humanos no cenário nacional e internacional.

Durante as quatro décadas em que atuou como membro do rabinato da CIP, Henry Sobel produziu um grande acervo de registros de prédicas, discursos, palestras e artigos para revistas e jornais.

Sobel – 40 anos de liderança espiritual traz o que há de mais significativo e relevante na produção textual do rabino a partir de janeiro de 1974, encerrando-se com o discurso proferido por ele na grande festa realizada em sua homenagem em 30 de março de 2009, na Sala São Paulo.

Os textos falam sobre os mais variados assuntos – a essência do judaísmo, a importância das relações com outras religiões, o Holocausto, dúvidas existenciais sobre a vida, nossa relação com Deus, a morte do jornalista Vladimir Herzog durante a ditadura brasileira, o nascimento do primeiro bebê de proveta e fenômenos astronômicos sob a ótica judaica – e estão organizados em ordem cronológica, por década.

Ao mesmo tempo em que retrata a trajetória de Henry Sobel, cada prédica e artigo presente neste livro também atesta aos leitores, em especial aos que não vivenciaram as décadas de 1970 e 1980, as razões pelas quais o rabino influenciou milhares de pessoas, dentro e fora do judaísmo, e se tornou uma importante figura da história política brasileira.

Boa leitura!

Anos 1970

11 Três verbos: "crescer", "ir adiante" e "ver"
14 Carnaval de 1974 – novas impressões
19 O homem pode fazer dinheiro, mas o dinheiro não faz o homem
21 A felicidade está aqui
24 Excesso de bagagem
27 O intangível
30 Religião e política combinam
35 *Apollo*, *Soyuz* e nós
41 Tributo a Vladimir Herzog
42 Quando os sonhos não se realizam

44   O décimo homem

46   Há dois mares na terra de Israel

47   Eu acuso!

51   As escolhas de Moisés

54   Bebê de proveta – o nascimento de Louise Brown

57   A política da não intervenção

61   Antes de morrer

64   O papa em Auschwitz

66   Jesus: um emissário de Deus?

70   O shofar silencioso

Três verbos: "crescer", "ir adiante" e "ver"

Prédica, 11 de janeiro de 1974

Na leitura da Torá desta semana, lemos a história de Moisés, o começo de sua vida, as suas primeiras experiências, a sua liderança no Egito… e nós achamos um versículo muito interessante: "E nesses dias Moisés cresceu, Moisés foi adiante ao encontro de seus irmãos, e Moisés viu suas aflições".

Já na abertura da história, encontramos três verbos que sugerem a *qualidade*, a *essência*, a *química* de sua vida. Escutem, por favor, os três verbos: "ele cresceu"; "ele foi adiante"; "ele viu".

Vocês sabem, a língua hebraica é primeira e essencialmente marcada pelo uso dos verbos. Em outras línguas, o substantivo representa a parte mais dominante, ou os adjetivos, que denotam o modo, ou sugerem uma impressão. Mas no hebraico é o verbo que é importante. No hebraico, o verbo é a parte mais dinâmica da língua. Vocês devem saber por quê.

O judaísmo não é apenas uma teologia. O judaísmo não é uma série de dogmas. O judaísmo, como religião, e os judeus, como um povo, são orientados pela ação. Nós acreditamos nas mitzvot, os 613 princípios da vida diária. Não expressamos nossa crença através de palavras e símbolos; nós cumprimos a nossa fé através de ações, através de atividades concretas, reais.

Agora, deixem-me lhes falar um pouco sobre o texto; sobre a mensagem desta semana da nossa Torá.

A história de Moisés começa com três palavras importantes; não com três conceitos, não com três ideais, não com três propósitos gerais, mas com três requisitos básicos para a vida judaica.

"E Moisés cresceu." Meus amigos: não é verdade que o crescimento pertence somente aos jovens. O desenvolvimento é a lei da vida, vivemos apenas enquanto crescemos. Quando paramos de crescer, paramos de viver. A vida não nos permite ficar estagnados. Devemos nos esforçar sempre; devemos nos elevar sempre.

Conheço muitas pessoas que alcançam certo ponto na vida e então param. Suas ideias nunca se desenvolvem. Elas chegam a um repouso, a um descanso. O que elas não sabem é que o repouso, intelectual ou espiritual, é sinônimo de morte. Devemos aprender a nos desenvolver; isso é o requisito da vida. Desenvolver-se no bem, desenvolver-se na sabedoria, devemos nos desenvolver na mente, devemos nos desenvolver no coração.

O segundo verbo: "E Moisés foi adiante". Essa foi a segunda característica na liderança de Moisés. Quantas pessoas se tornam prisioneiras de seu ambiente estreito, da particularidade de sua classe econômica, de seu grupo social, de sua sinagoga individual? Meus amigos: nós temos a necessidade de nos estender, de ir adiante na comunidade judaica. Psiquiatras dizem que, hoje em dia, muitas pessoas estão doentes porque elas não têm a capacidade de ser extrovertidas. Elas estão limitadas atrás das barricadas de seus próprios egos. Elas não participam da grande tarefa do mundo. Elas não sentem a aflição de toda a humanidade. Em uma palavra, elas não sentem a responsabilidade para com os outros, como sentem para consigo.

Eu já disse isso uma vez, e volto a dizer: esta nossa sinagoga pode somente ser um instrumento, um veículo, não um fim, não um destino. A sinagoga deve nos ensinar e o rabino deve nos encaminhar, e o sócio deve nos seguir para enfrentar o mundo, enfrentar importantes problemas judaicos mundiais. Israel, os judeus na União Soviética, o antissemitismo negro nos Estados Unidos*; não como "eu ou eles", mas como "nós". Como "nós" no mundo inteiro.

Meus amigos: não podemos viver vidas sentidas, de vitalidade, a menos que nos movimentemos mais adiante, para fora de nossas próprias vidas, fora de nossas próprias casas, fora de nossas próprias comunidades, na grande vida da qual todos nós somos uma pequena parte. Moisés foi adiante, para fora do grandioso palácio e

---

* No livro *Entre campos: nações, culturas e o fascínio da raça* (Ed. Annablume, 2000), Paul Gilroy, professor do King's College, de Londres, Inglaterra, menciona o crescimento do "antissemitismo negro" nos Estados Unidos entre 1933 e 1940, sobretudo nas grandes cidades do leste do país, onde, segundo uma pesquisa, havia negros de classe média favoráveis a ideias nazistas. Mais recentemente, Louis Farrakhan, atual líder do grupo americano Nação do Islã, apareceu em uma lista das dez pessoas/organizações mais antissemitas do mundo, elaborada em 2012 pelo Centro Simon Wiesenthal, ONG israelense de defesa dos direitos humanos. [N. E.]

seus luxos; Moisés foi adiante, para fora da posição de poder e autoridade e segurança. Ele foi adiante. Ele reconheceu que sua própria vida não era tudo. Sim, ele perdeu seu trono, mas ele ganhou a sua imortalidade.

"E ele viu." No Egito havia homens de grande poder e riqueza. No Egito, havia cultura, havia educação. Mas no Egito, nos dias de Moisés, havia cenas de crueldade e escravidão nas ruas. Homens com chicotes, bastões, pessoas gritando e chorando. Mas esses mesmos homens de poder, de riqueza, de educação, não viram realmente as dores dos outros. Foi Moisés quem viu! Ele parou, ele viu a dor, as pessoas em agonia. E a agonia dos outros tornou-se a agonia dele. Moisés tinha olhos e viu.

Quantas pessoas hoje em dia têm olhos, mas não sabem usá-los. Na semana passada, por acaso, num avião, eu estava sentado atrás de duas senhoras que falavam de sua recente viagem ao redor do mundo. Elas estavam discutindo e comparando suas experiências. O que elas viram nessa viagem pelo mundo? Eu ouvi: elas viram restaurantes, hotéis, teatros e boates. Elas viram tudo isso, mas elas não viram pessoas. Eu as ouvi falarem de comidas diferentes, em diferentes lugares do mundo, da moda, dos hábitos. Interessante: não ouvi uma palavra sobre uma criança faminta, em qualquer lugar que elas visitaram. Nem uma palavra sobre pessoas nas trevas. Sequer uma palavra a respeito das favelas, das feiras e das vizinhanças pobres. Elas não viram pessoas; e ainda assim elas foram pelo mundo inteiro.

Meus amigos: será que vemos coisas além das nossas vidas? É a realidade do Brasil, do Jardim América ou do Jardim Europa, em São Paulo?

Será que a nossa visão é tampada pela dureza de nossos corações e pelos nossos próprios confortos? Confrontamo-nos com a dor e o sofrimento dos outros? Ou tememos que a dor dos outros possa nos afetar, nos afligir, Deus nos livre, tirar o nosso apetite para uma boa refeição?

"Moisés viu." Ele fez mais do que ver; ele também cresceu. E ele também foi adiante. Talvez todos nós não possamos ser como Moisés; mas podemos realizar alguma coisa do espírito mosaico se crescermos e se formos adiante, dentro da vida dos outros, e se quisermos enxergar o que deve ser visto. Esse é o nosso supremo desafio; para viver os três verbos da nossa leitura da Torá desta semana.

Carnaval de 1974 – novas impressões

Prédica, 1º de março de 1974

No ano passado, foi exatamente nesta época do ano, lembro-me muito bem, falei-lhes daqui do púlpito sobre o significado do Carnaval brasileiro, especificamente do Carnaval carioca e a sua mensagem para os judeus e não judeus no mundo inteiro. Se vocês se lembram, eu disse algo sobre as minhas experiências no Rio, minhas impressões sobre o companheirismo, a unidade e o amor, todos tão manifestados. Certamente vocês se lembram de como eu estava entusiasmado quando voltei. Este ano, nesta semana que passou, eu infelizmente não pude ir ao Rio para ver tudo aquilo de novo. Mas, ainda uma vez, este ano, decidi não perder aquela fabulosa emoção. Este ano vi o Carnaval na televisão. As fantasias, as cores, a alegria, a música, a dança, tudo isso ainda uma vez causou-me viva impressão. No ano passado, falei-lhes da notável unidade do povo brasileiro: pretos e brancos, velhos e jovens, belos e não tão belos, ricos e pobres, todos tão unidos na alegria carnavalesca. Esta noite, quero falar-lhes sobre uma outra dimensão do Carnaval: a participação, o relacionamento atuante, a sensacional, como direi… comparticipação total das massas… tudo isso, podem estar certos, deixou em mim uma marca indelével. E é justamente isso, a participação e o relacionamento, que acho extremamente apropriado como tema para a minha prédica desta noite, talvez como tema para todos os Shabat, mas especialmente neste Shabat, Shabat Zachor, o Shabat antes de nosso "Carnaval" judaico.

Agora vocês vão rir. Sabem o que eu estava pensando enquanto assistia ao desfile na televisão? Para falar a verdade, eu estava pensando numa cena, numa cena extraordinária tirada diretamente da Bíblia, com o meu herói bíblico favorito, o rei Davi. Sempre gostei mais do rei Davi do que qualquer outra personalidade da Bíblia. Bem, vamos deixar isso de lado por enquanto; vou-lhes dizer por que numa outra vez.

De qualquer maneira, ali estava ele, o rei Davi, transportando a Arca de Deus para Jerusalém. A história está no segundo livro de Samuel. Em poucas palavras, Davi tinha sucedido ao rei Saul, e decidira fazer de Jerusalém a capital de Israel. Tendo tomado essa decisão, Davi resolveu levar a Arca de Deus para a capital. A Arca, naturalmente, era o símbolo da fé. Todos os preparativos: um carro foi especialmente fabricado para transportar a Arca, e a procissão, obviamente, foi alegre e festiva, com muita, muita música acompanhando o transporte. A Bíblia nos conta algo sobre como foi processada a mudança, estou citando diretamente da fonte: "E Davi e toda a casa de Israel tocavam na presença do Senhor toda espécie de instrumento".

Havia harpas, timbales, tambores e címbalos. Tudo, tudo mesmo. Havia um tom de alegria e, como direi, um ambiente tão yom tov! Interessante: entre os dançarinos e festeiros estava o próprio rei Davi. Ouçam: "E Davi dançou na presença de Deus, com todas as suas energias".

Quando a Arca chegou finalmente a Jerusalém, de uma janela bem acima da rua em festa, Michal, a esposa de Davi, viu seu marido pulando e dançando. Quando a festa chegou ao fim, Davi voltou para casa, recebendo um "Veja como você se portou" de acolhimento! Que beata de mulher!... Afinal de contas, o rei de Israel pulando e dançando com o povo, com as massas?! Davi, melech Israel?! É este o comportamento da nobreza? Como ela era esnobe!

Bem, Davi, de acordo com o nosso trecho bíblico, ficou muito zangado com sua mulher e imediatamente respondeu às suas críticas: "Minha querida mulher, se eu estava dançando, eu estava dançando perante Deus, que me elegeu rei. E quanto ao meu futuro comportamento, querida esposa, continuarei a dançar e sentir-me feliz na presença de Deus".

Vocês perguntarão: qual é a conexão entre esse texto e o Carnaval? Afinal de contas, o contexto é completamente diferente! Vou-lhes dizer qual é a conexão numa só palavra: a palavra é alegria, a palavra é participação, a palavra é comemoração (yom tov), a palavra é festividade, a palavra é regozijo, a palavra é dança.

Devo dizer-lhes que participação, comemoração e alegria são aspectos fundamentais do judaísmo? Comemoramos no Shabat, com boa comida e excelentes vinhos. Tudo faz parte do conceito de oneg, de prazer. Dançamos e cantamos em Simchat Torá, não é? Na festa de Purim, na próxima quinta-feira, vamos mais uma vez dançar e rejubilar-nos numa alegria de família.

Nosso vocabulário do século XX não sanciona o uso da dança e do canto, do sentimento de felicidade, de divertimento na presença de Deus. Nosso mundo, quando isso acontece, reza, programa serviços religiosos, celebra rituais, começando pontualmente e pontualmente terminando; mas nunca falamos de dança, nunca falamos de pulos, nunca falamos de regozijo perante Deus. As danças e os pulos de Davi, receio eu, constituem um capítulo da história religiosa que já chegou ao fim. Bem, talvez não completamente.

Os chassídicos. Lembram-se dos chassídicos? Ah! Aqueles fantásticos chassídicos! Eles ainda cantam e dançam, não é verdade? Eles batem palmas, eles balançam a cabeça, gingam o corpo e cantam os seus salmos. Medieval? Bizarro? *Passé*? *Oh, no*! Para os chassídicos suas canções, suas danças, suas comemorações, suas participações, apesar da sofisticação de nosso século XX, tudo faz parte e está relacionado com a vida. Para os chassídicos, viver é participar.

Meus amigos: acho muito triste. Acho muito triste que muitos de nós, hoje em dia, que a maior parte de nós, hoje em dia, tenha perdido a capacidade de participar. Tornamo-nos espectadores, não participantes. Setenta mil pessoas enchem o estádio do Pacaembu num domingo e observam 22 homens jogarem futebol. Quem pode avaliar os milhões que se sentam em frente aos seus televisores absortos nas emoções do jogo?

Agora quero chegar ao ponto crucial, à essência de minha mensagem: tornamo-nos espectadores não apenas do futebol, mas, o que é mais triste, tornamo-nos espectadores da religião também. Tornamo-nos espectadores no judaísmo! Muitos de vocês, tenho certeza, sinto-o, muitos de vocês continuam a colocar o rabino, o cantor, o coro num palco, e vocês vêm na noite de sexta-feira ou na manhã de sábado assistir ao show! Quantos de vocês, honestamente, quantos de vocês ainda podem participar? Quantos ainda podem se emocionar, quantos ainda podem se relacionar, mas realmente se relacionar, com Deus, com a sinagoga, com o judaísmo? Quantos de vocês responderão se eu pedir a Harry para parar de tocar o órgão de repente, no meio do serviço? Ou se eu pedir ao coro e ao cantor para pararem de cantar durante a nossa liturgia? Quantos de vocês elevarão suas vozes e cantarão, em oração, sem ficar constrangidos? Quantos de vocês podem *let yourselves go*, como dizemos em inglês, "deixar-se levar" de uma maneira judaica completa, linda e *total*?

É o que gosto tanto na experiência religiosa no Muro das Lamentações, em Jerusalém. Não é tanto a beleza, e naturalmente ela é bela; não é tanto a santidade, e naturalmente ela é santa. É basicamente e essencialmente o relacionamento, a completa participação, a visão de homens, como o rei Davi em seu tempo, plenamente comprometidos, física e espiritualmente, com o serviço de Deus. Devo dizer-lhes que admiro as pessoas que podem libertar todas as suas emoções interiores através da dança e do canto e através do contentamento na presença de Deus. Agora vocês naturalmente já sabem que sou um chassídico de coração.

Meus amigos: parece-me que também podemos aprender uma lição do Carnaval carioca. O desfile na avenida Presidente Antônio Carlos não foi um show. Eu não senti show. As massas nas arquibancadas relacionavam-se, comprometiam-se, estavam compenetradas da alegria carnavalesca. As massas estavam dançando, cantando e pulando com os sambistas, com os líderes. É isso que precisamos aplicar em nossa consciência religiosa hoje em dia: maior relacionamento, maior participação sincera, maior compromisso interior: congregação com rabino, rabino com cantor, cantor com coro, coro com público. Como já disse anteriormente, uma libertação de nossas emoções interiores, por meio de uma canção, uma dança, um salto.

É muito saudável, sabem, psicologicamente, exteriorizar-se livremente. Precisamos ser mais festivos, precisamos ser mais dadivosos. Mais calor, mais participação, mais relacionamento. Digo-lhes esta noite, por favor, vivam o Carnaval 365 dias por ano, entregando-se totalmente, com total devoção, a Yiddishkeit. Cantando, dançando e pulando "Lifnei Adonai" na presença de Deus.

O homem pode fazer dinheiro, mas o dinheiro não faz o homem

Prédica, 22 de março de 1974

Em nossa leitura da Torá para amanhã, Parashá Pekudei, verificamos a fabulosa generosidade do povo de Israel com relação à construção do santuário no deserto, e as imensas contribuições em ouro e prata para sua manutenção. O dinheiro foi usado construtivamente, tendo como objetivo a solidariedade religiosa da comunidade. Conheço muitas pessoas nesta congregação que têm objeções à palavra "dinheiro" pronunciada do púlpito de uma sinagoga. Esta noite quero falar-lhes sobre dinheiro, ou, melhor ainda, o que fazer com o nosso dinheiro, não com o propósito de aborrecer aqueles que possam ter qualquer objeção; mas porque creio que o judaísmo tem algo a nos ensinar sobre todos os fatos da vida. Se o dinheiro faz parte da vida, então o judaísmo deve ter algo a falar sobre dinheiro, é claro!

Nós estamos vivendo num mundo material; dinheiro é um fator importante em nossas vidas. Nunca antes na história da humanidade a nossa sociedade gozou de tanta afluência quanto hoje em dia. O judaísmo nunca declarou, como os nossos bons amigos cristãos declaram, que "abençoados são os pobres"; declaramos que o dinheiro é importante. Precisa-se de dinheiro para viver com dignidade; precisa-se de dinheiro para criar os nossos filhos honradamente; precisa-se de dinheiro para educar as nossas filhas, e precisa-se de dinheiro para tratar de nossos entes queridos depois que eles alcançarem o descanso eterno. Mas a verdadeira questão não é o que fazemos com o nosso dinheiro, a pergunta fundamental é o que o dinheiro faz conosco. Enquanto o ouro é testado no fogo, o homem é testado pelo ouro. O dinheiro pode destruir algumas pessoas. O dinheiro pode tornar algumas pessoas arrogantes e nocivas. Conheço muitas pessoas que só sabem guardar o dinheiro para si mesmas; pessoas que se interessam mais pelas regras do ouro do que pela regra de ouro.

Meus caros amigos: acho particularmente interessante que, em inglês, um homem rico é chamado *"a man of means"*, literalmente "um homem de meios", e não *"a man of ends"*, não "um homem de fins". O verdadeiro homem rico compreende que a riqueza é apenas um meio para o bem-estar dos outros; com dinheiro podemos ajudar escolas, podemos ajudar sinagogas, podemos ajudar hospitais, podemos ajudar causas que são caras a todos nós, como judeus e como brasileiros.

A pergunta-chave que devemos nos fazer é a seguinte: o que estamos fazendo com o nosso dinheiro? O que o nosso dinheiro está fazendo conosco? Uma coisa é certa. Enquanto o homem pode fazer dinheiro, o dinheiro não pode fazer o homem. A medida real do homem é o quanto ele valeria para os outros se ele perdesse todo o seu dinheiro.

Termino minhas curtas observações esta noite com uma simples história que, a meu ver, contém uma grande verdade: era uma vez um grande violinista que se achava diante de uma grande audiência, e que a impressionava com os seus dons artísticos. De repente, no meio de sua execução, ele parou de tocar, tirou o violino de debaixo do queixo e esmigalhou-o em mil pedaços. O público, atônito, continuou sentado. No meio daquele silêncio, o violinista foi até a frente do palco e dirigiu-se ao público: "Não fiquem alarmados", disse ele calmamente, "o violino que acabei de quebrar foi comprado por poucos cruzeiros. Agora desejo tocar para vocês num Stradivarius". E o que fez ele? Ele rapidamente tirou o valioso Stradivarius de sua caixa, afinou-o e começou a tocá-lo. Interessante: não obstante a música ser magnífica, ela era virtualmente igual à execução anterior. Quando o artista terminou a sua execução, ele dirigiu-se novamente à audiência e disse humildemente: "Amigos, tanto se tem dito sobre o valor deste violino em minhas mãos que eu quis mostrar-lhes que a música não está no instrumento; a música está na pessoa que a toca".

Meus amigos: lembro-lhes as palavras em nossa Pirkei Avot: quem é o homem rico? O homem que está satisfeito com o que tem! A riqueza, a verdadeira riqueza, não é avaliada pelo que temos; a verdadeira riqueza é avaliada pelo que somos. Shabat shalom!

A felicidade está aqui

Prédica, 10 de maio de 1974

Logo depois que cheguei de Nova York, quarta-feira passada, um grande amigo meu perguntou-me: "Você está contente de estar de volta a São Paulo?" Respondi com certa hesitação: "Sim". Hesitação porque eu não tinha mais certeza. Hesitação porque eu estava tão feliz por estar em Nova York, mesmo por um período tão curto. Em Nova York havia, Baruch Hashem, meus pais, meu avô, minha família, meus colegas, meus amigos... Em Nova York havia tantos motivos de felicidade interior! E, então, voltei para São Paulo... Eu já não tinha tanta certeza... Por favor, não me interpretem mal; vejam, a transição era muito brusca e muito grande. Mas, depois de algumas horas, telefonei para o meu amigo e dei-lhe a resposta final: "Estou feliz por ter voltado". Eu estava feliz por ter estado em casa, em Nova York, e estava igualmente feliz por estar em casa, em São Paulo. Com certeza. Eu estava mais convencido do que nunca.

Então comecei a pensar em felicidade, este prêmio tão especial que todos procuram. Onde se poderia achar a felicidade? Em Nova York ou em São Paulo? O que é a felicidade? E lembrei-me da magnífica parábola chassídica que talvez possa dar uma resposta melhor a essa pergunta.

Um certo Jacob Yeklis, de Cracóvia, teve uma vez um sonho no qual foi informado de que se ele fosse a Praga, no pátio do palácio real, e cavasse sob a ponte que ficava ali perto, ele acharia um enorme tesouro que o faria rico até o fim de seus dias. No princípio, Yeklis não deu atenção ao sonho. A viagem a Praga parecia fora de questão; em vez de ganhar dinheiro, ele provavelmente o perderia devido às grandes despesas em que teria de incorrer, além do tempo e do esforço necessários para tal empreendimento. Mas, como o sonho continuava a aparecer noite após noite, ele começou a pensar seriamente que não era um sonho comum, sendo provavelmente uma visão profética. E, assim, o que aconteceu? Jacob Yeklis finalmente encetou a viagem. Depois de grandes privações, chegou a Praga e instalou-se numa pequena hospedaria perto do palácio do rei. Na manhã seguinte ele foi visitar o pátio do palácio e verificou que não havia possibilidade de cavar debaixo da ponte. O local estava muito bem guardado pela polícia e pelo exército. Jacob tentou visitar a área em diferentes dias da semana e em horas diferentes do dia e da noite, mas os guardas estavam constantemente ali. Começou então a se convencer de que era realmente uma futilidade cavar debaixo da ponte. Foi ficando desapontado e lamentou amargamente a sua tolice de ter feito a longa viagem para Praga.

Um dia, quando ele estava perto da ponte com um ar de profunda depressão, um oficial do rei, que já o havia visto muitas vezes ali, perguntou-lhe o que desejava naquele lugar e por que parecia tão triste e deprimido. Jacob viu que não tinha nada a perder e confessou-lhe toda a verdade: que ele havia vindo de uma cidade longínqua para Praga por causa de um sonho; porque ele deveria achar um grande tesouro sob a ponte perto do palácio do rei. Ao ouvir essa confissão o oficial do exército começou a rir: "Como você é tolo. Vir de tão longe por causa de um sonho, procurar a fortuna aqui. Ora, eu também tive um sonho durante muitas e muitas noites, que me dizia que eu deveria ir a Cracóvia e achar um judeu chamado Jacob Yeklis, entrar em sua casa, cavar debaixo de seu fogão e ali achar um grande tesouro. Você pensa que eu sou tão estúpido a ponto de deixar o meu emprego junto ao rei aqui em Praga e procurar esse tesouro em Cracóvia debaixo de um fogão?!" O oficial continuou a rir gostosamente. Jacob Yeklis, no entanto, ficou chocado. Ele ouviu o oficial mencionar exatamente o seu nome e o nome de sua cidade. Somente então ele viu que o objetivo do seu sonho era que ele recebesse *aquela mensagem* do oficial. Jacob voltou para Cracóvia, cavou sob o fogão em sua própria casa e então achou um enorme tesouro que o tornou rico. De acordo com essa lenda chassídica, Yeklis mais tarde construiu uma sinagoga em Praga, que ainda é hoje chamada "a sinagoga de Jacob Yeklis".

Quem é esse Jacob Yeklis? Não é ele a personificação de todo homem e de toda mulher? As pessoas não pensam sempre que a sua felicidade está em Nova York, Jerusalém, Buenos Aires, Londres, lá longe? Que não pode ser alcançada? Lá no pátio do rei? As pessoas ávidas de dinheiro sonham em tornar-se milionárias.

Outras sonham com felicidade em termos de possessões valiosas tais como Galaxies, peles e diamantes. Algumas pessoas pensam na felicidade como sendo uma viagem de recreio à volta do mundo, pela qual eles não podem pagar. A felicidade está sempre lá, fora do alcance.

Quando Jacob Yeklis desistiu de seu sonho ele achou a felicidade em seu próprio lar, sob o seu próprio fogão. Foi então, e somente então, que ele foi capaz de se dedicar completamente ao trabalho por um ideal que ele considerava sagrado. Pelo seu árduo trabalho ele pôde dar a sua contribuição e construir uma sinagoga que lhe trouxe a verdadeira felicidade.

Sabem o que eu estava pensando quando telefonei para o meu amigo na tarde de quarta-feira? Eu estava pensando em Yeklis e nos verdadeiros valores; os verdadeiros valores da vida. E verifiquei que a verdadeira felicidade provém da execução das coisas de que gostamos e principalmente das atividades que valem a pena, no serviço de nossa religião e de nossas instituições da vida judaica.

Sem dúvida eu estava feliz em Nova York, e com razão. Eu fiquei feliz por estar de volta a São Paulo, também com razão. A felicidade depende das atitudes de cada um. Contentamento, satisfação. A felicidade não está lá. A felicidade está aqui onde estamos. Está ao alcance de cada um de nós.

Shabat shalom; estou feliz por estar com vocês novamente.

Excesso de bagagem

Prédica, 18 de setembro de 1974

Em Rosh Hashaná, abre-se à nossa frente "a estrada de um Ano-Novo" e iniciamos mais uma etapa de nossa "viagem pela vida".

Os viajantes experientes sabem que é bom viajar com pouca bagagem, pois o excesso de peso só atrapalha. E assim, nesta noite, antes de prosseguirmos a viagem, devemos examinar a bagagem que carregamos conosco e deixar para trás tudo que é inútil e supérfluo.

Nossa tradição propõe algo semelhante: é o ritual de tashlich na primeira tarde de Rosh Hashaná. Antes de virem à sinagoga hoje à noite, muitos judeus foram até a beira de um rio ou de um lago e, simbolicamente, jogaram na água seus pecados. Da mesma forma, devemos nos livrar de todo excesso de peso que poderia dificultar nossa viagem em 5751.

O primeiro fardo que devemos retirar da nossa bagagem é a sobrecarga de preocupações, tzures. Conheço muita gente que se desgasta carregando ao mesmo tempo três espécies de problemas: 1) todos os tzures que já tiveram, 2) todos os que têm agora e 3) todos os tzures que talvez tenham no futuro.

Meus amigos: ninguém passa a vida sem preocupações, mas nem por isso devemos deixar que os tzures dominem nossa vida. Lembram-se das sábias palavras do professor Reinhold Niebuhr em sua prece?

"Ó Deus, dá-me serenidade para aceitar o que não pode ser mudado, coragem para mudar o que pode ser mudado, e sabedoria para distinguir um do outro."

O segundo "peso morto" que precisamos descarregar, para que possamos prosseguir nossa viagem com bem-estar e alegria é o excesso de mágoas e mal-entendidos que acumulamos durante o ano que passou.

Lembro-me da história de um homem que chegou em casa de bom humor, e contou à esposa o que tinha acontecido com ele no ônibus. Uma mulher muito gorda e desajeitada tinha sentado ao seu lado, empurrando-o contra a janela.

Para piorar ainda mais a situação, a passageira estava carregando "um monte de pacotes" que, a cada curva, caíam todos por cima dele. Enquanto ele descrevia, rindo, o desconforto que tinha passado naquele ônibus, a esposa o interrompeu e disse: "Não sei como você consegue achar engraçado. Se eu estivesse no seu lugar, eu teria dito algumas verdades àquela mulher. Por que você ficou quieto?" E o marido respondeu, com profunda sabedoria: "Do que adiantava eu criar caso? Afinal, era tão curta a distância que íamos percorrer juntos!"

Como seria bom o relacionamento humano se tivéssemos sempre isso em mente. É tão curta a distância que vamos percorrer juntos. Por que estragar a viagem com brigas e ofensas? Vamos retirar da nossa bagagem de vida o ódio e a amargura.

Como disse Disraeli: "A vida é curta demais para ser pequena".

O terceiro e último peso que devemos deixar para trás são os fracassos e as frustrações do ano que passou. Não creio que haja alguém entre nós que não tenha sofrido algum revés. Quando estabelecemos um objetivo e não conseguimos alcançá-lo, sentimo-nos desanimados. Temos a tendência de remoer os fracassos passados, e isso gera em nós um espírito derrotista.

Mas, na realidade, as pessoas nunca fracassam, as pessoas simplesmente desistem. Não é cair na água que faz o homem se afogar – é ficar na água. O fracasso é a linha da menor persistência. Na verdade, o fracasso deve nos estimular a novas alturas de realização, não nos fazer cair em novas profundezas de desespero.

Meus amigos: no espírito do ritual de tashlich, vamos jogar fora todo o excesso de bagagem que nos impede de viver bem: a sobrecarga de problemas e preocupações, de mal-entendidos e mágoas, de fracassos e frustrações. Então poderemos realmente começar o ano renovados.

George Bernard Shaw comentou certa vez que o único homem inteligente que ele conhecia era seu alfaiate, que tomava novas medidas dele toda vez que ele encomendava um terno, e nunca partia do pressuposto de que ele era sempre o mesmo George Bernard Shaw.

Que o Ano-Novo nos traga uma verdadeira mudança interior. Que possamos prosseguir viagem sem excesso de peso, com o coração leve e com pensamentos positivos. Shaná tová.

O intangível

Prédica, 8 de outubro de 1974

Meu tema desta manhã é muito pouco científico. É exatamente o oposto de tudo que é ensinado nas faculdades de ciências, nas universidades. É simplesmente que o invisível e o intangível, o não demonstrável, são muito mais importantes do que aquilo que pode ser visto, tocado ou provado definitivamente. O que eu pretendo dizer é que os pensamentos, sentimentos, valores são muito mais influenciadores em nossas vidas do que todas as realidades, coisas e propriedades materiais.

Comecemos com a ideia de Deus: para ser perfeitamente honesto, não podemos provar ou negar a existência de um Ser supremo. Para todo argumento de um lado, podemos achar um argumento igualmente convincente do outro lado. A discussão termina sempre num ponto morto, em última análise, é uma questão de fé que não pode ser completamente demonstrada. A ideia não é ilógica, mas nem por isso pode ser provada em absoluto. À medida que se vive, à medida que se tem experiências, que se sente, que se pensa, a gente sabe in der Beiner, na verdadeira medula dos ossos, que ou existe um Deus, ou não existe.

Conta-se a história de um viajante que uma vez atravessou o deserto seguindo um guia. O viajante, um ateísta, maravilhou-se com a fé do velho guia, que tomava tempo para rezar várias vezes por dia. "Por que você reza a alguém que você não pode enxergar?", perguntou o viajante. "Como você pode ter certeza de que existe um Deus?" O velho guia não respondeu imediatamente. Mas no dia seguinte, quando viajavam juntos, ele comentou: "Na noite passada, enquanto dormíamos em nossas tendas ouvimos sons. Como você pode saber que passaram camelos?" O viajante foi rápido em responder: "Por que esta manhã eu vi as pegadas dos camelos no chão". O velho guia sorriu com ar de sabido: "Do mesmo modo, eu sei que existe um Deus. Quando eu vejo a beleza do céu, quando eu bebo da água fresca dos verdes oásis, quando eu contemplo as estrelas no céu acima de nós, eu sei que essas coisas foram criadas por um supremo artesão. Eu sei que existe um Deus porque vejo suas pegadas em todo lugar".

Voltei há dois dias de Foz do Iguaçu e posso dizer-lhes que minha fé pessoal em Deus foi reconfirmada. E por quê? Porque eu vi suas pegadas em todo lugar. Eu vi flores em pleno viço, cataratas em toda a sua pujança, olhei para os céus e soube que havia um Deus. Embora não o tenha visto na realidade, ainda assim eu podia senti-lo em todo canto do universo, e em toda parte do meu ser.

Em última análise, esta é a razão final de estarmos juntos hoje aqui. O que nos trouxe aqui esta manhã? Para honrar a memória de nossos entes queridos? Vocês podem ver ou enxergar uma lembrança? Alguém pode tocar uma memória? Pode-se ouvir uma lembrança? E, mesmo assim, uma lembrança é uma coisa muito real. Tão poderoso é o seu impacto sobre nós que deixamos nossos afazeres, cancelamos nossos compromissos e, embora tenhamos tomado tanto tempo por causa de RH e JK, ainda assim reservamos este tempo para estar aqui em Shemini Atsêret, no oitavo dia de Sucot. E para quê? Somente por causa de um sentimento que temos dentro de nós. Acredito que o sentimento e o relacionamento que tivemos com pessoas agora não mais fisicamente conosco são ainda a mais poderosa e potente influência em nossas vidas. Eu sustento que "olhos não veem, coração não sente" não é verdade. Em última análise, o que sentimos, o que tivemos como experiência no passado, é muito mais importante do que aquilo que podemos ver à nossa frente, esta manhã.

Uma linda história ilustrando essa convicção vem de uma faculdade de medicina.

Um rabino uma vez pregou uma prédica sobre o sentido de ter-se uma alma. Em seguida ao serviço religioso, um estudante de medicina veio falar com o rabino, dizendo com o maior sarcasmo: "Rabino, eu acabei de dissecar completamente um cadáver. Abri todos os órgãos do corpo humano, em nenhum lugar achei a alma. Como pode o senhor, em frente a quatrocentas ou quinhentas pessoas, dizer que a alma existe?" O rabino respondeu: "Muito interessante, mas deixe-me perguntar-lhe, quando você abriu o cérebro, você achou um pensamento?" O jovem estudante respondeu que não. "Quando você abriu o coração, você achou um sentimento de generosidade?" E mais uma vez o estudante foi obrigado a responder negativamente. "E quando você dissecou o olho, você descobriu a visão?" E mais uma vez o jovem cientista teve que admitir que não.

"Bem", respondeu o rabino, "você não achou pensamentos, nenhum sentimento de generosidade e nenhuma visão, mas você sabe muito bem que pensamentos, generosidade e visão existem. Você sabe disso porque os experimentou você mesmo, e você sabe disso porque sem esses atributos a humanidade certamente já teria perecido. Você deve compreender, meu jovem amigo", concluiu o rabino, "que só porque nós não podemos enxergar ou provar alguma coisa concretamente não significa necessariamente que ela não existe".

Isso, então, é o meu sentimento pessoal. E eu acredito que seja a mensagem mais apropriada para todos nós neste dia de Yizcor. Yizcor significa literalmente "lembrar-se". Devemos nos lembrar não somente daqueles que se foram antes de nós, e honrá-los por aquilo que fizeram por nós, mas devemos também lembrar-nos do que nós devemos realizar na vida, para que nós também, algum dia, possamos ser lembrados. Devemos viver não para o material, o físico, o tangível; devemos viver para a memória, para o espiritual, para o intangível. Esses, meus amigos, são os únicos valores perenes. Este é o paradoxo da vida, o que vemos diante de nós desaparecerá eventualmente com o tempo, mas aquilo que é invisível durará para sempre. Plantem uma semente e ela desaparecerá da vista, só para aparecer novamente um dia, para colheita. Plantem um pensamento e ele se perderá em meditação, só para voltar um dia num ato de convicção. Plantem o amor e ele desaparecerá num momento, só para aparecer sob a forma de uma pessoa melhor, um lar mais feliz, um mundo melhor, uma lembrança para inspirar uma vida inteira. Levantemo-nos para Yizcor.

Religião e política combinam

Prédica, 27 de novembro de 1974

Meus caros amigos,

Na correspondência desta semana chegou uma carta de um homem muito corajoso. Ele foi tão corajoso que nem mesmo achou necessário assinar o seu nome na carta. Uma carta anônima – que, devo admitir, eu não pude levar muito a sério. Não tanto por causa de seu anonimato, mas por causa de seu conteúdo. Um homem que escreve: "Nossa religião tem 3.000 anos, o Estado de Israel nem tem trinta anos. Como poderia um substituir o outro?" Um homem que escreve isso hoje não pode ser levado a sério! Um homem que escreve: "O senhor" (referindo-se a mim), "ao eclodir a guerra do Yom Kipur, disse: 'Sem Israel não haverá um amanhã'. Não concordo. Para mim, também sem Israel haverá um amanhã". A um homem que escreve assim hoje, não responderei do púlpito numa noite de Shabat. Sabem por quê? Porque temo rebaixar o púlpito de sua dignidade e santidade. Não quero dizer algo de que possa me arrepender mais tarde. E, portanto, não responderei ao meu crítico sobre esse assunto publicamente, embora sinta-me bastante inclinado a responder-lhe em particular. Em vez disso, lerei para vocês o seu primeiro parágrafo, que realmente deu origem ao meu tema desta noite. E assim, vejam vocês: até uma carta que solapa o relacionamento entre Israel e o judaísmo, entre a terra e o povo, até uma carta dessas tem o seu lado bom. Vou ler o primeiro parágrafo:

Ao dirigir-me para o serviço religioso de sexta-feira passada, encontrei na rua um frequentador regular do serviço religioso na CIP *indo em direção contrária.*

"O senhor não vai para o serviço religioso hoje?", perguntei. "Não. Hoje, não. Hoje o serviço é de política", foi a resposta.

E logo ao chegar ao local soube por quê: tinha lido o aviso que o rabino Sobel falaria "Respondendo a Arafat…"

Isso me leva a assumir o diálogo com o rabinato, por este muitas vezes solicitado. Pergunto: devem religião e política ser misturadas? Minha resposta é: não.

Bem, agora vou parar por aqui, e repetir, para dar maior ênfase, a questão levantada pelo nosso amigo anônimo: "Devem religião e política ser misturadas?" A fim de dizer com certeza sim ou não, devemos primeiro determinar o que realmente queremos dizer com "política" e o que realmente queremos dizer com "religião".

A palavra "política" é definida no dicionário como "a ciência e a arte de governar". Compreendida em sua conotação total, isso inclui, para os nossos objetivos esta noite, os assuntos judaicos, tanto comunitários quanto nacionais. Claro que, quando falo de Arafat e da OLP, não estou falando de política – estou falando de história, história judaica nacional e internacional. Mas vamos, para simplificar, também chamar isso de "política". Vamos dizer que política é governo em suas ramificações nacionais e internacionais. Agora, o que queremos dizer com "religião"? Religião é um modo de vida; como o judaísmo a encara, um modo de vida para a santificação da vida. E um rabino? Um líder espiritual, um mestre, o guia religioso de sua comunidade. Vamos agora recolocar a questão de nosso amigo em termos um pouco diferentes, sem mudar o seu significado essencial. Existe algum ponto de contato entre a ciência de governar e os ensinamentos da religião? Existe alguma relação entre a ética e a moralidade e os interesses de Estado, nação ou comunidade?

Nosso escritor de carta anônima diz: não. E eu digo: sim. Deixem-me tentar explicar-lhes.

De acordo com o judaísmo, o secular e o espiritual nunca podem ser separados. De acordo com o judaísmo, o sagrado e o profano estão inextricavelmente entrelaçados. As leis da verdade, da justiça e da humanidade abrangem o mundo da política não menos do que qualquer outro aspecto da vida humana. Judaísmo é sinônimo de vida. Judaísmo não é uma teoria a ser contemplada, ou um tema com que se possa brincar. *Yiddishkeit é vida*. Portanto, fica tremendamente claro que o rabino, como comentarista do judaísmo, tem o direito, o dever de proclamar a sua mensagem em assuntos políticos como parte integral de todo o panorama da vida humana.

Se recordarmos a nossa história, verificamos que os nossos grandes mestres espirituais em todas as épocas eram, no melhor sentido da palavra, *homens de estado*. Os profetas trovejavam não apenas contra os males sociais, mas também contra a política nacional. Os rabinos do Talmude tinham um papel fundamental na determinação das relações políticas entre o povo judeu e seus vizinhos não judeus. O rabino Yochanan ben Zakai fez um tratado de paz com Vespasiano. O rabino Akiva inflamou todo o país ao apoiar Bar Kokhba em sua resistência a Adriano. E hoje em Israel? Rabinos são membros do Knesset.

É claro que um rabino tem o direito, o dever de participar da política. É claro que o rabino tem a responsabilidade perante o seu povo e perante ele mesmo de falar quando um assassino, um gângster, um carniceiro é apresentado às Nações Unidas em Nova York como um verdadeiro herói e revolucionário. Como pode um rabino, como pode um judeu ficar silencioso quando um Hitler moderno fala mentiras e hipocrisias e é aplaudido pelo mundo inteiro? Ficamos calados quando Hitler se levantou no palanque da Alemanha nazista, não muito tempo atrás, e desde então pagamos o preço daquele silêncio.

Como pode o púlpito calar-se hoje? Como pode um rabino, um judeu, um cidadão consciencioso tolerar ofensas e falsidades tão abertas? Que um ataque contra o "colonialismo sionista" não afete de maneira alguma o judaísmo como uma religião? Como Arafat quer nos fazer acreditar que a "criação de uma Palestina democrática, na qual cristãos, judeus e muçulmanos possam conviver na justiça, igualdade e liberdade", não solapa de maneira alguma a existência nacional do povo judeu? Como pode um judeu ficar sentado, inativo, na sinagoga, num Shabat, enquanto assiste à ONU se baratear e se prostituir, permitindo que os mais brutais terroristas, inimigos do nosso povo, se levantem sem repressão e sem condenação aos olhos da opinião mundial? Sem repressão? Sem condenação? Aplaudidos, reconhecidos e aceitos!

Meus amigos: trancar a religião num cubículo e segregá-la da política, principalmente durante esses dias cruciais da sobrevivência judaica, é, a meu ver, fazer da religião uma peça de museu. O que foi que o professor chassídico disse uma vez? "Aquele que diz que a Torá é uma coisa e a vida é outra é um idólatra." E eu lhes digo: a religião que não faz diferença logo se torna um assunto de indiferença.

Tachlis: o que a religião nos ensina a fazer, o que o judaísmo espera de nós no contexto da atual crise política? O judaísmo, assim como compreendo o judaísmo, nos ensina a fazer duas coisas agora. Uma grande e uma pequena. O que temos a fazer de mais importante agora é ficar ao lado de Israel e apoiá-lo de todas as maneiras possíveis de agora em diante. Temo que o isolamento de Israel ainda vá continuar por muito tempo. Devemos mostrar aos nossos irmãos em Israel que eles não estão sós. A pequena é conscientizar as Nações Unidas, e o mundo em geral, de seu crime, de sua infâmia, de sua hipocrisia. Devemos escrever cartas ao secretário-geral da ONU e declarar que Israel tem o direito de existir. Que nunca fomos os agressores. Que nunca antes na história da civilização existiu um povo que tratasse seus inimigos derrotados com mais compreensão, com mais compaixão e com mais humanidade do que Israel está tratando hoje os palestinos sob a sua jurisdição.

Cartas? Protestos? Vocês riem? É claro que ninguém vai ler as nossas cartas, é claro que ninguém vai ouvir as nossas palavras. Eu sei. E daí? Devemos fazer e devemos agir com a responsabilidade que temos para com nós mesmos, como seres humanos, de protestar e manter a dignidade da humanidade não obstante um Maalot, não obstante um Lod, não obstante um Kiryat Shmona, um Munique e agora um Bet She'an.

E existe uma terceira coisa que devemos fazer. Por mais difícil que pareça, neste nosso mundo conturbado, devemos acreditar. Devemos manter a nossa fé. Não temos outra alternativa. Lembram-se da história de Levi Yitzchak? Existe um Deus neste mundo, e existe uma justiça que prevalecerá.

Terei tempo de contar-lhes a história de Levi Yitzchak, de Berditchev, que lhes contei duas semanas atrás? Não. Não faz mal. Vou contar-lhes numa outra ocasião.

Nesta noite, neste Shabat, enquanto o nosso moral está ainda baixo, eu faço o mesmo aviso que foi feito duas semanas atrás e proclamo: "Existe um Deus neste mundo". E eu lhes digo: religião e política combinam. Sim. Que todo o abuso e todas as falsidades de Arafat e dos palestinos não mudarão a verdade e a justiça da causa de Israel. Existe um Deus neste mundo e existe justiça que prevalecerá.

Apoio, protesto e fé. O judaísmo pede uma resposta. Shabat shalom.

Apollo, Soyuz e nós

Jornal Resenha judaica,
18 de julho de 1975

Quinzena passada, a 243.000 metros acima da Europa, os norte-americanos e soviéticos realizaram o primeiro encontro espacial internacional da história. Na verdade, uma das maiores aventuras épicas de todos os tempos. As duas tripulações acoplaram as suas naves espaciais em órbita e iniciaram um dia e meio de trabalho cujo clímax foi "um aperto de mãos" histórico entre os dois comandantes, Thomas Stafford e Aleksei Leonov. Não há dúvida de que a missão Apollo-Soyuz é um dos acontecimentos mais significativos e extraordinários na história da humanidade. A ficção científica de ontem tornou-se a realidade de hoje.

Eu estava em Belo Horizonte na ocasião quando olhei para o céu da tarde – e lembro-me muito bem quando perguntei a mim mesmo, admirado e maravilhado: "Será mesmo possível que os homens tenham ido tão longe para se aproximarem no espaço, enquanto aqui na Terra, embora fisicamente tão perto uns dos outros, estejam tão afastados?"

Devo admitir que esse projeto, apesar de toda a sua realização intelectual e tecnológica, me perturba e me angustia. Parece-me que, a menos que sejamos capazes de moral, religiosa e espiritualmente avaliar a missão Apollo-Soyuz podemos atrair grandes males e perigos para a humanidade e tornarmo-nos presas de muitas desilusões e alucinações. Antes de considerarmos esses perigos em potencial, vamos primeiro lidar com algumas das questões que têm perturbado muitos pensadores.

Número um: em primeiro lugar, deveria a missão Apollo-Soyuz ser tentada? A minha resposta é categoricamente sim. A colaboração e cooperação entre as superpotências, ao tornar possível tal empreendimento no espaço, nos dá a esperança de que uma cooperação mais ampla e mais duradoura possa ser realizada na Terra. Está claro que devemos participar de tal esforço; uma vez que o *rendez-vous* era totalmente realizável, ele deveria ser tentado. Portanto, a questão sobre se devíamos ou não ter participado do mesmo não é mais a questão pertinente.

Outra pergunta: essas enormes quantias em dinheiro não deveriam ser gastas na Terra com maiores vantagens para obter alimentos, moradia, instrução, combater a pobreza ou desenvolver maiores pesquisas sobre o câncer? Vamos nos perguntar: seriam esses fundos desviados para algo mais valioso, caso o programa espacial fosse cancelado? Acho que não. Mas isso também é uma pergunta que não precisa mais ser formulada. Desde que o gasto de todos aqueles bilhões de dólares já é um *fait accompli*, a única questão, verdadeira e válida, que pode surgir agora, uma vez que o projeto Apollo-Soyuz foi realizado com pleno sucesso, é a seguinte: "O que faremos agora?" "Para onde vamos a partir daqui?"

Existem realmente perigos implícitos na própria formulação dessa pergunta. É bastante óbvio que o sucesso desse "encontro espacial" pode facilmente engendrar no homem a sua própria glorificação. Quando Thomas Stafford e Alexei Leonov apertaram-se as mãos no espaço, eles poderiam muito bem ter decidido entre si construir uma outra "torre de Babel". Tendo tomado de assalto os portões do céu, batido numa das portas da cápsula espacial e entrado, americanos e russos, juntos, poderiam facilmente enganar-se a si próprios, vangloriando-se: "Vejam o que realizamos! Tornamo-nos iguais a Deus!" Tudo isso, naturalmente, é uma glorificação infantil e um falso engrandecimento. Certamente devemos nos regozijar com esse feito sem precedentes. Porém, deveríamos dar vazão às nossas emoções no sentido judaico, com reverência, com vibração e anseio.

Um segundo receio, ainda mais significativo, é o fato de que facilmente podemos converter nossa realização espacial num "mecanismo de escapismo", a fim de evitar os verdadeiros problemas de uma genuína confrontação das superpotências aqui na Terra. C. P. Snow, o brilhante novelista e cientista, observou recentemente num artigo publicado numa revista que, agora, tendo em vista a exploração do espaço, atingimos a "última fronteira". Chegamos ao fim, e não temos mais para onde ir. Atingimos os céus, em nossa escapada da Terra.

Está claro que é uma tarefa bem mais simples apertarmos as mãos no céu do que solucionar todos os problemas que nos confrontam aqui na Terra. No atual estágio de nossa civilização tecnológica, com os vastos recursos da ciência moderna ao nosso comando, foi "relativamente" fácil realizar a manobra histórica de ontem. Nossos cientistas e astronautas eram perfeitamente capazes de manipular todos os átomos e elétrons. Porém, todos esses átomos e elétrons são socialmente neutros e eles obedecem apenas às leis universais da física e da química. Não existem átomos "capitalistas" ou átomos "comunistas"; nem átomos brancos, ou pretos, nem certamente "átomos católicos" ou "átomos judeus". Os problemas da humanidade são tão complexos que a sua solução requer mudanças revolucionárias e descobertas ainda maiores do que aquelas de ontem.

É importante salientar que a "última fronteira" não está no espaço, a "última fronteira" está no homem. Não importa tanto para onde o homem está indo, mas no que o homem pode se tornar. Devemos "alcançar as estrelas" aqui na Terra dirigindo as nossas forças intelectuais, nossos recursos físicos, nossos talentos e nossas habilidades para o laboratório do homem. Obviamente, jamais poremos um fim à exploração do espaço e não acho que devamos fazê-lo. Mas o que acho que devemos fazer é estabelecer prioridades; ou, melhor ainda, reformular prioridades. Além de conquistar o "espaço exterior", devemos conquistar o "espaço interior" – quero dizer, a "humanização do homem". Todos nós vivemos na Terra, e o homem ainda tem que aprender a sobreviver e prosperar. Conseguir isso na Terra requer maior disciplina e planejamento que a aventura espacial. Se nós não abandonarmos a glorificação de nós mesmos ou o "escapismo", jamais começaremos a conquistar o "espaço interior".

Foi por esse motivo que decidi escrever-lhes sobre o tema "Apollo-Soyuz e nós". Convido-os a considerar comigo as implicações religiosas, éticas, morais e judaicas de tal realização.

A primeira lição que podemos aprender é humildade. O oitavo salmo começa: "Ó Senhor, nosso Deus, como é glorioso o Seu nome em toda a Terra – cuja majestade está acima dos céus. Quando contemplo o céu, obra de

Suas mãos, a lua e as estrelas que o Senhor fez, o que é o homem para que o Senhor atente nele? E o filho do homem para que o Senhor se lembre dele?"

Somos dominados pela vastidão do espaço infinito, a complexidade do sistema solar, a ordem miraculosa de nosso universo. "O que é o homem?" Uma simples poeira infinitesimal num universo infinito! A mera consideração desta verdade deveria nos tornar, todos, profundamente humildes. Sabem qual é o nosso "pecado número um"? Falso orgulho humano. Quando nós arrogamos as prerrogativas de Deus, acabamos por nos adorar. Com relação a essa extravagância espacial, devemos nos tornar mais sensíveis às dimensões limitadas do homem – e não, ao contrário, à sua própria glorificação. Sem a verdadeira humildade, nunca começaremos a solucionar os nossos problemas pessoais. Sem a verdadeira humildade, jamais seremos capazes de efetivamente nos comunicar uns com os outros.

Continuemos com o nosso salmo: "O que é o homem? No entanto o Senhor criou-nos um pouco abaixo dos anjos – e coroou-o com glória e honra com domínio sobre a Sua Obra".

"O que é o homem… apenas um pouco abaixo dos anjos!"

O homem é capaz de tudo, do melhor e do pior. O sucesso total da aventura espacial Apollo-Soyuz deveria nos dar, a cada um de nós, esperança, coragem, inspiração e confiança de que, se estamos verdadeiramente conscientes de nossos problemas e genuinamente interessados em resolvê-los, podemos unir as nossas inteligências, recursos, habilidades e capacidades para enfrentar e solucionar todos os nossos problemas humanos. Assim como nos cumprimentamos com sucesso no espaço, também podemos nos encontrar e sobrepujar as ameaças de superpopulação, fome global, guerra termonuclear, instrução inadequada, decadência de moral, corrupção difundida, criminalidade, poluição, doença e epidemia.

"Se quisermos, isto não será um sonho." Devemos estabelecer prioridades espirituais, científicas e éticas. Vamos gastar os mesmos bilhões de dólares e empregar habilidades idênticas, em conjunto, para erradicar esses males que ameaçam a própria existência da humanidade aqui na Terra. O homem é capaz – de tudo!

O homem está "um pouco abaixo dos anjos", nos diz o salmo!

O resultado auspicioso do "encontro" deveria ser a instituição de um novo espírito de união em todo o mundo – um sentimento de destino comum. Quando os astronautas russos e americanos se juntaram a 243.000 metros de altitude e olharam para o seu "planeta natal", provavelmente refletiram: "Como são ridículas e estúpidas as divisões, as barreiras que nos impomos, e que mantêm os homens apartados. Oriente e Ocidente, cristão e judeu, árabe e israelense, preto e branco. Como são todas as diferenças étnicas e raciais, e as lutas no mundo". E nós, meus amigos, como cidadãos do mundo, inteligentes, devemos concordar que o nacionalismo envenenado, o antagonismo antiquado e divisões mesquinhas não mais têm lugar na Terra, assim como eles não têm no espaço. Esta é a minha compreensão do encontro no espaço, e mais especificamente ainda a lição judaica que deve ser aprendida de um "aperto de mãos" histórico que não deverá jamais ser esquecido.

O *New York Times* publicou um editorial que foi reimpresso no jornal *O Estado de S. Paulo*. Fez-se referência ao "trigésimo aniversário da primeira explosão atômica na Terra", que coincidiu com os lançamentos das naves *Apollo* e *Soyuz*. A ciência da tecnologia aprendeu como é fácil destruir o nosso mundo. Que possamos usar a mesma energia nuclear para trazer nova vida para um mundo que cessou de saber como viver. Que as novas fronteiras do espaço se abram assim como as novas fronteiras de uma humanidade liberada, e que possamos testemunhar a paz, a união, a harmonia e a liberdade para todos os homens. Amém.

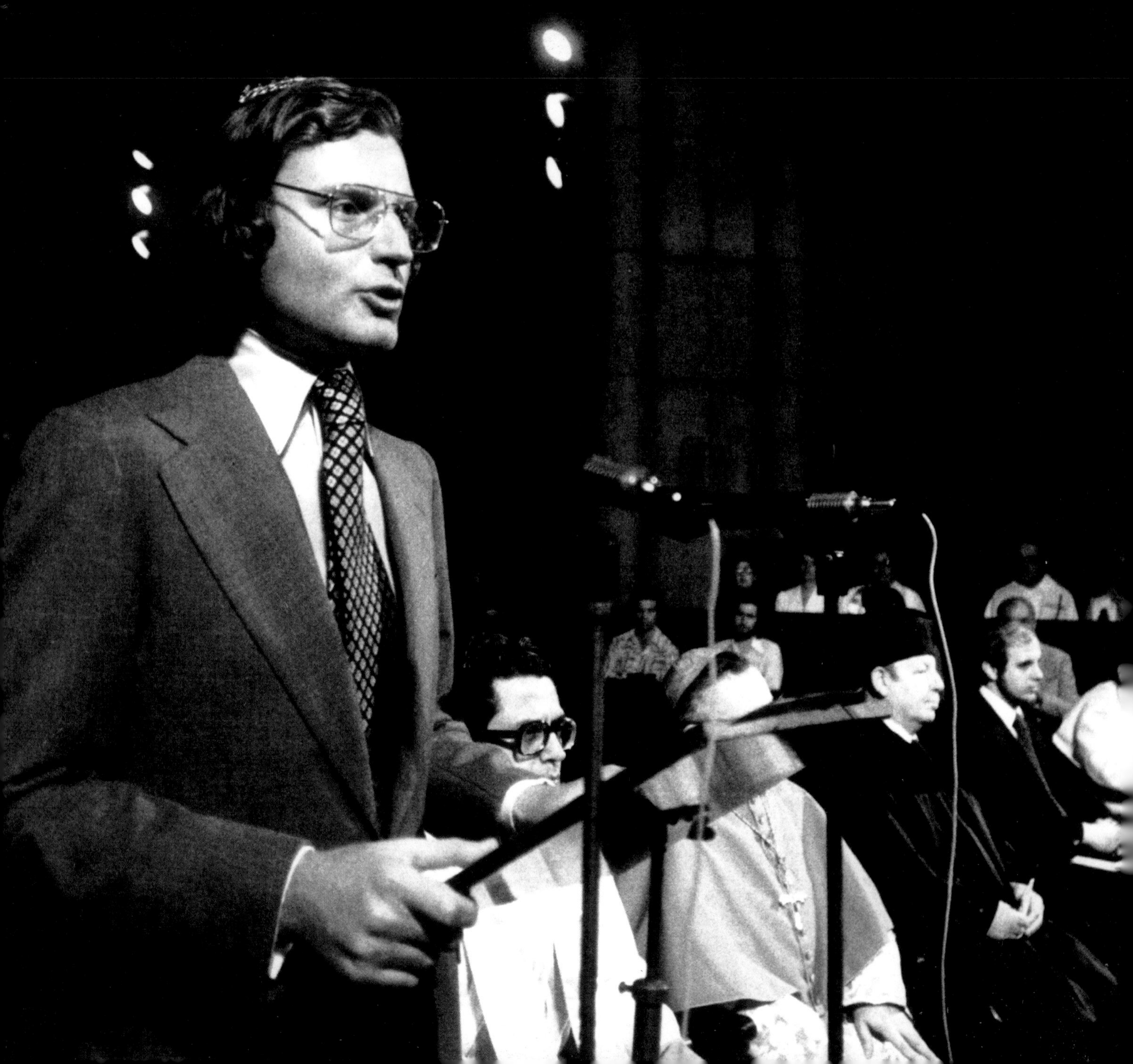

Tributo a Vladimir Herzog

Culto ecumênico realizado na catedral da Sé, oficiado juntamente com o cardeal arcebispo dom Paulo Evaristo Arns e o reverendo James Wright, 31 de outubro de 1975

Sou um rabino. Estou aqui, participando deste culto ecumênico, porque um judeu morreu. Um judeu que fugiu da perseguição nazista. Um judeu que imigrou para o Brasil e aqui se educou, se formou, e se integrou plenamente no mundo da filosofia, das artes, do jornalismo e da televisão. Para Vladimir Herzog, ser judeu significa ser brasileiro.

Sou um rabino. Estou aqui porque um judeu morreu. Porém, mais importante ainda, estou aqui nesta catedral porque um homem morreu. E como rabino, não defendo apenas os direitos dos judeus, mas sim os direitos fundamentais de todos os seres humanos, de todos os credos, de todas as raças, vivam eles no Brasil ou em qualquer outro país do mundo. E Vladimir Herzog era um homem: um homem de visão, profundidade e dedicação.

Conta-se uma história sobre o rabino Elimelech. Quando sentiu que a morte se aproximava, o rabino chamou seus quatro discípulos e lhes pôs a mão na testa, dizendo que a cada um deixaria uma parte de seu ser: a um deu a luz dos seus olhos; a outro, a bondade do seu coração; ao terceiro, a inteligência de sua mente; e ao último, o poder de sua voz.

Meus amigos: é porque Vlado colocou suas mãos em tantos de nós, que podemos ainda – apesar da tristeza, da dor e da revolta – ter esperanças. Pois ele nos deixou uma luz digna de ser guardada, um coração digno de ser lembrado, uma mente digna de ser recordada, e uma voz cuja sabedoria nem mesmo a morte pode silenciar.

Quando os sonhos não se realizam

Prédica, 15 de outubro de 1976

Em Simchat Torá, quarta-feira próxima, 23 de outubro, leremos o último capítulo do livro de Deuteronômio. Moisés, já idoso, traz consigo a triste certeza de que não chegará a ver realizado seu maior sonho: conduzir seu povo para dentro da Terra Prometida. No entanto, mesmo sabendo que jamais porá os pés no solo de Eretz Israel, ele continua trabalhando, continua doutrinando e continua incentivando os israelitas a cumprir suas obrigações.

Nós o chamamos de Moshe Rabeinu, "Moisés, nosso mestre", porque sua maior realização foi ensinar, tanto por meio de preceitos quanto por meio de seus exemplos pessoais. Ele nos mostrou como levar a vida adiante apesar das desilusões, das frustrações, das esperanças malogradas, da consciência de que nem sempre haverá um final feliz na última página da história.

O que acontece aos nossos sonhos e anseios quando não se concretizam? Muitas vezes, ficam alojados em nosso coração, infectando nossa vida, atormentando nossa alma, adoecendo-nos espiritualmente. É preciso ter uma força extraordinária para extraí-los e deixar cicatrizar as feridas interiores, reajustando nossos planos e traçando novos rumos. É preciso ter uma força descomunal para substituir os antigos sonhos por sonhos até então não sonhados.

Mas esse é um desafio que todos nós – não só um Moisés – temos que enfrentar. Porque nenhum de nós chega a alcançar tudo com que sonhou. Os pais almejam que seus filhos realizem tudo aquilo que eles próprios não realizaram. Quantas vezes o pai sonha em ter um filho médico e o pressiona a seguir uma carreira que está além dos seus interesses e de suas capacidades, porque ele – o pai – sempre quis ser médico e não conseguiu. Quantas vezes uma mãe insiste em "produzir" a filha, porque seu maior desejo na juventude era ser a garota mais popular da escola e o desejo não se concretizou. Quantas vidas jovens são desnecessariamente afligidas e distorcidas por causa de pais que não souberam se desprender dos seus sonhos não realizados!

Conheço pais que criticam impiedosamente um professor quando seu filho recebe uma nota baixa. No fundo, eles sabem que a culpa não é do professor, mas não conseguem abdicar do sonho de que seu filho seja o aluno brilhante que eles quiseram ser e não foram. Já vi também pais construírem uma imagem de que seus filhos são gênios, só porque aprenderam a falar ou contar um mês antes da idade mencionada nos manuais. Aí a yiddishe mama já começa a sonhar com os prêmios e a glória que caberão ao seu prodigioso rebento. E, quando tais sonhos se revelam um tanto exagerados, como é difícil para os pais voltar ao plano da realidade e aceitar que seu filho é simplesmente normal!

Nos tempos antigos, quando um judeu levava um sacrifício ao altar do templo, a oferenda tinha que ser perfeita e imaculada. Qualquer arranhão, qualquer mancha, qualquer ferida a tornava imprópria. Curiosamente, porém, não havia nenhuma restrição quanto à pessoa que trazia o sacrifício. Por mais machucado que fosse seu corpo, por mais alquebrado que fosse seu espírito, sua oferenda era aceita. O salmista diz: "Lev nishbar Elohim lo tivze". "Um coração despedaçado Deus não rejeita."

Não só os indivíduos feridos não são rejeitados no altar de Deus, como são eles – os que já sofreram mágoas e decepções – os mais bem acolhidos. Porque já foram curados da ilusão de autossuficiência e da falsa ideia de que nada de ruim pode lhes acontecer. Já ultrapassaram o mundo das novelas e dos romances água com açúcar, onde tudo sempre acaba bem, e já aprenderam a caminhar no solo da realidade, onde os inúmeros obstáculos tornam obrigatórios os desvios e mudanças de rota. Já perceberam que sonhos não realizados não são provas de fracasso e sim oportunidades de fortalecimento interior.

Moshe Rabeinu, nosso mestre Moisés, nos deu valiosos exemplos de determinação, da disposição de seguir em frente e viver e trabalhar, mesmo sabendo que alguns dos nossos sonhos não se concretizarão. Acima de tudo, ele nos ensinou a importância de buscar novos sonhos e novos desafios. Um paraíso perdido, outro conquistado.

O décimo homem

Prédica, 12 de fevereiro de 1977

Nove homens estavam esperando numa casa enlutada. O serviço não podia começar sem um décimo homem. Naquela mesma manhã, depois de uma prolongada reunião na noite anterior, eu estava me decidindo se deveria arrancar-me da cama e ir ao minian ou voltar ao sono reparador. É incrível quantos motivos a mente pode inventar para justificar a evasão da responsabilidade. Em poucos e rápidos lampejos de reflexão, arranjei um número impressionante de argumentos para convencer-me de que eu estaria melhor servindo à causa da humanidade não cedendo à tentação de assistir ao serviço na casa enlutada.

A razão mais forte para não ir foi: por que eu? Todo judeu tem a obrigação de fazer um minian. Existem dezenas de pessoas menos relacionadas, menos cansadas, que podem estar presentes e ter a mesma função. Existem amigos, vizinhos, homens aposentados – por que não iriam eles? Por que tinha de ser eu? Fiz o possível, creiam-me, mas perdi a batalha. Levantei-me da cama e fui ao minian.

Fui o décimo homem. Vi alívio, satisfação e gratidão na face dos fiéis ao me receberem. O serviço estava assegurado, as obrigações religiosas podiam ser cumpridas, e eu me cumprimentava pela minha vitória e minha mitzvá. Então olhei à minha volta e de repente verifiquei que cada homem ali era o décimo homem. Se algum deles fosse retirado de cena, só ficariam nove! A mitzvá não era exclusivamente minha. Havia dez mitzvot naquela sala, e cada um representava uma resposta vitoriosa à mais devastadora de todas as questões humanas: por que eu?

Eu deveria estar concentrado em minhas orações, mas a minha mente estava cativa dessa sequência de pensamentos. Há um convite para uma reunião; as pessoas vão se reunir para eleger administradores e diretores da congregação, discutir o programa da juventude, descobrir maneiras e meios para fortalecer a sinagoga. Há um jantar da UJA em perspectiva; necessita-se do apoio de cada judeu para levar judeus para a terra de Israel e ajudá-los onde estiverem. Existem reuniões de pessoas para discutir várias causas importantes e vantajosas, reuniões com objetivos religiosos, culturais e filantrópicos. Posso não ter uma participação em todas elas, mas certamente devo me relacionar a algumas. Devo ir? Existem tantas outras pessoas que têm mais tempo, mais energia, mais capacidade. Que vão elas. Por que eu?

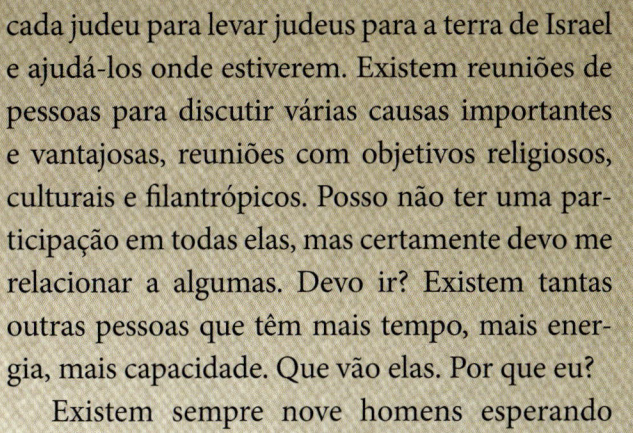

Existem sempre nove homens esperando pelo décimo. Quem será o décimo homem? Cada vez que você vai a um serviço religioso, a uma aula, a uma conferência, a um jantar, você é o décimo homem. Quem mais?

Há dois mares na terra de Israel

*Culto ecumênico,
7 de agosto de 1977*

Um deles tem águas frescas, e nele há peixes. Pinceladas de verde enfeitam suas margens. As árvores espalham sobre ele seus ramos, e estendem suas raízes sedentas para que elas possam beber suas águas saudáveis. Em suas praias as crianças brincam.

O rio Jordão enche esse mar com as águas cristalinas das montanhas. Por isso ele sorri à luz do sol. E os homens constroem seus lares perto dele, e os passarinhos seus ninhos; e tudo o que é vida se alegra por ele estar ali.

Saindo desse mar, o rio Jordão corre para o sul e desemboca num outro mar. Mas lá não há o chapinhar de peixes, nem o tremular de folhas, nem o cantar de pássaros, nem o riso de crianças. Nem mesmo os viajantes passam por lá, a não ser que seja inevitável. O ar paira pesado sobre suas águas; nem homens, nem animais, nem aves delas bebem.

Por que tanta diferença entre os dois mares? Certamente não é por causa do rio Jordão, pois ele verte a mesma água pura em ambos. Não é uma questão de solo, nem dos campos que os cercam.

Eis a diferença:

O mar da Galileia recebe o Jordão, mas não o retém. Para cada gota que entra, há outra que sai. O dar e o receber estão perfeitamente equilibrados.

O outro mar é mais ladino, acumulando sua renda avidamente. Ele não se deixa tentar por qualquer impulso generoso. Toda gota recebida é guardada.

O mar da Galileia dá e vive.

O outro não dá nada. Ele se chama mar Morto.

Eu acuso!

*Serviço religioso,
2 de junho de 1978*

Esta noite quero lhes dar um relatório fiel dos acontecimentos mais recentes. Segunda-feira passada, dia 29 de maio, recebi um telegrama de Simon Wiesenthal pedindo informações sobre Gustav Franz Wagner, em São Paulo. Na terça-feira, 30 de maio, às 17 horas, recebi um telefonema do mesmo Simon Wiesenthal, pedindo-me que confirmasse a notícia da captura de Wagner. Trinta minutos mais tarde, tive um encontro com o dr. Benno Milnitzky, presidente da Confederação Israelita do Brasil, sabendo que a detenção de Wagner havia sido confirmada quarenta minutos antes pelo Departamento de Ordem Política e Social, o Dops. Às 18h30, transmiti essa informação para Viena. O sr. Wiesenthal ficou radiante. "A permanência em liberdade desse homem durante 28 anos foi uma ameaça, um perigo e uma afronta a toda a justiça e dignidade humanas", exclamou Wiesenthal no telefone. Na quarta-feira, 31 de maio, Wiesenthal telefonou para a CIP mais uma vez. Havia discrepâncias nas declarações de Wagner. E naturalmente o mistério da identificação errônea da fotografia. Wiesenthal pediu-me que conferisse os dados pessoais de Wagner, como contidos em seu dossiê na Áustria, com aqueles em poder do Dops. Dirigi-me para o Dops às 13 horas e lá fui recebido pelo diretor, o delegado dr. Silvio Pereira Machado: os dados coincidiam perfeitamente. De fato, Gustav Franz Wagner era filho de Franz e Marie Wagner, tendo nascido no dia 18 de julho de 1911. Não havia mais dúvida. Wiesenthal já tinha me avisado de que havia somente um Wagner em Sobibor. A possibilidade de existirem duas pessoas com o mesmo nome, nascidas no mesmo dia, tendo os mesmos pais, seria no mínimo remota. Telefonei para Viena ao voltar para a congregação. Nessas alturas, estava claro que o Gustav Franz Wagner em São Paulo era o sub-comandante da SS em Sobibor e Treblinka.

Ontem de manhã, Wiesenthal pediu um esclarecimento sobre o diálogo entre o cônsul-geral da Alemanha em São Paulo, Prot von Kunow, e o criminoso de guerra nazista. Teria

Wagner de fato confessado ao cônsul a execução em massa de 1 milhão de judeus? Na verdade, ele não confessou. E confirmou a sua identidade para os propósitos legais de extradição para a Alemanha, porém negou categoricamente o assassinato de judeus nos campos de concentração. Ao meio-dia, comuniquei a negação de Wagner. Wiesenthal pediu-me a lista dos dezesseis que haviam participado da reunião em Itatiaia no mês passado. "Estamos apenas começando", ele disse.

O caso de Gustav Franz Wagner é muito sério e dramático. O que me preocupa, o que nos preocupa, não é apenas a presença de Gustav Franz Wagner em São Paulo, mas a presença de muitos outros nazistas criminosos e colaboradores do pior crime histórico jamais cometido, o aniquilamento de 6 milhões de judeus, colaboradores que ainda vivem hoje no solo brasileiro. Wiesenthal me disse, e não é segredo, que a organização Odessa ainda existe no Brasil e na maioria dos países sul-americanos. Sem qualquer influência política, os nazistas, hoje em dia, no Brasil, ainda se empenham em proteger, ajudar e defender uns aos outros como já o fizeram antes. Kameradinwerk é o nome de sua sociedade, para a qual se deve chamar a atenção do público, insistiu Wiesenthal.

Meus amigos: quando falei em "pesquisa" a um dos jornalistas durante a semana passada (não me lembro mais de que jornal; não tem importância), falei de nossa determinação, como comunidade, em acompanhar as investigações. Nunca mais pagaremos o preço do silêncio. Nunca mais permitiremos que o mundo cometa o pecado trágico de omissão que, por indiferença e passividade de muitos, praticamente ajudou os nazistas.

Não sou um político, embora ache importante acompanhar a política nacional e internacional. Não posso explicar nem quero explicar, esta noite, a entrada de Wagner no Brasil em abril de 1950. Nem tenho interesse e não tenho conhecimento suficiente para interpretar a identificação errônea de Wiesenthal da fotografia de Wagner. Porém, como rabino, quero afirmar que a história do povo judeu consiste num desfile de calamidades, uma após a outra. Somos um povo que enfrentou muitos holocaustos. E, no entanto, Mir zeinen du, estamos aqui. E, no entanto, o judeu vive.

Como rabino, tenho certeza de que posso falar esta noite em nome de cada judeu quando repito as palavras de Émile Zola: "Eu acuso!"

Eu acuso Gustav Franz Wagner do extermínio a sangue-frio de milhares e milhares de judeus no campo de Sobibor. Rezo para que ele reconheça o pecado cometido.

Eu acuso Gustav Franz Wagner de torturar sádica e sistematicamente crianças inocentes antes de matá-las sob os olhos de suas mães. Rezo para que ele reconheça o pecado cometido.

Eu acuso Gustav Franz Wagner de executar com eficiência homens, mulheres e crianças inocentes, tendo por isso merecido a Ordem do Mérito e condecoração por Heinrich Himmler, comandante em chefe da ss. De ter assassinado suas vítimas por meio de injeções de veneno. Rezo para que ele reconheça o pecado cometido.

Eu acuso Gustav Franz Wagner de ter festejado com seus talentos musicais como cantor, todas as noites, a realização de 2.000 a 4.000 execuções por dia. Rezo para que ele reconheça o pecado cometido.

Eu acuso as nações do mundo de terem ficado silenciosas ao testemunhar tal sadismo metódico. Rezo para que elas reconheçam o pecado cometido.

Eu acuso o mundo comunista de ter apoiado um povo que há apenas trinta anos ajudou Hitler a matar milhões de seus próprios adeptos. Rezo paro que ele reconheça o pecado cometido.

Eu acuso a Organização para a Libertação da Palestina e os Yasser Arafats, os George Habashes, que se empenham em dar a Adolf Hitler hoje uma vitória póstuma ao tentar destruir aquela principal testemunha de vida judaica que sobreviveu ao Holocausto. Rezo para que reconheçam o pecado cometido.

Eu acuso, mas também advirto. Advirto que as nações do mundo não escaparão impunemente se presenciarem o aniquilamento de nosso povo... duas vezes numa mesma geração!

Advirto: esta é uma nova geração de judeus. Destemidos e preparados para defender a nossa dignidade como brasileiros e judeus.

Advirto o governo de nosso país de que a permanência em liberdade de nazistas representa uma ameaça direta aos valores do povo brasileiro.

Advirto que todos esses homens devem ser punidos e que seus castigos devem servir de lição para toda a humanidade.

Advirto que palavras não são suficientes, e, para aqueles que acreditam em justiça, somente uma ação direta convencerá os homens de boa vontade.

Advirto todos os judeus de que enquanto houver nazistas vivos, sãos e salvos, nenhum judeu pode sentir-se livre. Tachlis: o que devemos fazer? Devemos fazer três coisas.

1. Devemos apoiar o Brasil, o nosso país, principalmente em sua luta contra o totalitarismo, do qual brotaram os crimes nazistas.
2. Devemos apoiar o Estado de Israel, o gênio criativo do povo judeu que desafiou o Holocausto, e devemos lembrar a todos os homens que foi o racismo que criou o sionismo, e não o sionismo que criou o racismo. Ao mesmo tempo, devemos fortalecer o nosso compromisso para com a comunidade, a sinagoga e a educação judaica. Depois de 1945, um 11º mandamento foi acrescentado à nossa Torá: "Não darás a Hitler uma vitória póstuma. Sobreviverás".
3. Devemos rezar. Devemos rezar pela justiça e pela paz. E pela verdade. Devemos rezar por um mundo melhor, no qual não prevaleçam o terror e a brutalidade, mas no qual ainda uma vez reinem soberanos o amor e a harmonia. Pois esta é realmente a lição fundamental que o povo judeu aprendeu depois do Holocausto: o triunfo da fé e da vida sobre a morte. A capacidade de permanecer humano, mesmo em face da desumanidade.

As escolhas de Moisés

Prédica, julho de 1978

Conhece-se um homem pela escolha que ele faz nos momentos críticos de sua vida. É então que o verdadeiro caráter de um homem se revela, pois é aí que o homem em seu todo toma uma decisão e finalmente emerge de uma longa luta interior. Encerra-se o debate, os prós e os contras são considerados e toma-se a decisão irrevogável. E conforme a sua decisão… assim será o seu destino.

Na leitura da Torá deste Shabat, Parashá Bô, a vida de Moisés se desenrola perante os nossos olhos. Esta noite quero avaliar com vocês essa mesma vida através das quatro grandes decisões que ele tomou.

A primeira escolha de Moisés foi feita na sua juventude: entre um palácio e uma choupana. Moisés nasceu numa choupana, no meio de escravos. Seus irmãos eram servos do faraó egípcio. Seus fardos eram pesados e suas vidas, amarguradas pelos trabalhos forçados. De acordo com a narrativa bíblica, Moisés foi salvo pela princesa, filha do faraó. Foi criado como um príncipe no palácio do rei. Passou sua juventude no meio do esplendor e do luxo. Porém, Moisés sabia que era hebreu!

Não longe do palácio em que ele havia sido criado moravam a sua família e seus parentes. A primeira escolha foi a seguinte: o que deveria fazer? Deveria voltar a ser escravo como eles no meio da sujeira e da pobreza ou continuar como príncipe, feliz e mimado? O jovem Moisés fez a sua escolha vital: voltou para os seus irmãos. E assim, entre o *status* e a lealdade, Moisés escolheu a lealdade. Entre o orgulho e a obrigação, Moisés escolheu a obrigação.

Sua segunda escolha decisiva: Moisés fugiu do Egito. Em sua ira ao ver um egípcio espancar impiedosamente um indefeso judeu, ele atacou o egípcio e matou-o. Quando seu ato tornou-se conhecido, ele fugiu para a terra de Midiã. Lá, ficou morando com Yitro e casou-se com a sua filha. E então ele teve a visão do arbusto ardente, tendo sido chamado para voltar ao Egito a fim de conduzir os seus irmãos escravizados à liberdade. Deveria voltar ou ficar? Moisés decidiu-se após uma grande hesitação: voltaria para o Egito. E a consequência disso faz parte da história universal. Moisés iniciou a primeira grande revolução em favor das liberdades humanas. E assim, entre o bem-estar e a missão, Moisés escolheu a missão! Entre o conforto e o serviço ao seu próximo, Moisés escolheu o serviço.

Houve uma terceira escolha feita por Moisés que revelou o seu verdadeiro caráter. Ele havia conduzido o seu povo para fora do Egito, havia atravessado o mar Vermelho e o deserto até a encosta do monte Sinai. Árdua e pacientemente o havia conduzido e esclarecido, mas, tão logo subiu ao monte Sinai para receber os Dez Mandamentos, aquele mesmo povo, por quem ele havia tanto trabalhado e sofrido, desprezou os seus ensinamentos e logo fez para si uma imagem, o bezerro de ouro, dançando e gritando: "Este é o nosso novo Deus". Ao descer da montanha, Moisés sentiu-se arrasado ao verificar a inutilidade de todo o seu trabalho. Naquele momento ouviu a voz de Deus: "Destruirei este povo; ele é indigno". E ainda uma vez Moisés teve que fazer uma escolha decisiva. Deveria consentir na destruição de seu povo ingrato e pecador ou não?

Entre o orgulho ferido e o amor, Moisés escolheu o amor e a misericórdia. Entre o seu amor-próprio e o amor ao seu povo, o grande líder escolheu o amor ao seu povo.

Houve finalmente uma quarta escolha. Moisés se encontrava no topo do monte Nebo no limite da Terra Prometida, à vista de Canaã. Durante quarenta anos tivera que lutar contra os inimigos externos e a rebelião interna e, naquele momento, a voz de Deus chegou até ele: "Moisés, olha bem para a Terra Prometida ali distante; olha porque os teus olhos a verão, mas nela não entrarás". Ao ouvir a sentença, as primeiras palavras que lhe vêm aos lábios não são palavras de rebeldia ou desafio. Em vez disso, ele lentamente começa a invocar uma bênção: "Que viva e morra o povo de Israel".

E assim, entre a rebeldia e a fé, entre o desafio e a submissão, Moisés escolheu a fé. Foi essa a última escolha que Moisés fez.

Meus amigos: parece-me que são essas as escolhas que todos nós devemos fazer hoje em dia também. Posição ou lealdade? Conveniência ou dever? Eu ou nós? Rebeldia ou fé? Como devemos escolher? Moisés, nosso grande mestre, nos ensinou a tomar as verdadeiras decisões, a escolher sensatamente, e desde então temos sido chamados "o povo escolhido". Porém, um "povo escolhido" só o pode ser porque é um povo "que escolhe". Não somos escolhidos porque somos superiores; somos escolhidos porque somos responsáveis pelas nossas decisões. Escolhamos a verdade e sejamos responsáveis por ela. Devemos escolher o que é certo, devemos escolher a vida, e devemos escolher a justiça para todos os homens.

Bebê de proveta – o nascimento de Louise Brown

Prédica, 28 de julho de 1978

A euforia de Lesley e Gilbert John Brown e dos médicos Patrick Steptoe e Robert Edwards e a polêmica filosófico-religiosa são as consequências mais imediatas do nascimento do primeiro "bebê de proveta" no mundo, na última terça-feira, em Oldham, Inglaterra. Muitas personalidades importantes no campo da religião e da política, além de alguns médicos conhecidos, condenaram o processo científico de fecundação *in vitro*, alegando que isso virá a abrir caminho para a aceitação de uma "engenharia genética". Teoricamente, a descoberta de Steptoe e Edwards poderá permitir a produção de "raças dominantes" ou "escravas", capazes de serem manipuladas para qualquer finalidade, assim como Aldous Huxley previu em ficção científica não muitos anos atrás.

Quero desde logo dizer que eu pessoalmente fiquei muito contente ao saber do nascimento do primeiro bebê de proveta no último dia 25 de julho. Mais ainda, tenho esperanças de que a ciência continuará a criar a vida, e não a destruí-la.

Não considero a experiência intrinsecamente má, porém, se controlada, uma grande bênção em potencial. Penso que a "fecundação em laboratório" (que para todos os efeitos práticos é o mesmo que "inseminação artificial") é perfeitamente válida, quando a gravidez não pode ser levada a termo de qualquer outra maneira. Também acho perfeitamente legítimo que se procure tal fecundação, mesmo quando sabemos que existem muitas crianças hoje em dia no mundo inteiro que podem ser adotadas por um número igualmente grande de casais estéreis que desejam criar filhos. Eu pessoalmente posso compreender muito bem o desejo emocional e psicológico e a necessidade que a mulher sente de ficar grávida, no que se refere à sua realização feminina. Paulo Francis pergunta em seu editorial publicado ontem na *Folha de S.Paulo*: "Se Lesley Brown queria tanto um filho, por que não adotou uma criança entre os milhões de bebês em orfanatos?" Bem, eu certamente não preciso lhe responder. Marido e mulher, através da inseminação artificial, tornam-se uma parte integral da concepção, dos cuidados pré-natais, da gravidez propriamente dita e do ato de dar à luz. O que a torna diferente da adoção. O bebê de proveta se parece fisicamente com seus pais quando o doador é o marido e, no mesmo contexto, a inseminação ou fecundação artificial elimina o medo e a ambiguidade do "*background genético*". Por todos esses e vários outros motivos, não acho que temos o direito de condenar a legitimidade e a autenticidade da experiência médica. Esta noite, examinaremos o caso da perspectiva judaica, de maneira que, como uma congregação e uma comunidade, possamos tomar uma posição – juntos. Como podemos ficar silenciosos e indiferentes na presença de tão revolucionário e histórico momento científico? Certamente concordarão comigo que o problema é dos mais complexos, acarretando grandes implicações morais e legais. Razão de sobra para não estabelecer necessariamente uma fórmula dogmática e pré-fabricada. Acho aconselhável que cada caso surgido no futuro seja analisado individualmente; e que a mesma análise seja baseada numa perícia médica, e numa orientação eclesiástica.

Tachlis: o que diz o judaísmo sobre o nascimento de Louise Brown, o primeiro bebê de proveta?

Fontes tradicionais judaicas indicam a possibilidade de gravidez sem relações sexuais. Gerar *sine concubito* foi reconhecido há muito tempo e a prole considerada legítima pela lei judaica quando o doador é o marido. Na literatura rabínica, conta-se a história de Ben Sira, que foi concebido sem relações sexuais pela filha do profeta Jeremias, num banho... Tendo sido o marido dela que ejetou seu sêmen na água. É interessante notar que desde então esse episódio tem sido mencionado muitas vezes na literatura médica, assim como em quase todos os documentos legais judaicos que tratam da inseminação artificial.

Em termos gerais, toda a questão pode ser dividida em duas categorias separadas. Quando o doador é o marido, e quando o doador não é o marido. Quando o doador é o marido, e quando a gravidez não pode ser conseguida de outra forma, repito, o judaísmo sanciona a sua realização. Quando o doador não é o marido, os problemas, principalmente os problemas morais e éticos surgidos, se tornam mais sérios. Em primeiro lugar, ficamos preocupados: se essa prática for mais disseminada, ela pode facilmente conduzir ao incesto; o mesmo doador pode tornar-se o pai natural de uma moça e de um rapaz que mais tarde podem desejar casar um com o outro. Mais ainda, preocupamo-nos com as implicações legais de herança e os seus efeitos na união e na paz da família. Após a morte do doador, seus outros filhos podem tirar vantagem da "posição especial" do filho nascido por meio de inseminação e achar que ele não tem os mesmos direitos (ainda uma vez, me refiro ao caso de herança). E mesmo que a identidade do doador seja conhecida, mesmo assim, a lei judaica não favorece tal fecundação. O sêmen de qualquer outro homem que não seja o marido, mesmo que não haja relações sexuais, judaicamente falando, torna o caso em adultério.

Quando o doador é o marido (o caso do pai de Louise), o adultério, o incesto, a herança, a licenciosidade, todos esses e muitos outros fatores são, da perspectiva judaica, eliminados. Nessas circunstâncias não pode haver culpa moral atribuída aos pais e aos médicos. Também não pode haver qualquer dúvida da legitimidade de Louise como filha.

Meus amigos: sem ética, a ciência pode se tornar uma máquina perigosa que destruirá o próprio homem que a criou – pois a mente livre no mundo, não restrita por considerações éticas e morais, não inspirada por nenhum propósito, é dinamite nas mãos de uma criança. Por outro lado, a religião que não acompanha a ciência torna-se superstição, sujeita a constante degeneração e desmoralização: que a ciência continue a descobrir fato após fato, e verdade após verdade. Que a ciência faça a mente humana avançar com responsabilidade. E que a religião dê a sua bênção a todas essas descobertas.

Rezamos esta noite pela criança Brown e por todas as crianças, especialmente aquelas desprotegidas no mundo inteiro. E, mais ainda, rezamos pelo controle da ciência, e não pela sua exploração.

Amém, Shabat shalom.

A política da não intervenção

Prédica, 19 de janeiro de 1979

A não interferência nos negócios alheios é um princípio geralmente aceito e praticado em nossas relações pessoais. Advertir e criticar os outros é correr o risco de ser chamado de "intrometido", "mexeriqueiro" e até "nudnik", "chato"! A resposta mais comum à crítica é a pergunta: "Quem lhe dá o direito de mandar nos outros e querer julgá-los?"

Também no cenário internacional, a norma é não se meter nos assuntos internos das outras nações. A recusa do Itamaraty em aceitar a intervenção de Jimmy Carter com relação aos direitos humanos constitui um dos muitos exemplos. O aiatolá Khomeini, em seu relacionamento com o mundo ocidental, também não admite interferência. O Camboja e a União Soviética são outros exemplos. Quantas vezes um governo poderia exercer sobre outro uma pressão econômica, uma persuasão política sutil, mas não o faz para não ser acusado de interferir nos assuntos internos alheios.

O judaísmo, entretanto, ensina que às vezes a intervenção é necessária e pode ser eticamente justificada. Em nossa leitura neste Shabat, Parashá Shemot, vemos que Moisés interferiu três vezes em momentos bastante críticos. E tais intervenções moldaram seu caráter, deixaram uma impressão indelével em sua personalidade e determinaram em última análise o destino do povo judeu.

Quais foram as três ocasiões em que Moisés interveio?

A primeira foi no palácio do faraó, quando Moisés viu um egípcio espancar um hebreu. Reagindo a essa desumana brutalidade contra um de seus irmãos, Moisés matou o egípcio. No dia seguinte, outra interferência de Moisés, dessa vez como mediador. Ao ver dois hebreus brigando, ele repreendeu severamente o que tinha atacado primeiro. A terceira intervenção deu-se na terra de Midiã, para onde Moisés foi quando fugiu do Egito. Lá ele viu uns pastores impedindo que sete moças se aproximassem de um poço d'água com seu rebanho. Indignado com essa discriminação, "Moisés levantou-se para ajudá-las, dando de beber ao seu rebanho".

Esses exemplos de Moisés deveriam ser seguidos por todos nós, em nossos dias. Pois, quando nos omitimos, quando nos esquivamos da responsabilidade de ajudar os outros, estamos negligenciando nosso dever de melhorar o mundo.

Moisés interferiu pela primeira vez quando viu um judeu sendo atacado. E nós, hoje em dia? Será que podemos permanecer passivos enquanto terroristas palestinos assassinam nossos atletas, sequestram aviões e explodem bombas, matando centenas de homens, mulheres e crianças inocentes? Não, meus amigos. Quando um palestino ataca um judeu, nós devemos, assim como Moisés, contra-atacar imediatamente. Isso não quer dizer que eu aprove represálias desmedidas. Mas sou da opinião de que a cada ação deve seguir-se uma reação. Nós *não* ficaremos de braços cruzados enquanto o sangue de nossos irmãos está sendo derrubado.

A segunda vez que Moisés interveio foi quando viu seus irmãos lutarem entre si. Também essa situação se aplica aos nossos dias. Numa época em que estamos tão isolados, será que podemos nos dar ao luxo de divisões e divergências internas? Grupos fragmentados – ortodoxos e liberais, ashkenazim e sefardim, sionistas e não sionistas – lutando por poder e prestígio... Será que podemos assistir indiferentes a tal enfraquecimento da nossa unidade? A meu ver, intervir para apaziguar disputas entre irmãos, para gerar mais harmonia em nosso meio, é mais do que um direito, é uma obrigação.

Chegamos agora à terceira intervenção de Moisés, quando ele agiu prontamente para ajudar sete moças indefesas. Será que em nossos dias alguém faria o mesmo? Quarenta anos atrás, o mundo testemunhou o genocídio de milhões de seres humanos, sem fazer qualquer tentativa organizada de salvá-los. Hoje, as nações do mundo, com raríssimas exceções, fecham os olhos ao drama dos refugiados vietnamitas, que passam fome e sede em seus pequenos barcos, à espera de que alguém os acolha. Como a humanidade pode ter paz de espírito depois dessa apatia imperdoável?

A lição de Moisés é que devemos reagir energicamente não apenas quando um judeu é atacado, mas também diante de qualquer forma de discriminação. Onde quer que exista opressão, sempre que um grupo procura prejudicar outro, quando pastores gananciosos tentam afastar as minorias indefesas dos poços da abertura política e da justiça social, nós, como judeus, devemos defender os desprivilegiados e injustiçados. Devemos estar na vanguarda dos movimentos em prol das reformas sociais e dos direitos humanos.

Eu conheço muitos judeus que nos aconselham uma política de silêncio e não intervenção, de falar mansinho, de pisar com cautela quando se trata de problemas tão explosivos. Eles têm medo de que nós, uma minoria religiosa no Brasil, possamos prejudicar nossa própria posição se nos envolvermos nas questões sociais.

Será que essa política de "cautela" e "silêncio" é aconselhável e digna? Será que a liberdade é um privilégio concedido a alguns e negado a outros? É esse o legado espiritual dos nossos profetas e rabinos?

Três momentos históricos na vida de Moisés, três intervenções que marcaram seu futuro. E intervenções semelhantes moldarão o nosso futuro também. Nossa luta contra o preconceito, a intolerância e a injustiça nos tornará melhores judeus, melhores brasileiros e melhores seres humanos. Não devemos temer as ameaças de nosso inimigo e as críticas do homem tacanho. Nosso lugar como judeus é ao lado da humanidade. Somente assim cumpriremos o nosso destino: or lagoyim, uma verdadeira luz para todos os povos.

"Quando você tiver a oportunidade de fazer uma mitzvá", dizem os nossos rabinos, "não deixe que ela azede pelo adiamento."

Antes de morrer

Prédica, 2 de junho de 1979

"Mitzvá habá leyadchá al tachmitzena." "Quando você tiver a oportunidade de fazer uma mitzvá", dizem os nossos rabinos, "não deixe que ela azede pelo adiamento." A oportunidade de fazer alguma coisa requer uma ação imediata.

No mês passado, Amanda e eu viajamos num trem expresso de Viena a Salzburgo. Estávamos confortavelmente sentados no vagão-restaurante, ouvindo uma fita de Mozart, quando um senhor na mesa ao lado comentou: "Eu sempre tive vontade de entender a música de Mozart. Um dia, antes de morrer, talvez eu consiga…"

Um exemplo típico da maneira com que conduzimos nossas vidas: sempre falando sobre o amanhã, sobre aquilo que vamos fazer algum dia, sobre tudo que vamos realizar antes de morrer.

Meus amigos: usar o futuro assim é na verdade abusar da esperança, mal usar o amanhã, e cometer um pecado contra nós mesmos.

É interessante observar que isso não acontece quando se trata de assuntos práticos. Nunca ouvi um homem dizer: "Algum dia, antes de morrer, vou tentar ganhar muito dinheiro". Nunca ouvi uma mulher dizer: "Algum dia, antes de morrer, vou fazer uma arrumação na casa". Nunca ouvi alguém dizer: "Algum dia, antes de morrer, vou me divertir e passar uma noite agradável". Não há perigo de adiarmos para o futuro nenhum desses assuntos cotidianos ou os prazeres físicos que a vida pode nos oferecer.

Entretanto, quando se trata do lado espiritual da vida, do mundo do intelecto da alma, todos nós sofremos da mesma moléstia crônica, a praga do *mañana*. E são justamente essas experiências que têm maior importância; e somente elas podem dar significado e dignidade à vida.

Será que viver se resume em ganhar dinheiro ou manter a casa em ordem? Quantas vezes ouço as pessoas dizerem: "Algum dia eu vou querer dedicar mais tempo aos meus filhos". Ou então: "Algum dia eu vou querer dedicar mais tempo para cultivar aquela amizade".

Meus amigos: o que realmente nós temos é só o dia de hoje. O ontem já se foi, e o amanhã ainda não chegou... e quem espera pelo dia seguinte ficará eternamente a esperar. Seus filhos crescerão afastados dele, dispersos pelo mundo, vivendo suas próprias vidas, e aquela oportunidade estará perdida para sempre.

O que é verdade no relacionamento humano também é verdade no que tange aos livros, à arte, à música, à pintura. "Um dia eu vou ler...", "Um dia eu vou visitar um museu...", "Um dia eu vou assistir a um concerto..." E certamente isso se aplica à nossa atitude frente ao judaísmo. Vamos começar vida nova. Vamos vir à sinagoga durante todo o ano, e não só no Yizcor. Vamos ler um livro de história judaica, frequentar uma aula, assistir a uma palestra *agora*. Vamos participar da vida comunitária *hoje*.

Às vezes nós achamos que podemos evitar uma decisão se a adiarmos para mais tarde. Mas a vida não funciona assim. Vejam: cada adiamento já é uma decisão por si. É como num jardim: nós podemos escolher se queremos cultivar flores ou ver crescer o mato. Pois, se demorarmos, a natureza decidirá por nós, e o nosso jardim ficará coberto de ervas daninhas.

Será que as flores que crescem em setembro dizem: "Não vamos brotar agora, é melhor esperar até janeiro"? Se as folhas não nascerem na primavera, será que virão no outono, quando já é tarde demais?

Esse é o perigo que corremos em nossas vidas: se esperarmos muito tempo, será tarde demais. Pois, quando a morte vem, ela vem impaciente e implacavelmente. A morte não pode ser adiada até que terminemos as tarefas que deixamos por fazer. A morte não espera.

Portanto, nesta hora sagrada em que relembramos nossos entes queridos que partiram, eu lhes digo:

1. Se tiverem alguém para amar, que o amem agora.
2. Se tiverem alguém a quem vocês queiram se ligar por laços de afeto e compreensão, atem esses laços agora.

3. Se tiverem grandes obras por ler, a beleza do mundo para ver, e a arte e a música para apreciar… a hora é agora.
4. Se tiverem uma obrigação a cumprir para com seu povo e sua religião… não demorem. Comecem agora.
5. Se tiverem alguma contribuição a fazer para a construção de um mundo melhor, não deixem para o outono. A primavera é agora.

Meus amigos: não pode haver maior tributo à memória dos entes queridos que partiram. Que possamos recordar o passado e viver no presente. Não "antes de morrer", mas agora. Amém.

O papa em Auschwitz

Prédica, 8 de junho de 1979

Ver a fotografia do papa João Paulo II nos jornais, rezando no "muro da morte", em Auschwitz, foi comovente. Ele foi, como disse, "não para acusar, mas sim para recordar". E num gesto humano, cheio de boa vontade, ele reverentemente colocou uma coroa de flores nas lápides onde estão inscritos os nomes das vítimas dos campos de extermínio. Ao sair do museu de Birkenau, onde ficavam os fornos crematórios de Hitler, o papa disse: "Posso perdoar os nazistas como cristão, mas não como polonês".

Agora, quem sou eu para analisar o que o sumo pontífice da Igreja Católica tinha em mente ao falar em perdão? A doutrina do perdão é humana e é uma das bases sobre as quais a teologia cristã é construída. Mas, mesmo assim, pergunto se é justo que alguém perdoe outros por crimes cometidos contra terceiros. Deixem-me explicar-lhes a minha preocupação com uma história verídica.

Há mais de cinquenta anos, o rabino de Brisk, intelectual de extraordinário renome, respeitado também pela sua gentileza de caráter, entrou num trem em Varsóvia para voltar à sua cidade natal. O rabino, homem de pequena estatura e de modesta aparência, encontrou lugar numa cabine. Lá se achou rodeado de caixeiros-viajantes, os quais, assim que o trem começou a se mover, iniciaram um jogo de cartas. À medida que o jogo procedia, o entusiasmo ia aumentando. Mas o rabino permanecia indiferente, absorto em meditação. Essa indiferença irritou as outras pessoas e um dos homens sugeriu que o rabino participasse do jogo. Ele respondeu que jamais havia jogado cartas. Com o passar do tempo, a indiferença do rabino tornou-se ainda mais irritante e um dos presentes lhe disse: "Ou você se junta a nós, ou sai da cabine". Pouco depois ele pegou o rabino pelo colarinho e literalmente o empurrou para fora da cabine. E o rabino teve de ficar de pé durante muitas horas até chegar ao seu destino, a cidade de Brisk.

Bem, Brisk também era o destino do vendedor. Ao sair do trem, o rabino foi logo rodeado por amigos e admiradores, que lhe desejavam boas-vindas e lhe apertavam as mãos. "Quem é esse homem?", perguntou o vendedor. "Você não o conhece? Ele é o famoso rabino de Brisk", foi a resposta. O vendedor sentiu-se desfalecer; ele não sabia a quem tinha ofendido. Dirigiu-se então rapidamente ao rabino e pediu-lhe perdão. O rabino negou-lhe. Em seu quarto de hotel, o vendedor não conseguia se acalmar. Foi à casa do rabino. "Rabino", disse ele, "não sou um homem rico. Tenho, entretanto, umas economias. Trezentos rublos. Eu os darei para as obras de caridade se o senhor me perdoar". A resposta do rabino foi breve: "Não".

A ansiedade do vendedor começou a ficar insuportável. Ele foi à sinagoga em busca de consolo. Quando ele falou sobre a sua ansiedade a algumas pessoas na sinagoga, as mesmas ficaram profundamente surpresas. Como podia o seu rabino, uma pessoa tão bondosa, ser tão insensível? Aconselharam-no a falar com o filho mais velho do rabino, contar-lhe a atitude surpreendente adotada por seu pai.

Quando o filho do rabino ouviu a história, ele também não compreendeu a obstinação de seu pai. Vendo a ansiedade do homem, ele prometeu discutir o assunto com o rabino.

De acordo com a lei judaica, um filho não deve criticar abertamente o seu pai. Portanto, o filho entrou em sua biblioteca e começou a abordar o assunto da lei judaica, encaminhando a conversa para as leis do perdão. Quando o seu pai, o famoso rabino de Brisk, mencionou o princípio de que quando uma pessoa pede perdão três vezes ela deve ser perdoada, o filho mencionou o nome do homem aflito: o vendedor no trem. Então o rabino de Brisk lhe respondeu: "Não posso perdoá-lo. Sabe por quê? Porque ele não sabia quem eu era. Ele ofendeu um homem comum. Deixe que o vendedor peça perdão àquele homem comum".

Meus amigos: ninguém pode perdoar um crime cometido contra terceiros. É portanto inimaginável pretender que uma pessoa possa perdoar aqueles que causaram o sofrimento de 6 milhões de judeus que pereceram nas mãos de Hitler. Na verdade, 20 milhões de vítimas da máquina de guerra nazista.

Não se deve diminuir as boas intenções do papa. Ele falou e agiu como um bom cristão. Entretanto, de acordo com a tradição judaica, o perdão aqui não se aplica. Até Deus, de acordo com a Torá, só pode perdoar pecados cometidos contra Ele mesmo, não os pecados do homem contra seu semelhante.

Jesus: um emissário de Deus?

Entrevista para a TV Gazeta (São Paulo), 14 de agosto de 1979

Jesus foi um emissário de Deus? Sim, porque ele era profundamente humano. E todos nós somos emissários de Deus, pois está ao nosso alcance tornar este mundo mais humano e, portanto, mais divino.

É interessante observar que o monte Sinai – local da revelação de Deus e da entrega dos Dez Mandamentos – não conservou sua santidade, e até mesmo sua localização é objeto de discussões históricas e arqueológicas. Porém o monte Moriá – onde Abraão se dispôs a sacrificar seu filho Isaac, em cumprimento à ordem divina – tornou-se o sítio do Templo em Jerusalém, e permanece eternamente sagrado para os judeus. A lei judaica exalta mais a *subida* do Homem para encontrar-se com Deus, do que a descida de Deus para encontrar-se com o Homem. Quando nos aperfeiçoamos espiritualmente, quando melhoramos um pouquinho este mundo em que vivemos, todos nós nos tornamos emissários do Todo-Poderoso, Seus parceiros na Criação. Nesse contexto, Jesus – entre muitos outros – foi um emissário de Deus.

Jesus foi uma grande personalidade. Ele tinha suas raízes na tradição judaica, e muitos dos seus ensinamentos éticos eram de origem judaica. O Deus do amor, que ele pregou com tanta eloquência, já era reconhecido e aceito oitocentos anos antes pelo profeta Oseias. O espírito de liderança de Jesus, sua erudição, sua piedade eram qualidades altamente valorizadas pelos judeus de sua época, e pelos judeus de hoje também. Ele morreu subindo, por assim dizer; ele não desceu das alturas, mas ascendeu, como todos os mortais em busca de uma causa. Jesus era um homem, não um Deus. E, como homem, ele era falível.

O judaísmo não aceita nenhuma distinção entre os homens. Nenhum ser humano é superior a outro. Deus criou todos os homens iguais. Os rabinos explicam que toda a raça humana descende de um único homem, Adão. E por quê? Para que ninguém possa dizer que seu pai é melhor ou pior do que qualquer outro. Uma paternidade divina – e uma fraternidade humana. Somos todos filhos de Deus. E, como Deus nos criou todos iguais, nenhum homem pode ser um intermediário entre Deus e os outros homens.

Teologicamente, portanto, os judeus têm certas restrições em relação a Jesus. Na tradição cristã, Jesus é o Cristo. Esse é o Jesus que a cristandade considera a encarnação de Deus, nascido de uma Virgem, a realização da profecia hebraica, o Messias enviado por Deus, a Segunda Pessoa da Trindade. Esse é o Jesus sem o qual, para todos os efeitos, o cristianismo se desintegra. O judaísmo pode conceder a ele ou a qualquer outra pessoa tais atributos divinos sem repudiar a sua própria essência. Para o judeu, Deus não pode tornar-se homem. E, da mesma forma, o homem não pode tornar-se Deus. Entre o Criador e a criatura existe e existirá sempre uma distância transcendental.

O Messias não veio ainda. Ainda temos um longo caminho a percorrer. A redenção virá como resultado de um árduo esforço humano: quando aprendermos a respeitar nossas diferenças e eliminar nossas divisões. Não um homem, mas *todos* os homens criarão uma era messiânica quando o amor e a justiça prevalecerão.

Isso é o que temos a dizer sobre Jesus, o Cristo. Voltemos agora a Jesus, o homem. Mesmo como tal, muitos dos seus conceitos são estranhos ao judaísmo. Ele considerava o celibato, por exemplo, como a meta mais alta da conduta humana. O judaísmo acredita que a vontade de Deus não é a frustração sexual dos homens, mas sim a legítima realização sexual no casamento. Jesus, o homem, ensinava que moralidade e política não têm nada a ver uma com a outra, que as duas se encontram em categorias totalmente distintas. Ele disse: "Dê a César o que é de César... e a Deus o que é de Deus". O judaísmo, por outro lado, insiste que a moralidade faz parte de todos os setores da vida, inclusive o da política; que nada pertence a César se não tiver sido consagrado pelos valores atribuídos a Deus.

Jesus castigava os ricos simplesmente por serem ricos. Na parábola de Lázaro, o homem rico é condenado ao inferno não porque tenha feito algum mal, mas principalmente porque possui riquezas. O judaísmo ensina que não devemos ter preconceito algum – nem contra os pobres nem contra os ricos – e que devemos ser sempre imparciais e justos. No judaísmo, o que importa não é se o homem tem posses ou não, mas, primeiro, como ele as obteve; e, segundo, para que fim ele as usa. Talvez o preceito de Jesus citado com maior frequência seja: "Se alguém esbofetear-lhe a face direita, ofereça-lhe a outra face; e se alguém tirar-lhe a capa, entregue-lhe também seu manto". Assim Jesus formulou sua doutrina de não resistência ao mal, outro aspecto completamente incompatível com o judaísmo, o qual ensina que o mal deve ser sempre combatido e a justiça deve prevalecer.

Jesus ensinava aos seus seguidores que deveriam amar seus inimigos. O judaísmo nos manda ajudar nossos inimigos quando estão em apuros, salvar o animal de um inimigo quando ele se encontrar desamparado. O judaísmo ordena: "Se o seu inimigo tiver fome, dê-lhe pão para comer; e se ele tiver sede, dê-lhe água para beber". Mas o judaísmo nunca espera de nós que realmente amemos aqueles que nos desejam mal.

Não acho que seja necessário obliterarmos as nossas diferenças, as nossas linhas de demarcação inter-religiosas. Mas creio que é imprescindível ressaltarmos uma mensagem de coexistência frutífera, baseada no respeito mútuo e influências recíprocas. Todos nós, judeus e cristãos – no Brasil e no mundo inteiro –, enfrentamos muitos inimigos comuns: indiferença, violência, guerra, ódio, materialismo, ignorância, miséria. E ao mesmo tempo compartilhamos muitos objetivos e sonhos messiânicos. A Sinagoga e a Igreja, lado a lado, devem dar um exemplo vivo de justiça, fraternidade, amor e paz. O verdadeiro caminho que conduz à harmonia é aquele percorrido por judeus que seguem os princípios do judaísmo e cristãos que incorporam em sua vida os ensinamentos éticos de Jesus. Cada um deve ser incentivado pelo outro a alcançar os mais altos ideais que sua própria religião oferece. Não existe uma superioridade religiosa; o judaísmo é superior para o judeu, da mesma forma como o catolicismo é superior para o católico. É essa igualdade que nos permite dar as mãos como irmãos e nos dedicarmos à causa universal comum.

Jesus foi um emissário de Deus? Como um homem que aprendeu e ensinou, como uma personalidade marcante, como um líder profundamente humano – ele foi um entre muitos emissários. Sua figura nos torna conscientes de nossas diferenças e nossas esperanças comuns.

Que possamos todos nós nos tornar emissários de Deus, dialogando e trabalhando juntos por um mundo melhor.

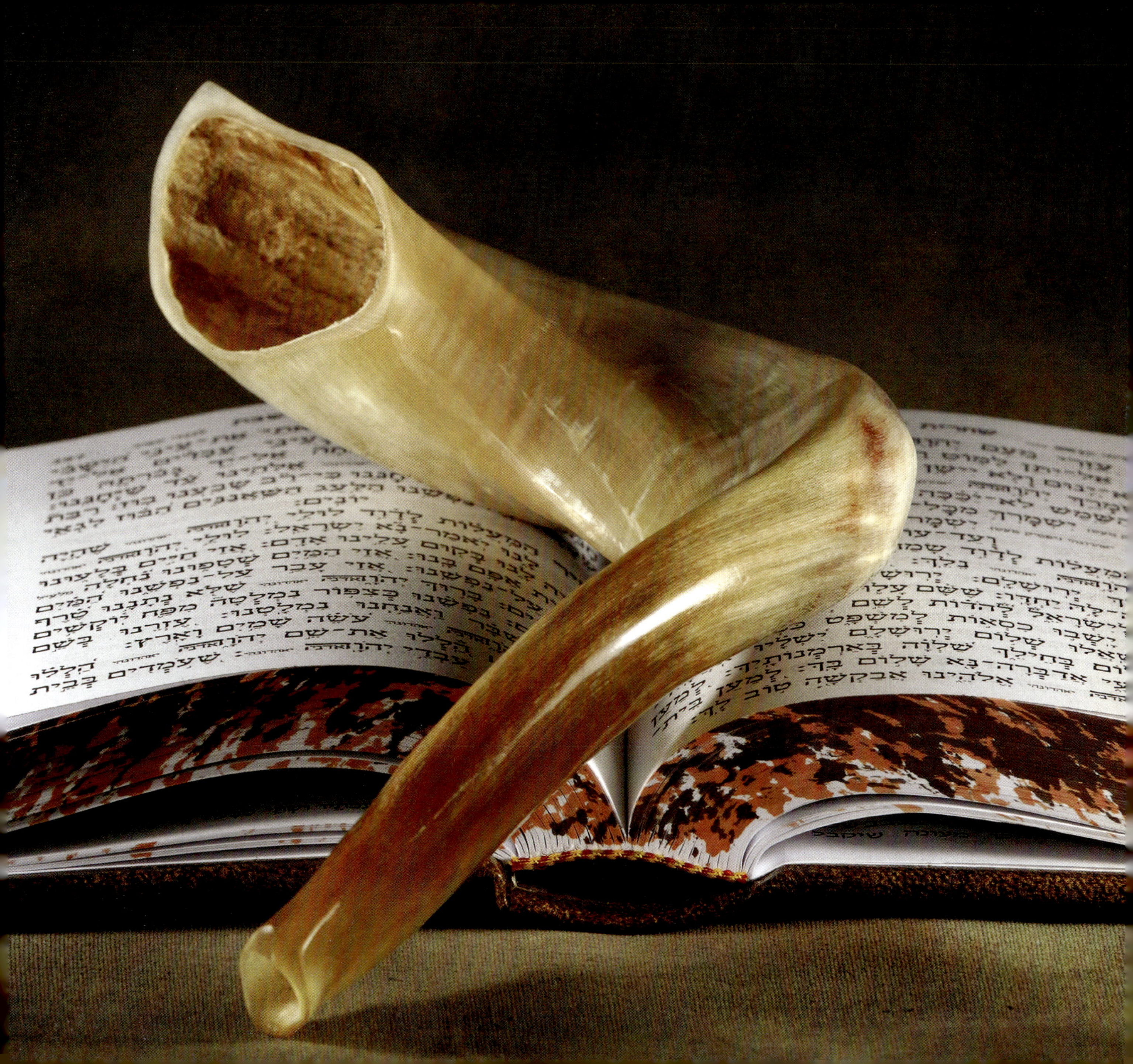

O shofar silencioso

Prédica, 22 de setembro de 1979

Hoje o shofar permanecerá silencioso. A Mishná nos ensina que, se Rosh Hashaná cai num sábado, *não* se toca o shofar. Não que soprar o shofar seja em si uma forma de trabalho – e portanto uma violação do Shabat. Pelo contrário, os rabinos dizem que tocar o shofar é uma "arte" e não uma forma de "trabalho". "Tekiyat shofar chachmá hi, ve'eyná melachá."

Por que então a lei nos ensina que não devemos tocar o shofar no Shabat? O Talmude explica que o homem designado para tocar o shofar pode ser inexperiente… e pode então resolver levar o shofar para a casa de um perito para que este lhe ensine… e assim fazendo talvez ele carregue o shofar por mais de 4 cúbitos em terreno público… e isso, sim, é uma violação da lei do Shabat!

Estranho, não é? Vejam como é significativo o toque do shofar… esse símbolo majestoso, tão místico, pleno de conotações sagradas e históricas… que faz com que qualquer pessoa com um mínimo de sensibilidade sinta um arrepio no fundo da alma… E, no entanto, hoje dispensamos o shofar. E por quê? Por causa da remota possibilidade de que, se a congregação for descuidada a ponto de designar um homem incompetente para tocar o shofar; e se ele for preguiçoso a ponto de não ensaiar antes das festas; e se ele morar numa comunidade onde existe "uma via pública"; e se houver nas redondezas um perito em shofar… e o nosso inexperiente tocador de shofar resolver levar o instrumento à casa do perito, e assim fazendo carregar o shofar por mais de 4 cúbitos numa via pública… então, por isso, os rabinos resolveram abolir o shofar no Shabat, e portanto ficamos hoje sem essa linda e magnífica mitzvá.

Mas por quê? Além da questão técnica legal, que outra mensagem podemos descobrir no "shofar silencioso"?

Ao propor uma solução, quero lhes falar sobre uma tensão entre dois valores que atravessa todo o pensamento humano e, logicamente, se encontra também no judaísmo: a tensão entre o indivíduo e a sociedade, entre o yahid e o tzibur, entre a pessoa e a coletividade. O problema é universal. Como é que nós nos identificamos: como indivíduos essencialmente autônomos, ou como uma kehilá, uma comunidade? Qual é o enfoque autêntico de nossa identidade: yahid ou tzibur?

O judaísmo afirma o valor de ambos: indivíduo e sociedade. Ele nos ensina a respeitar as diferenças de opinião e de personalidade. A Torá nos ensina que o homem foi criado "à imagem de Deus", o que mostra implicitamente a singularidade de cada ser humano. O judaísmo afirma a santidade do indivíduo – e a santidade da individualidade.

Mas, ao mesmo tempo, a comunidade é extremamente importante no pensamento judaico. "Col Israel arevim ze baze", "Todos os israelitas são corresponsáveis uns pelos outros". É possível rezar sozinho... mas a oração formal, aquela que melhor expressa a devoção judaica, é rezada pela comunidade e para a comunidade. Nenhum indivíduo pode festejar uma alegria pessoal nos dias nacionais de luto, ou enlutar-se por uma perda pessoal nos dias nacionais de festividade.

O valor do indivíduo é confirmado. O da coletividade também. E a expressão mais alta dessa coletividade, do tziur, do significado de Israel como comunidade, é o Brit, a Aliança entre Deus e Israel. É o Brit que dá à coletividade judaica sua marca de singularidade.

Nesse contexto, podemos entender o nosso "shofar silencioso". Pois o shofar é basicamente um mandamento que se relaciona com o indivíduo. Cada judeu, individualmente, deve escutar o som do shofar, e não é necessário que essa mitzvá seja cumprida em público, na presença de um minian. Ela é dirigida ao indivíduo. É um despertador espiritual, um chamado à Teshuvá que penetra o coração de cada judeu, individualmente. Enquanto o Shabat, embora também seja observado por indivíduos, é fundamentalmente uma celebração comunitária, uma mitzvá que envolve Klal Yisrael. Mais ainda, o Shabat é uma obrigação que faz parte do pacto entre Deus e o *povo* de Israel: "Veshamru bnei Yisrael et haShabat, laassot et haShabat ledorotam Brit Olam", "Os filhos de Israel observarão o Shabat pelas gerações afora, como uma *aliança eterna*". Shabat é um Ot Brit, um sinal da Aliança. Portanto, o shofar representa as ambições espirituais do indivíduo, enquanto o Shabat é o símbolo das obrigações de toda uma comunidade.

E é por isso que os rabinos e a tradição chegaram a tais extremos para subordinar o shofar ao Shabat. A tradição está nos dizendo: o bem-estar de Klal Yisrael tem precedência sobre desejos, satisfações e ambições pessoais. O indivíduo é sagrado, seu valor é transcendente. Mas, quando existe conflito entre ele, o indivíduo, e a sociedade, então a sua autonomia individual deve dar lugar às reivindicações históricas e sagradas de Klal Yisrael.

Com isso não quero dizer que os dois valores, indivíduo e sociedade, estejam sempre em conflito. Certamente não estão. Geralmente seus interesses convergem. Mas a tensão existe. E quando há um conflito deve prevalecer o interesse de Klal Yisrael.

Eu reconheço perfeitamente que essa tese vai contra a índole da maioria de nós, imersos como estamos na cultura mundial. Em nossa sociedade, herdamos os princípios do individualismo capitalista. Falamos de "aberturas democráticas", com o enfoque sempre no indivíduo. Um liberalismo que estimula nobremente os direitos humanos, os direitos do indivíduo. Uma filosofia social que ressalta a importância da individualidade, da autoexpressão, da autorrealização… chegando quase até o narcisismo. É exatamente por isso que o "shofar silencioso", com sua lição sobre a responsabilidade do judeu para com seu povo, é tão importante: para restituir o equilíbrio. Se vivêssemos numa sociedade coletivista, eu provavelmente daria maior ênfase ao outro lado da equação… o judaísmo afirmando o yahid, o indivíduo. Pois o judaísmo ressalta certamente a importância do Homem. Porém, em nossa sociedade – e, na verdade, quando os dois valores realmente entram em choque –, o shofar deve dar lugar ao Shabat, e o judeu, como indivíduo, deve ceder às exigências mais transcendentes e abrangentes da congregação de Israel.

Essa ênfase sobre vivência comunitária é hoje mais importante do que nunca. A Era Moderna começou com a Emancipação. E no início desse período da história judaica um dos ministros de Napoleão disse aos judeus: "Para os judeus como indivíduos… tudo; para os judeus como povo… nada". Concederam-nos direitos civis somente como indivíduos, mas disseram-nos que nossa existência como comunidade devia terminar.

E esse é o verdadeiro problema na vida judaica hoje. Eu disse isso no simpósio na semana passada. Não o brutal antissemitismo de ontem; como indivíduos, na grande maioria dos países, nós não somos perseguidos, nem mesmo na União Soviética! Porém como um povo, um povo determinado a manter sua particularidade coletiva… ah, aí é que está o xis, na Rússia, no Irã e em tantos outros países do mundo. Aos ministros de Napoleão de nossos dias – Brejnev, Kosygin e o aiatolá Khomeini – nós respondemos com um sonoro "NÃO". Cada judeu é um indivíduo único e diferente, como o é cada ser humano na face da Terra. Cada judeu tem todo o direito de se expressar como ele bem entender. Mas também somos um povo comprometido com o Criador, e cuja condição de povo é portanto sagrada e incontestável.

Mesmo depois de 3.500 anos de história, e 31 anos do Estado de Israel, o mundo cristão ainda não conseguiu entender isso. Em diversas conferências, reuniões e diálogos ecumênicos, muitas vezes eu encontro a mesma falta de compreensão da parte de personalidades cristãs ilustres e geralmente até simpáticas. Elas aceitam o fato de o judaísmo estar sincronizado com a história. Mas perguntam: "Por que vocês estão tão interessados em Geografia? O que é que a religião tem a ver com uma entidade política como o Estado de Israel? Por que vocês se preocupam tanto com um pedaço de terra, com imóveis?" Muitas vezes eu me pergunto por que será que é tão difícil para o "povo do Novo Testamento" entender o que o Velho Testamento, a Antiga Aliança, significa para nós, judeus.

Mas, apesar de tudo, a atitude dos cristãos é perdoável. Afinal de contas, não é de se estranhar que eles olhem o judaísmo através de lentes cristãs. O que é imperdoável, entretanto, é a atitude das esquerdas e dos povos do Terceiro Mundo. São eles que acreditam e declaram abertamente que cada povo pode e deve ser nacionalista… menos os judeus. Que cada Estado tem o direito à autodeterminação… menos Israel. Que cada grupo que luta pela autoexpressão deve ser reconhecido… menos os judeus em Israel. E como é aflitivo saber que tantos porta-vozes desse grupo são… judeus! São os judeus que talvez perdoam ao judaísmo o shofar, mas que ficam indignados e furiosos com o conceito de "Brit", manifestado pelo Shabat.

Esse princípio implícito no "shofar silencioso" é relevante para cada um de nós. Vou dar-lhes um exemplo. Um problema que eu mesmo pouco tenho feito para resolver, mas, se Deus quiser, espero resolver no futuro. O índice de natalidade. Já falei e escrevi sobre esse assunto em outras ocasiões, mas acho que merece ser repetido. Jovens casais devem reconhecer que, para serem judeus totalmente comprometidos, não basta satisfazer as condições convencionais – religiosas – com relação ao tamanho da família. Uma das mais sérias ameaças ao nosso futuro e à nossa própria existência é a população judaica decrescente; enquanto a população mundial aumenta, a população judaica proporcionalmente diminui. Isso significa que os jovens precisam tomar a decisão de sacrificar suas conveniências pessoais pelo bem do povo como um todo. E, assim como o shofar se curva ante o Shabat, assim também os nossos próprios desejos e vontades devem se tornar menos importantes ante a sobrevivência do Povo da Aliança.

Cabe também mencionar aqui o que se tornou um sério dilema para muitos de nós. Eu me refiro aos nossos casamentos mistos – casamentos mistos sem conversão. É claro que não estou falando do problema em si; se eu tivesse que discutir a questão básica com esse público, a situação seria realmente lamentável. Falo, porém, de um convite que me é feito com bastante frequência: "Rabino, gostaríamos que o senhor celebrasse a cerimônia de casamento, a cerimônia *religiosa* do casamento, de nosso filho com uma moça não judia". Novamente sem conversão. Trata-se de uma nova moda em São Paulo que está se difundindo rápido demais para o meu gosto: os assim chamados "cultos ecumênicos de casamento". Minha resposta é um "não" categórico. Amizade, afeto e lealdades pessoais são importantes. Não há dúvida quanto a isso. Mas celebrar ou assistir ao tipo de casamento misto que acabo de descrever é perdoar por meio da própria presença aquilo que é um tremendo golpe contra o futuro do nosso povo. Não se iludam: o que é dito não vale quase nada… o que é *feito* vale muito mais. Os jovens não escutam o que nós dizemos; eles prestam atenção àquilo que fazemos. Se concordamos em celebrar tais cerimônias para não magoar um amigo… então estamos, na realidade, dizendo a esse amigo que, apesar de falarmos muito contra os casamentos inter-religiosos sem conversão, na verdade não ligamos muito! Isso é desprezar a Aliança, afrouxar os padrões vitais e cometer um tremendo crime contra a sobrevivência de Klal Yisrael. Nada daquilo que o judaísmo representa e que manifestamos pelo shofar... nem Teshuvá, nem Tefilá, nem Tzedacá, nem fé, nem lealdade, nem redenção... nada terá significado algum se, Deus nos livre, este Povo da Aliança desaparecer da face da Terra. Se não aprendermos hoje, meus amigos, a lição do "shofar silencioso", então eu lhes digo, daqui a três ou quatro gerações, o shofar estará silencioso neste país para sempre... e por falta de alguém que o escute!

É o Shabat, então, como Aliança Eterna, que explica o silêncio do shofar hoje – quando Rosh Hashaná cai num sábado. O conflito entre shofar e Shabat levanta a questão básica da nossa identidade: "Quem sou eu?" E a resposta deve vir: sou um judeu, um "filho da Aliança". O "shofar silencioso" nos lembra das tarefas que devemos aceitar; os prazeres dos quais devemos nos privar; o sofrimento que devemos suportar; os deveres que devemos assumir – porque o bem-estar da comunidade exige isso, porque Klal Yisrael precisa disso, e porque o futuro da Aliança depende disso.

Se tivermos tudo isso em mente, o silêncio do shofar neste Shabat soará mais alto e mais expressivo do que nunca.

Que a memória desse shofar, esse Zichron Teruá, seja nossa prece silenciosa para toda a humanidade, para todos nós, indivíduos, e, acima de tudo, para todo Klal Yisrael: a comunidade da Aliança.

Um ano de paz e completa redenção. Amém.

Anos 1980

79   Uma década na Congregação Israelita Paulista (CIP)
81   Judaísmo num mundo em transformação
88   Cidade da paz
90   Se eu pudesse falar com o papa...
93   Meus problemas com Deus, os problemas de Deus comigo
95   Relações judaico-cristãs
97   A necessidade de relevância
99   Terror e Torá
104   Nosso anjo interior
107   Liderança e compaixão

110 Testamentos
112 Onde está o homem?
117 A luta da Anistia Internacional
121 Contando nossas bênçãos
124 Zelig
126 Tancredo é bom para os judeus?
131 Êxodo 1985
135 O cometa Halley e o judaísmo
138 Glasnost
140 Memória construtiva

פסח
BITTER HERBS
מרור
THE EGG
ביצה
SHANKBONE
זרוע
PARSLEY
כרפס
CHAROSES
חרוסת
LETTUCE
חזרת

Uma década na Congregação Israelita Paulista (CIP)

Prédica, 21 de março de 1980

Cem anos atrás, ocorreu um incidente que foi interpretado de maneira distinta por diversas testemunhas. Num dia quente e ensolarado, Alexandre II, czar da Rússia, viajava em sua imponente carruagem puxada por belíssimos cavalos, quando uma bomba colocada no veículo explodiu, matando o ocupante e os cavalos, e destroçando a própria carruagem.

Um dos presentes lamentou a destruição de uma das mais lindas carruagens do mundo, outro lastimou a perda dos magníficos animais, um terceiro chorou a morte do seu amado czar. Mas foi uma quarta testemunha, um jornalista, quem captou o verdadeiro alcance do fato. Com grande perspicácia, ele percebeu que aquele incidente ia muito além da perda de uma vida humana, alguns cavalos e uma carruagem; tratava-se de uma verdadeira revolução que mudaria a história do Império Russo e os destinos de todos os seus cidadãos.

Hoje, um século mais tarde, vivemos um momento crítico no Brasil. Algumas pessoas se preocupam somente com a alta no custo da gasolina e a inflação galopante. Outras analisam a crescente dívida externa. Para alguns, o enfoque é a criação de novos partidos políticos. Mas, se observarmos o que está acontecendo agora com a mesma visão daquele repórter em 1880, veremos que o futuro trará mudanças profundas, muito além das que saltam aos olhos.

Como judeus brasileiros, qual deve ser a nossa posição frente a essas mudanças? Nós somos um povo de ideias e ideais. O milagre da história judaica não é tanto a sobrevivência no sentido físico, mas a sobrevivência da dimensão criativa do termo. A singularidade da nossa existência não é nem política nem econômica, mas espiritual. O que sustentou nosso povo, Nahum

Goldmann tem toda a razão, não foram os reis de Israel e Judá, mas seus profetas. E certamente ao longo do século da diáspora, quando não tínhamos poder político nenhum, foi uma forte tradição religiosa e idealista que assegurou a sobrevivência do povo de Israel.

Meus amigos: esse mesmo idealismo tem que prevalecer no futuro também. O zelo dos fundadores desta congregação na década de 1930 precisa encontrar um eco na década de 1980.

Ao completar dez anos de serviço no rabinato da CIP, minha maior preocupação é a alma da nossa congregação em particular, e da comunidade em geral. Será que nós, a coletividade judaica do Brasil, nos acomodaremos passivamente com o restante da sociedade, ou tentaremos encontrar juntos um novo caminho?

Há pouco tempo, contei ao meu grupo de estudos bíblicos a história de um homem que estava perdido numa floresta escura havia vários dias, até que finalmente encontrou outro. Perguntou o primeiro: "Você sabe me mostrar o caminho para sair da floresta?"

"Não, ainda não", respondeu o segundo. "Porém, nas minhas andanças, eu já consegui descobrir quais são os caminhos que não levam a parte alguma. Talvez juntos possamos achar o caminho certo."

Ao iniciarmos nossa segunda década juntos, eu rezo para que possamos continuar a busca – sempre juntos. Como judeus, como brasileiros, talvez sem termos todas as respostas, mas sempre unidos na procura do caminho para um mundo melhor.

Judaísmo num mundo em transformação

Palestra, 15 de maio de 1980

Nosso tema hoje é "Judaísmo num mundo em transformação". O rabino Seymour Siegel, professor de teologia no Jewish Theological Seminary of America, fez uma análise significativa sobre esse assunto, trechos da qual são muito importantes para nossa discussão.

Devemos lembrar, antes de mais nada, que o judaísmo nasceu numa época de revolução; melhor ainda, o judaísmo em si representava um modo totalmente novo de viver e de pensar. Abraão, o primeiro judeu, começou sua carreira destruindo os ídolos na casa de seu pai. Ele era, sem dúvida, um bom filho que amava seu pai e sua mãe, mas achava que a sua devoção à verdade e à justiça não lhe permitia curvar-se ante alguns dos deuses que seu pai venerava. Ele não pôde se sujeitar ao modo de vida da casa paterna. Perseguido pelo ditador do seu tempo, Nimrod, Abraão tornou-se um refugiado e um errante; ele seguiu seus próprios ideais. Ele era chamado "O Hebreu", Ha'Ivri, porque, como explicam os rabinos, ele ficou de um lado (eiver) do rio, e o mundo inteiro ficou do outro lado. Ele foi um verdadeiro revolucionário, revolucionário no bom sentido da inovação. No contexto da verdade e da justiça.

O filho de Abraão, Isaac, foi um homem não de rebelião, mas de manutenção – manutenção dos valores de seu pai. Ele não destruiu os ídolos da casa paterna; ao contrário, ele serviu ao Deus de seu pai. Ele não quis derrubar as tradições. Pelo contrário, ele tentou preservá-las e aprofundar-se nelas.

Abraão foi tido pela tradição rabínica como "uma montanha": ele tentou subir acima do mundo e observá-lo da perspectiva das alturas. Isaac foi o homem do campo: de cultivar e colher, de construir e consolidar. Abraão foi o homem de revolução; Isaac foi o homem de tradição. Abraão procurou criar um mundo novo; Isaac procurou preservar a herança que seu pai lhe deixou.

Esses dois patriarcas são o modelo para o judeu de hoje, diante de um mundo em transformação e revolução.

Não preciso lhes dizer que enfrentamos hoje em dia uma crise múltipla: social, econômica, política e religiosa. Nós criamos muitas revoluções: a revolução sexual, a revolução tecnológica, a revolução literária, e assim por diante. Dizemos que as estruturas herdadas do passado não são adequadas para o presente, ou não trazem esperança para o futuro. As regras e preceitos de ontem não se aplicam aos tempos de hoje. A organização econômica que seguimos no passado não traz justiça para os pobres e desprivilegiados no presente. As relações entre nações que foram a norma durante os últimos 2.000 anos não são mais suficientes para manter a paz nesta época conturbada. Conclusão: tudo tem que ser revisto... tudo tem que ser mudado... tudo tem que ser reconstruído. O rompimento com o passado leva a novos movimentos, muitos dos quais são alheios ao judaísmo.

Especialmente alarmante é o fato de que muitos jovens judeus, a nata da nossa juventude, estão sendo atraídos para esses novos movimentos. Eles acreditam que para estar na vanguarda devem abandonar sua identidade judaica, ou até mesmo identificar-se com os inimigos de Israel e do povo judeu. Li recentemente numa revista um artigo sobre universitários franceses judeus que participaram de uma revolta estudantil há alguns meses. Eles se encontravam entre os mais calorosos defensores da Al-Fatah, e até mesmo recolhiam dinheiro para os terroristas!

A pergunta que se coloca é: o que devemos fazer numa época de transformação, numa época de revolução?

Eu gostaria de começar minha discussão sobre a atitude que devemos tomar, relembrando uma antiga lenda da mitologia grega.

Havia nas velhas histórias gregas umas personagens chamadas sereias, que tinham o poder de seduzir as pessoas com seu canto. A melodia era tão irresistível que os navegantes, ao passarem pela ilha das sereias, atiravam-se ao mar em êxtase. Assim, muitos morriam num desejo incontrolável de seguir as sereias e sua música.

Diz a lenda que o herói grego Ulisses, em suas viagens, recebeu um conselho sobre a maneira de neutralizar os efeitos das sereias: ele deveria vedar os ouvidos dos marinheiros com cera, para que não escutassem o canto mágico. Foi assim que Ulisses e seus homens conseguiram transpor a ilha das sereias: não deixando penetrar a música de quem queria destruí-los!

Tempos mais tarde, outro herói grego, Jasão, navegando naqueles mares, enfrentava o mesmo problema da influência destrutiva do canto das sereias. Ele trouxe Orfeu a bordo do seu navio; Orfeu era o músico dos deuses, cuja melodia era tão doce e encantadora que os marinheiros nem deram atenção às sereias. A música de Orfeu manteve os navegantes em seus navios e permitiu que eles chegassem ao seu destino são e salvos.

Meus amigos: essa é uma situação que os judeus enfrentaram em todas as gerações. De todos os lados, havia sempre aqueles que queriam nos desencaminhar. Pensou-se que uma das maneiras de neutralizar a influência da transformação e da revolução era tapar os ouvidos e fechar os olhos ao mundo. As sereias não conseguiriam nos seduzir porque nós não as escutaríamos. Essa foi a solução escolhida pelo *establishment* reacionário, os que se opunham a Abraão nos tempos bíblicos, assim como aqueles que se opõem à inovação na religião hoje em dia, no século XX. Houve um tempo em que esse sistema funcionava: os muros eram altos e a música do inimigo não conseguia penetrar. Porém, mais cedo ou mais tarde, as influências de fora se infiltrariam, e o inimigo sairia vitorioso. As gerações que vieram depois dos períodos de isolamento se afastaram do judaísmo e, em muitos casos, viraram-se contra seu próprio povo.

O que precisamos fazer numa época de transformação e revolução não é vedar os ouvidos para não escutar o que está sendo dito ao nosso redor. Mas, sim, criar nossa própria música, que se tornará mais atraente do que o canto daqueles que querem nos afastar de nós mesmos.

Como fazê-lo?

Abraão e Isaac nos mostram o caminho. Esses dois patriarcas de Israel personificam nossa atitude frente à transformação revolucionária.

Por um lado, como judeus, não podemos nem devemos aceitar o *status quo*. A presença de injustiça e desumanidade no mundo não nos permite "cruzar os braços". Como Abraão, devemos acabar com os ídolos que os homens fabricam: a apatia, a insensibilidade e o egoísmo. Onde houver sofrimento, a religião deve defender a justiça. Onde houver crueldade, a religião deve trazer humanitarismo. Onde os homens estiverem sendo tratados como máquinas e números, a religião deve insistir que eles sejam reconhecidos como seres humanos, criados "à imagem de Deus". Onde houver homens se odiando, a religião deve ensinar a fraternidade. Onde houver desespero, a religião deve trazer esperança.

A religião deve estar sempre com os oprimidos e os perseguidos. E nós, como filhos de Abraão, devemos defender a justiça e a verdade, a fé e devoção num mundo em transformação. Não podemos tapar os ouvidos com cera, vedá-los àquilo que está acontecendo à nossa volta.

Mas essa é apenas metade da história. Em seu desejo de mudar o que há de mau e de errado no presente, os homens muitas vezes se excederam e acabaram destruindo o que havia de bom e de nobre no passado. Somos também filhos de Isaac, que procurou preservar as verdades e os ideais de seu pai.

A grande tragédia dos nossos tempos é que os movimentos e programas nos quais os homens tinham depositado sua confiança, as grandes revoluções que deveriam trazer felicidade e realização para todos, trouxeram consigo, em vez disso, sofrimento, desilusão e um sabor amargo de derrota. Um dos melhores livros dos últimos anos (que eu espero seja logo traduzido para o português) é *The God that failed* (*O Deus que falhou*), de Richard Wright*. O autor conta a história dos homens e mulheres que participaram da Revolução Comunista, e a terrível sensação de desengano e traição que resultou.

Homens como Herbert Marcuse, recentemente falecido, achavam que, a fim de mudar alguma coisa, era preciso destruir tudo! Isso é um grande erro. O judaísmo é uma religião antiga; é também uma advertência de que existem valores e princípios permanentes, que nenhuma inovação pode afetar. Valores que precisam ser preservados a qualquer custo, aconteça o que acontecer: a santidade do ser humano, o valor transcendente da liberdade, a inviolabilidade da lei e a necessidade suprema de compaixão.

Nenhuma causa é tão válida que justifique a desumanização do homem. Nenhum movimento é tão importante que tenha o direito de destruir a liberdade. Nenhuma ideologia é tão inspiradora que possa subverter a lei. E nenhuma

---

* O livro, publicado em 1949, é uma reunião de seis ensaios de intelectuais desiludidos com o comunismo. Richard Wright é autor de um dos ensaios. No Brasil, o livro foi publicado em 1952 pela editora Irmãos Pongetti. [N. E.]

necessidade é tão premente que deva insensibilizar o coração humano.

Uma das grandes contribuições do judaísmo num mundo em transformação é a capacidade de dizer tanto "não" como "sim" às novidades e tendências contemporâneas. Os judeus viram a glória da Grécia. Eles apreciaram a beleza e absorveram a filosofia, mas também viram corrupção e desumanidade. Os judeus se maravilharam diante da habilidade dos romanos de construir vastos impérios, mas perceberam também a imoralidade e a decadência por detrás da grandiosidade da civilização romana. Os judeus admiraram a infraestrutura de ordem e harmonia que caracterizava a Igreja na Idade Média, mas eles sabiam também que isso era uma máscara para encobrir o fanatismo e a intolerância. Os judeus hoje em dia contribuem para o progresso da ciência, para o desenvolvimento das artes, para os milagres da tecnologia, mas não devemos nos deixar enganar, achando que só porque é novo, é bom… e só porque o judaísmo é antigo, é irrelevante.

Esta é a contribuição do judaísmo ao mundo contemporâneo de revolução e transformação: a combinação de Abraão e Isaac, o reformista e o conservador, o profeta e o sacerdote, o revolucionário e o tradicionalista. Este é o tipo ideal de judeu: com raízes no passado e olhos voltados para o futuro. Viver apenas no passado é arriscar o futuro: mas aquele que esquece o passado nem chegará a ter um futuro.

Outro aspecto do judaísmo, que assume uma importância fundamental nos tempos conturbados em que vivemos, é o elemento de esperança e entusiasmo. Tantos reacionários são, no fundo, pessoas que se cansaram de tentar, e simplesmente desistiram. Isso é o oposto da maneira judaica de abordar a história e a vida. Nós somos o povo da esperança. Não é por acaso que o hino nacional de Israel é "HaTikvá", literalmente "A esperança"; não é por acaso que repetimos em todo serviço religioso, na prece final, "Al kein nekavé", "Por isso temos esperança". É essa a essência do legado de Abraão e Isaac.

Num formidável discurso dirigido aos formandos da Escola Militar de Israel, Moshe Dayan disse que o povo judeu dispõe de dois meios que lhe permitem suportar sua luta constante. Um deles é a fé – a fé como o oposto do desespero –, esse sangue vital que foi injetado no espírito do povo judeu no dia em que ele nasceu. O segundo é uma característica dos judeus que foi expressa nas palavras de Deus aos patriarcas Abraão e Isaac. A cada um deles Ele disse: "Al tirá", "Não tenha medo".

Essa recusa de temer, diz Dayan, não significa cruzar os braços e confiar em Deus. Significa, sim, fazer o que precisa ser feito, mas sem entrar em pânico diante de ameaças ou decepções. "Não temer" é a base e o pré-requisito da capacidade judaica de enfrentar a luta e superar as dificuldades, a qualquer momento e em quaisquer condições.

Elie Wiesel conta uma história muito significativa sobre o grande escritor russo Isaac Babel. Quando jovem, Babel lutou pelos comunistas. Um dia sua divisão chegou a Chernobil, sede de um famoso rebe chassídico. Babel resolveu visitar o rebe, não para receber inspiração ou sabedoria, mas para lhe dizer que a sua época tinha chegado ao fim, e que uma nova ordem estava nascendo! Entrou na casa do rebe, com seu uniforme pomposo, com a arrogância do vencedor. O rebe estava tão absorto em seus livros que nem percebeu o jovem soldado. Até que Babel tossiu para chamar atenção, e o rebe levantou os olhos de sua leitura e encarou o visitante. Foi então que toda a arrogância e a autoconfiança de Babel derreteram.

O rebe virou-se para ele e perguntou: "O que posso fazer por você?" E o rebelde russo judeu, com voz trêmula, respondeu: "Rebe, git mir a bissel hislahavus", "Rebe, dê-me um pouquinho de entusiasmo".

Era essa a essência da mensagem dos patriarcas do judaísmo, captada tão bem pelo rabino Siegel em seu trabalho "Religião numa época de revolução". A meu ver, é este o papel da religião hoje em dia: a inspiração para mudar o que precisa ser mudado (Abraão), a sabedoria para conservar o que precisa ser conservado (Isaac), e a esperança e a fé para fazermos o que precisa ser feito, mesmo em face de dificuldades e decepções (o povo de Israel).

Abraão e Isaac, cujos sonhos se voltavam para Jerusalém, cujas orações se voltavam para os céus e cujas energias se voltavam para o mundo. Eles não nos ensinaram a tapar os ouvidos com cera para não sermos seduzidos pelas sereias que queriam nos afastar do judaísmo e nos atirar ao mar da assimilação e da perda de raízes. Eles nos deram uma religião que nunca desprezou o novo só porque era novo, nem venerou o antigo só porque era antigo. Como discípulos dos patriarcas, somos revolucionários e também conservadores. Abraão e Isaac: modelos para a religião num mundo em transformação.

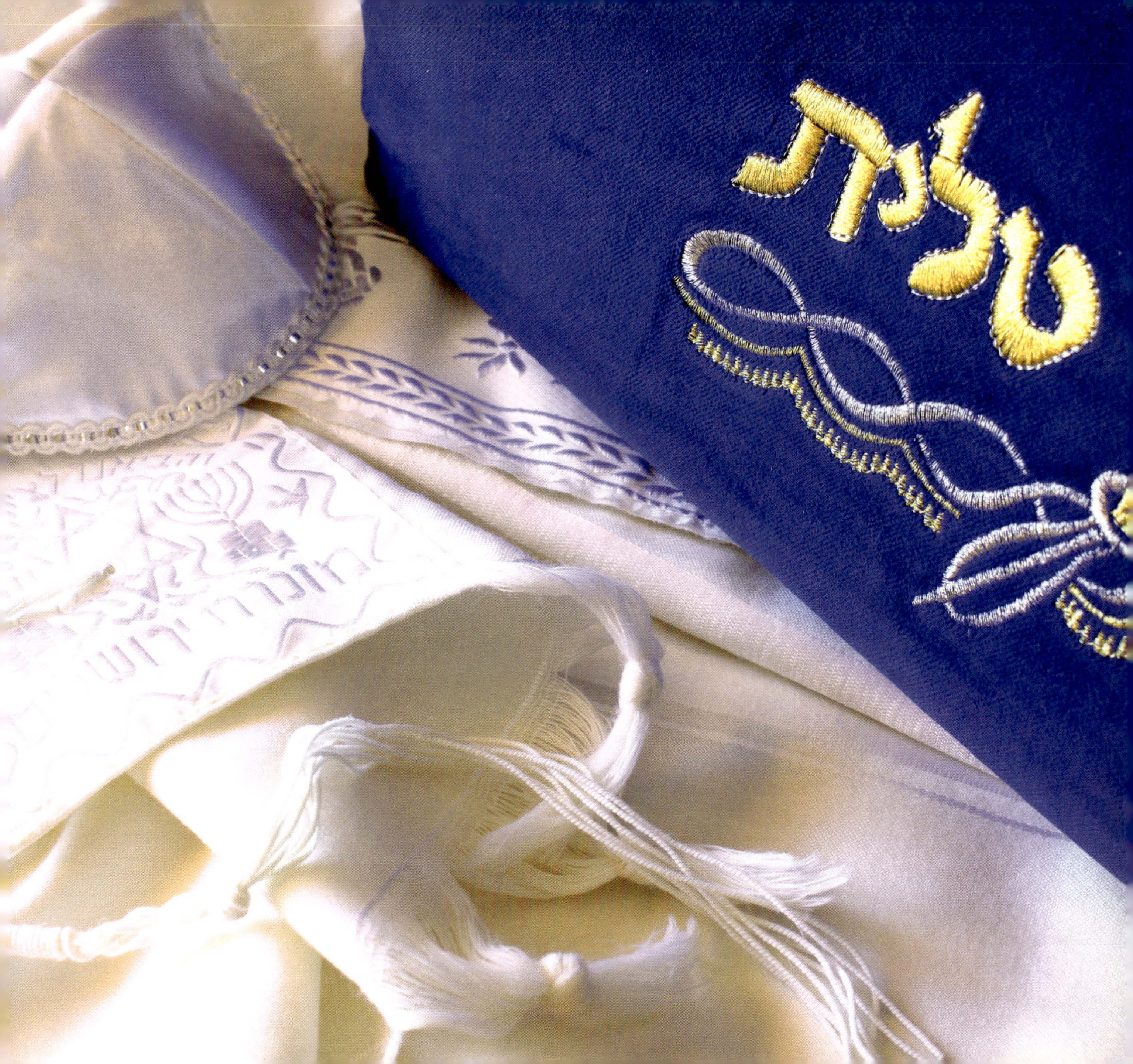
טלית

Cidade da paz

Prédica, 16 de maio de 1980

Comemoramos quarta-feira passada o 13º aniversário da reunificação de Jerusalém. A Cidade da paz, sagrada para o judaísmo, para o cristianismo, e igualmente sagrada para o islamismo.

Além de seu caráter universal, Jerusalém tem para o judeu um sentido todo especial. E a razão é óbvia: os católicos têm Jerusalém, mas antes eles têm o Vaticano; os muçulmanos têm Jerusalém, mas antes eles têm Meca; e nós, judeus, temos Jerusalém… e, antes, Jerusalém. Mas Yom Yerushalayim significa mais do que a reunificação de uma cidade. É a esperança e a promessa da unificação de dois povos. Nesse contexto, quero compartilhar com vocês uma tocante história verídica.

Quando Jerusalém foi reunificada, uma mulher árabe que tinha recentemente perdido o marido teve vontade de rever sua casa na Cidade Nova, onde ela havia morado com sua família até 1948. Pois bem: bateu à porta do apartamento e foi atendida por uma viúva judia que lá morava. A mulher árabe explicou do que se tratava, e pediu licença para dar uma olhada. Foi convidada a entrar e tomar um café. Começaram a conversar, e a viúva árabe disse: "Quando eu morava aqui, escondi alguns objetos de valor; se eles ainda estiverem aqui, eu gostaria de reparti-los com a senhora meio a meio". Mas a mulher judia recusou. "Se eles pertencem à senhora e estiverem aqui, eles são seus!"

Depois de muita discussão, as duas foram até o quarto, soltaram os tacos do chão e encontraram um monte de moedas de ouro. A viúva judia disse: "Vou pedir ao governo israelense que deixe a senhora ficar com isto". Ela o fez, e a permissão foi concedida.

A partir desse encontro, as duas viúvas passaram a se ver com frequência. Um dia, a mulher árabe disse: "Sabe, quando houve lutas aqui em 1948, meu marido e eu ficamos apavorados. Juntamos rapidamente nossos pertences, agarramos as crianças e fugimos cada um para um lado. Tínhamos então um filhinho de três meses. Eu pensei que meu marido o tivesse levado, e ele achou que o bebê estava comigo. Imagine o nosso desespero quando nos reencontramos na Cidade Velha e vimos que a criança não estava com nenhum de nós dois!"

Ouvindo a história, a mulher judia de repente ficou pálida e perguntou em que data isso tinha acontecido. A mulher árabe informou o dia exato e a hora, e aí a viúva judia contou-lhe: "Quando as tropas israelenses entraram em Jerusalém em 1948, meu marido chegou a este apartamento e encontrou um bebê chorando. Ele pediu às autoridades permissão para ficar com o bebê, aqui nesta casa. E todos concordaram".

Nesse instante um soldado com uniforme israelense, de uns vinte anos, entrou na sala; e a mulher judia começou a chorar. "Este é o seu filho!", ela exclamou.

Uma história inacreditável, porém verdadeira! O final? As duas mulheres tinham se tornado tão amigas que a viúva judia sugeriu à mãe árabe: "Veja, nós duas somos viúvas e moramos sozinhas. Nossos filhos estão crescidos. Esta casa lhe trouxe sorte. Você encontrou seu filho, o *nosso* filho. Que tal morarmos juntas?"

E assim fizeram.

Que Jerusalém reunificada, no seu 13º aniversário, neste Shabat de seu Bar-Mitzvá, traga consigo, apesar das manchetes de hoje, a união entre árabes e judeus: em harmonia, respeito mútuo e em paz. Amém.

Se eu pudesse falar com o papa...

Prédica, 13 de junho de 1980

Cinco anos atrás, a Igreja Católica divulgou o relatório da "Comissão do Vaticano para relações religiosas com os judeus", complementando a declaração do Concílio Vaticano II de 1965 (*Nostra Aetate*). Ao nos prepararmos para o encontro com o papa daqui a três semanas, acho importante rever o conteúdo desse documento – tanto na perspectiva histórica quanto no contexto contemporâneo.

Analisando a declaração oficial do Vaticano, que rejeita clara e nitidamente o antissemitismo, a conclusão é inevitável: a Igreja adota agora uma atitude humana e compassiva em relação aos judeus, e expressa arrependimento pela sua longa história de antissemitismo. Quem poderia pensar, há apenas quarenta ou cinquenta anos, que a mesma Igreja cujos sacerdotes pregavam regularmente o antissemitismo nos seus sermões de Páscoa e em outras ocasiões renegaria agora esses mesmos ensinamentos de ódio?! O panorama é realmente promissor.

No entanto, é preciso lembrar que quatro décadas atrás ocorreu o episódio mais trágico na história da humanidade: o Holocausto. E desse Holocausto – diga o que quiser o papa João Paulo II sobre seu predecessor, o papa Pio XII – a Igreja emergiu manchada e moralmente comprometida. Talvez Pio XII tenha mesmo ajudado a salvar alguns judeus aqui ou ali. Mas só Deus sabe quantos milhares e milhares de judeus devem sua morte à passividade e à indiferença do chefe da Igreja. Nenhuma explicação poderá jamais nos fazer esquecer ou perdoar o "papa do silêncio".

Portanto, meus amigos, a posição oficial contra o antissemitismo, em si, com meras palavras, não é mais adequada. É tarde demais para isso! Neste estágio da história, nenhuma declaração satisfaz. Apenas uma *compensação*.

Que tipo de compensação tenho em mente? Simplesmente o seguinte: afirmar clara e abertamente o direito do povo judeu à Terra de Israel! Por que especificamente essa forma de "compensação"? Por causa da racional e sensata doutrina judaica de "Midá keneged midá", o princípio da equivalência moral: o castigo deve corresponder ao crime, e o arrependimento deve correlacionar-se ao pecado cometido.

Por dezoito séculos, a Igreja apontou o povo de Israel como traidor e deicida. Provaram nossa "culpa" dizendo que Deus nos havia castigado, exilando-nos na Terra de Israel. Aproveitaram-se da nossa dispersão forçada para intensificar seu antissemitismo. Portanto, se a Igreja quer hoje reparar o mal, então ela precisa, de uma vez por todas, reconhecer nosso direito de voltar àquela terra.

Este é o ponto que eu quero frisar nas vésperas da chegada de João Paulo II ao Brasil: o erro de omissão do Vaticano. Até agora não foi feita referência alguma ao Estado de Israel em nenhum documento. E isso é uma falha lamentável e deplorável.

Agora, eu sei que a Igreja tem problemas políticos muito delicados, devido à pressão dos países árabes e à necessidade de não hostilizá-los. Mas, apesar disso, se eu pudesse falar com o papa no próximo dia 13 de julho, eu perguntaria a ele, com todo o respeito e humildade, em termos estritamente teológicos: por que o Vaticano ainda não reconheceu o Estado de Israel?

O relatório do Vaticano insiste que seja mantido "o mais rigoroso respeito pela liberdade religiosa" dos judeus. Entretanto, ele não leva em conta o sentido mais profundo dessa "liberdade" para nós, judeus. Se eu pudesse falar com o papa, explicaria a ele, com todo o respeito, que existe um vínculo indissolúvel entre a religião judaica e a Terra de Sião, um vínculo que remonta aos tempos bíblicos. A Terra de Israel e a Torá de Israel estão interligadas por meio de uma palavra hebraica: morashá, herança.

Ao trazer a mensagem de redenção divina aos seus irmãos escravizados, Moisés lhes transmitiu as palavras de Deus: "Veheiveitin etchem el haaretz... venatati otá lachem morashá... Ani Adonai". "E eu os levarei à Terra... e ela lhes será dada como herança... Eu sou o Senhor."

No fim do Deuteronômio, o quinto livro da Torá, lemos: "Torá tzivá lanu Moshe, morashá kehilat Yaakov". "Moisés nos entregou a Torá, uma herança da congregação de Jacó."

Interessante: a mesma palavra morashá aparece em ambos os versículos. As duas heranças, a Terra de Israel e a Torá de Israel, estão inextricavelmente ligadas uma à outra. Negando uma delas, nega-se automaticamente a outra. Rejeitando o vínculo do povo à terra, rejeita-se ao mesmo tempo a religião judaica.

Se eu pudesse falar com o papa, diria a ele que a nossa dupla herança, a nossa dupla morashá, Terra e Torá, será para sempre o objeto do nosso compromisso inabalável. Aquilo que recebemos do passado, transmitiremos aos nossos filhos, e aos filhos dos nossos filhos, para todo o sempre.

Se eu pudesse falar com o papa, eu lhe faria um apelo para que ele ficasse inscrito na história como supremo líder do mundo católico, que não só salvou vidas judaicas na Polônia durante a Segunda Guerra Mundial, como também reconheceu a existência do Estado de Israel em 1980.

Meus problemas com Deus, os problemas de Deus comigo

Prédica, 3 de outubro de 1980

Meu tema esta noite é Deus.

"Bereichit bará Elohim et hashamaim veet haaretz": a Torá não prova a existência de Deus. Sua presença é um axioma da nossa fé. Deus é o ponto de partida para o judeu, ao começarmos o ciclo da leitura da Torá, amanhã.

Quem é Deus? Será que um judeu pode ser judeu e *não* acreditar em Deus?

A maioria de nós, acho eu, tem problemas com Deus. Eu sei que sempre tive. Quando eu era pequeno, aprendi que Deus tinha uma forma humana, embora Ele não pudesse ser visto. Que Ele era Todo-Poderoso. Que Sua bondade era suprema. Que Ele sabia tudo que eu fazia. Que Ele julgava a todos conforme seus atos. Que Ele recompensava e castigava. Que Ele estava presente em momentos de perigo e tristeza.

E todas as noites, antes de dormir, eu rezava a mesma oração a esse Deus: "Shemá Yisrael, Adonai Eloheinu, Adonai Echad". Especialmente na véspera de uma prova na escola, ou de uma partida de tênis, quando eu tinha 13 anos.

Entretanto, à medida que fui crescendo, eu comecei a ter problemas com esse Deus. Eu não conseguia entender por que havia tanto sofrimento, tanta doença e pobreza, guerra, fome e crueldade. Eu fui aprendendo um pouco de história e ciência; fui lendo um pouco de filosofia. E aí as coisas pioraram! Na faculdade, eu aprendi os pensamentos de Tomás de Aquino e Sartre. Deus tornou-se para mim um assunto de especulação, raramente lembrado, até que eu resolvi tornar-me rabino.

Lá fui eu para o Hebrew Union College – Jewish Institute of Religion, em Nova York. Lá me ensinaram os princípios importantes do judaísmo liberal: que a nossa religião é racional; que ela encoraja os judeus a decidirem por si mesmos no que acreditar. Aprendi que a principal contribuição do judaísmo era o conceito do monoteísmo ético. Aprendi que o judaísmo era compatível com o pensamento científico e filosófico moderno. Aprendi que a maneira fundamental de o judeu expressar sua fé era levando uma vida ética, sendo moralmente responsável pela sociedade e pelo mundo todo.

Esses princípios eu levei comigo para o rabinato. Para ser bem honesto, minha fé sofreu muitos golpes. Para muitos, a fé na humanidade, a crença nos seres humanos morreu em Auschwitz, Dachau, Bergen-Belsen e em todos aqueles outros lugares horríveis onde milhares dos nossos foram assassinados. A fé na humanidade morreu no Vietnã, no Camboja, em Biafra. Morreu no cinismo que tomou conta de toda uma cultura dominada pela corrupção e pelo mal.

Numa época tal como esta que atravessamos, é realmente difícil acreditar em qualquer coisa. É difícil acreditar na razão. É difícil acreditar na moralidade. É difícil acreditar em Deus. A fé, a fé inabalável, não tem sido possível para mim. Sim, eu sei que há pessoas cuja fé se manteve firme apesar de todos esses golpes. Mas, para mim, a brutalidade humana, as guerras sem sentido, o desperdício cruel de potencial humano... Que tipo de Deus poderia criar um mundo como este?

E, no entanto, eu acredito numa realidade além da minha compreensão. Existem tantos mistérios no "meu" mundo. Existe uma Presença além da presença humana. Eu sinto que existem forças inexplicáveis neste mundo. Eu já senti isso no topo de uma montanha. Na beira do mar. No sorriso de uma criança. No canto de um pássaro. Na beleza de uma flor. Numa tela de pintura. Nos sons de uma música. Mas eu sinto essa Presença nunca de maneira constante: sempre em instantes, em fragmentos.

E, assim, Deus é um problema para mim. Eu tenho problemas até com a palavra. E Deus certamente deve ter problemas comigo! Mas eu me consolo. Nós, judeus, nunca estivemos em paz com Deus. Nosso antepassado Jacó certa vez lutou com Deus e teve seu nome mudado para Israel. De onde nosso povo tirou seu significado da palavra "Israel"? Aquele que luta com Deus, que batalha com Deus.

Essa tem sido a tarefa e o destino dos judeus ao longo dos séculos. Não será essa também a nossa tarefa para os tempos de hoje? Enquanto não conseguirmos trazer mais santidade a este mundo, vamos lutar com Deus. Talvez a nossa luta, como a do nosso patriarca Jacó, seja também coroada de bênção.

Amém.

Relações judaico-cristãs

Jornal Resenha judaica, *11 de novembro de 1980*

O diálogo inter-religioso não procura eliminar as diferenças; o que ele se propõe é reconhecer essas diferenças e torná-las construtivas.

Diálogo não é uma prédica; não é conversa fiada; não é um debate; não é acusação e defesa; não é um instrumento para a conversão.

A comunicação inter-religiosa requer que cada participante compreenda claramente sua própria fé e esteja disposto a compreender a fé do outro.

As dificuldades no diálogo cristão-judaico provêm de diferentes perspectivas sob as quais os participantes encaram a história e a comunidade. O relacionamento entre judeus e cristãos durante quase 2.000 anos caracterizou-se, em grande parte, pela desconfiança e pelo ressentimento. Enquanto ambos os grupos eram pequenos e viviam ameaçados pelo mundo exterior, a polêmica entre eles podia ser considerada como uma luta "para definir", por parte dos cristãos, ou "para manter", por parte dos judeus, suas respectivas identidades religiosas. Entretanto, quando a cristandade ganhou aceitação política, no reino de Constantino, e alcançou um *status* dominante, a pequena comunidade judaica foi sendo cada vez mais atacada. Frequentemente com violência. Nem todo o quadro histórico é sombrio, mas uma parte significativa é. A comunidade judaica, com sua consciência histórica, sabe muito bem da hostilidade cristã do passado, enquanto a maior parte da comunidade cristã acho que não sabe.

O que tudo isso significa no contexto do diálogo inter-religioso entre cristãos e judeus é que certos cuidados preliminares devem ser tomados antes que o diálogo possa ter início. Para os cristãos, essa preparação consiste principalmente numa confrontação com o passado. Isso pode fazer com que aqueles que se identificam com outros cristãos, de outras terras e outras épocas, se coloquem na defensiva. Aqueles com um menor senso de identidade comunitária talvez sintam uma certa frustração, achando que o confronto com o passado lhes impõe um sentimento de culpa não merecido. Para alguns judeus, os fatos históricos os deixam sem grandes esperanças quanto ao possível sucesso do "diálogo". Outros desconfiam, lembrando que no passado as demonstrações iniciais de amizade por parte dos cristãos muitas vezes levaram à hostilidade, quando os judeus não quiseram renunciar à sua fé e se converter ao cristianismo. Embora a conversão não deva ser uma meta do diálogo, é preciso ter em mente que muitos cristãos ainda hoje sentem-se na obrigação de "evangelizar" os judeus.

Do lado positivo, entretanto, o diálogo por definição é um trabalho de cooperação. Numa sociedade que enfrenta tantos problemas, as relações judaico-cristãs, embora não sejam uma panaceia, são sem dúvida uma tentativa válida de resolver os males comuns.

Só espero que juntos possamos descobrir um novo território, um novo espaço, e corrigir, pelo menos um pouco, os erros do passado.

O filósofo Martin Buber disse muito bem: "Nenhuma pessoa fora do judaísmo conhece o mistério do judaísmo. E nenhuma pessoa fora do cristianismo conhece o mistério do cristianismo. Mas, em sua ignorância, elas podem se reconhecer uma às outras, no mistério".

Estamos em busca do mistério de uma nova dimensão: juntos, não unificados, mas juntos, numa época de descrença geral e triunfalismo ideológico. Estamos em busca. E dessa busca talvez venha uma segurança maior. E uma tolerância maior.

A necessidade de relevância

Prédica, 10 de abril de 1981

A palavra mais batida em nosso vocabulário, hoje em dia, é "relevante". Todos querem ser relevantes, ou estudar aquilo que é relevante. Um livro moderno tem que ser relevante. Uma prédica na sinagoga tem que ser relevante. Uma aula na faculdade tem que ser relevante. Se "relevante" significa "aquilo que é útil para a vida cotidiana da pessoa", então eu discordo dessa premissa.

A sociedade contemporânea tem uma verdadeira obsessão pelo conceito de utilidade. Tudo deve ter algum uso, algum valor prático, alguma vantagem imediata. Até mesmo os governos adotam o "pragmatismo" como norma de conduta nas relações exteriores. Vejam bem: não há nada de errado em ser prático. Mas eu não acho que a vida deve se limitar *somente* àquilo que é prático e útil.

Se essa atitude fosse levada ao extremo, ninguém ia querer estudar Camões ou Shakespeare, e ninguém ia querer ouvir Beethoven ou Mozart. Afinal de contas, que resultado prático se pode obter ouvindo a *Nona sinfonia* de Beethoven ou lendo *Os lusíadas*, de Camões? E qual é a utilidade prática de ler as cadências poéticas de Jeremias ou as palavras majestosas de Isaías? Se os homens do passado tivessem criado apenas o que era relevante, suas grandes contribuições para a civilização não teriam existido.

A meu ver, uma pessoa realmente instruída é aquela que já leu e continua relendo os grandes clássicos: tanto os antigos quanto os modernos. É alguém que aprecia a boa música. E, mesmo que não tenha conhecimentos técnicos, a música dos mestres lhe traz inspiração, êxtase e tranquilidade de espírito. Uma pessoa culta é aquela que tenta compreender o passado. Não necessariamente para aplicar suas lições ao presente (embora isso seja sem dúvida importante), mas principalmente para adquirir uma percepção mais nítida da humanidade, em todas as suas dimensões.

O problema da relevância é especialmente crucial no contexto do judaísmo. Os rabinos e educadores procuram tornar a religião relevante, aplicável e atualizada. Mas chega um ponto em que a grandiosidade do judaísmo e a riqueza da sua literatura devem ser apreciadas por si mesmas. E a alegria e o entusiasmo que provêm da oração e do estudo são uma compensação mais do que suficiente.

É claro que o judaísmo também tem seus aspectos altamente práticos. Ele nos ensina a lidar com nossos semelhantes, a respeitar nossos pais, a educar nossos filhos, a tratar nossos empregados, a fazer caridade. O judaísmo está repleto de orientações práticas. Entretanto, ele tem também uma beleza e uma sensibilidade que transcendem o útil e o prático.

Meus amigos: eu não nego a necessidade de ações relevantes. Lutar pela paz, aliviar o sofrimento dos pobres, erradicar o ódio e o preconceito, fazer negócios, trabalhar são atividades absolutamente indispensáveis. Porém acredito que só isso não constitui a vida e o viver.

Vamos ser relevantes, mas não vamos exagerar. Vamos tentar destrinchar os problemas do dia a dia, mas vamos também procurar captar o sentido mais abrangente da vida. O judaísmo é a religião do real e do ideal.

"Lizkor et haavar, lichiot bahové, livtoach beatit." Lembrar o passado, viver no presente, confiar no futuro. Essa é a essência da nossa fé.

Terror e Torá

Prédica, 7 de junho de 1981

Excluindo-se a hipótese de uma catástrofe nuclear nos próximos anos, os historiadores do futuro poderão dizer com certeza que o dia 13 de maio de 1981 marcou o clímax da onda de violência que atingiu a humanidade no século XX. Não quantitativamente, não pela extensão do mal praticado, mas sim qualitativamente, por recair sobre um indivíduo amado e venerado por bilhões de pessoas no mundo inteiro.

Não vem ao caso se o atentado contra o papa João Paulo II foi motivado por interesses políticos, ou se foi simplesmente uma manifestação de ódio pessoal ou uma forma de autoafirmação. Em nossos dias, a violência política já não se distingue da violência puramente criminal. A causa ideológica proclamada pelo terrorismo político não passa de uma simples máscara. A violência gratuita tornou-se um fim em si.

O problema do terrorismo não é novo, visto que a violência já vem sendo há muitos séculos empregada por gângsteres de toda espécie, como um meio de chamar a atenção para a importância de sua causa. O que é novo hoje em dia é a mobilidade e a sofisticação com que operam atualmente os terroristas internacionais, locomovendo-se a jato de um canto da Terra a outro, enquanto suas atividades são profissionalmente coordenadas por meio de avançadas técnicas de comunicação.

Algumas décadas atrás, um terrorista nem pensaria em conduzir sua cruzada além das fronteiras do seu próprio país, e jamais sonharia que suas brutalidades fossem assistidas por dezenas de milhões de telespectadores, graças à transmissão via satélite. A tecnologia moderna aumentou não só o poder de destruição dos ataques terroristas, como também seu efeito político.

O terrorismo semiamador do passado foi substituído pela complexa e sofisticada máquina terrorista internacional do presente.

O que mais preocupa é a aceitação do terror como uma coisa normal e corriqueira. Os atos de violência se repetem com tanta frequência que acabamos nos tornando insensíveis. Terroristas internacionais são recebidos em inúmeros países supostamente democráticos com todas as honras de chefes de Estado.

A Assembleia Geral das Nações Unidas cede sua tribuna a um bandido armado, que é aplaudido por delegações do mundo inteiro. Os meios de comunicação não só legitimam os atos terroristas, como até lhes conferem um certo grau de respeitabilidade. É comum hoje em dia os noticiários dizerem que um determinado grupo terrorista "reivindicou a autoria" de um atentado. Não que se responsabilizou, ou que se declarou culpado… mas, sim, que "reivindicou". É sintomático! Como se um atentado terrorista fosse um mérito, uma glória, uma honra a ser disputada!

Deixando de lado os aspectos políticos e legais da questão, vamos analisar o terrorismo sob a perspectiva moral e religiosa. Do ponto de vista judaico, a violência significa mais do que a destruição da vida da vítima. No primeiro caso de violência registrado na Bíblia, o assassinato de Abel pelo seu irmão Caim, Deus diz a Caim: "Col demei achicha tzoakim elai min haadamá", "A voz dos *sangues* do teu irmão clama a Mim da terra". Por que "sangues", no plural? Porque com seu ato de violência Caim derramou não apenas o sangue de seu irmão, mas também o dos descendentes de seu irmão – incontáveis seres humanos que poderiam ter sido gerados a partir de Abel. Mais ainda, quem derrama o sangue de uma vítima é como se tivesse derramado o sangue de Deus. A violência contra o homem é uma violência contra Aquele a cuja imagem o homem foi criado. *Demei*, sangues: no plural.

Talvez seja um enfoque um pouco simplista, mas eu diria que o terrorismo em particular e a violência em geral derivam da permissividade dos nossos dias. A tão falada "nova moralidade", ou amoralidade, característica dos nossos tempos. Seu lema é bem conhecido: "É proibido proibir". Tudo é permitido a todos, sem a menor restrição, ao sabor dos caprichos de cada um. Os mandamentos divinos e os princípios éticos sobre os quais os homens construíram sua vida pública e privada através dos séculos estão *démodés*, ultrapassados. As barreiras morais e religiosas desmoronaram, e o que restou é este caos em que vivemos. Ao perder o sentido de santidade da vida, os homens perderam sua própria condição de "civilizados".

Embora o terrorismo, na forma como o conhecemos hoje, não seja mencionado na Torá, nossa tradição judaica tem algo a dizer sobre o resgate de reféns. Essa questão constituiu um problema muito real para o nosso povo durante mais de dois milênios, e foi discutida detalhadamente tanto na Mishná e na Gemara quanto por comentaristas posteriores tais como Maimônides.

Desde o período do Império Romano até a época medieval, a captura de reféns judeus e a exigência de um resgate para libertá-los era uma prática comum e lucrativa. Grande parte do financiamento para as Cruzadas foi obtida dessa forma. Durante todo esse tempo, os judeus não contavam com nenhuma proteção oficial. Eles não tinham um governo para representá-los, nem um exército para defendê-los, nem um tribunal para julgar sua causa. Na maioria das vezes, eles nem eram protegidos pelas leis dos países onde viviam. Portanto, eram um alvo muito conveniente, e seus inimigos se aproveitavam dessa situação, frequentemente com aprovação oficial.

Como é que os nossos antepassados enfrentavam o problema? Como sempre, eles procuravam orientação na Torá e na tradição judaica, e assim desenvolveram uma série de normas de ação.

Em primeiro lugar, pidion shevuim, o resgate de prisioneiros, era considerado uma das obrigações mais sagradas do judeu como indivíduo e da comunidade judaica como um todo – tendo até precedência sobre outros deveres fundamentais, tais como assistência ao pobre, à viúva e ao órfão. Mais ainda, as providências necessárias deviam ser tomadas imediatamente, a fim de evitar que o refém fosse maltratado pelos captores. A tradição judaica afirma categoricamente que prolongar o sofrimento de um cativo equivale a derramar o seu sangue.

Entretanto, existe uma Mishná de 2.000 anos atrás que diz: "Não se deve pagar um resgate maior do que o valor do refém, ou seja, o preço pelo qual ele seria vendido como escravo". À primeira vista, pode parecer estranho. Se o judaísmo considera cada vida sagrada, preciosa e inestimável, não seria justo pagar qualquer quantia para libertar um prisioneiro? E a Mishná explica: "O resgate não pode ultrapassar um determinado limite, para evitar abusos. Se o negócio tornar-se lucrativo demais, será um estímulo para os sequestradores deterem cada vez mais reféns e exigirem resgates cada vez mais altos".

Nesse contexto, existe o caso verídico do rabino Meir Ben Baruch, que foi detido como refém pelo imperador Rodolfo I da Germânia em 1284. Sabendo que o rabino era profundamente amado e admirado pelo seu povo, o imperador exigiu um resgate altíssimo, que a comunidade prontamente se dispôs a pagar. No entanto, Ben Baruch recusou-se terminantemente a ser resgatado, a fim de não criar um precedente que encorajasse o sequestro de outros rabinos. Ele preferiu ficar na prisão, e lá morreu depois de sete anos de cativeiro.

Essas, então, são algumas das leis de pidion shevuim que serviram de orientação para o nosso povo através dos tempos. E, quem sabe, esses mesmos princípios poderiam ser úteis para os nossos estadistas de hoje, em seu confronto com os terroristas contemporâneos.

קרפן

Nosso anjo interior

Prédica, 8 de outubro de 1981

O *leitmotiv*, o tema predominante, de Rosh Hashaná é "teshuvá". A palavra é normalmente traduzida por "arrependimento", porém o que ela implica na verdade é um retorno, uma volta, uma virada. À primeira vista, a ideia pode nos parecer antipática. Voltar tem uma conotação de regredir, retroceder, recuar.

Mas não para o judeu. Para nós, a teshuvá significa perceber que estamos no caminho errado, significa ter a coragem de voltar atrás e tomar um novo rumo. O autêntico arrependimento não é um remorso inútil e autodestrutivo pelos erros que cometemos, mas sim a decisão madura e consciente de mudar, de melhorar, de se modificar. A teshuvá é uma renovação: moral, psicológica e espiritual.

Talvez possamos entender melhor esse processo observando o que acontece agora, quando a natureza se renova. O que é que traz o início da primavera? O que é que faz a terra despertar, a semente brotar, a flor desabrochar? A primavera começa quando a Terra se inclina numa certa posição em relação ao Sol, quando ela literalmente se *volta* para o Sol. Somente então sua energia potencial, que estava até então oculta, consegue se manifestar.

Assim como a Terra, o ser humano também traz dentro de si uma infinidade de qualidades latentes. A teshuvá é um apelo para desenvolvermos criativamente todo esse potencial moral e espiritual, toda essa fonte de riqueza ainda não explorada. Assim como a Terra só se regenera quando se volta para o calor e a luz do Sol, assim também a nossa renovação só acontece quando abrimos a mente e o coração àqueles valores e padrões que engrandecem a vida humana. O homem precisa voltar-se a Deus para que seu espírito possa florescer.

Há muitos obstáculos no caminho da renovação, e é preciso identificá-los e compreendê-los, para que possamos tentar superá-los. Muitas vezes estamos presos atrás das grades dos nossos impulsos, emoções, atitudes e hábitos. O arrependimento é um processo de libertação no qual o homem se liberta das correntes que prendem e confinam seu espírito.

Conta-se uma história que Michelangelo, levou, certo dia, um enorme bloco de mármore até o centro da praça de São Pedro. As pessoas que passavam olhavam curiosas, sem entender o que estava acontecendo. Até que alguém perguntou: "Ei, o que você pretende fazer com isso?" E Michelangelo respondeu: "Dentro desta pedra há um anjo querendo se libertar!"

Não é por isso que nós estamos aqui hoje de manhã, porque sentimos dentro de nós um anjo querendo se libertar? Bem, talvez não um anjo, mas certamente alguém um pouco melhor do que nós fomos no ano que passou. Será que conseguiremos este ano remover a camada de insensibilidade, apatia e indiferença que reprime nosso "anjo interior"? Será que poderemos esculpir a nossa personalidade e o nosso caráter, e revelar a beleza que existe dentro de nós?

Na liturgia de Rosh Hashaná, repleta de preces pela vida, há um tom de dúvida, de incerteza. Quem de nós não sente um impacto ao ler no Machzor: "Mi yichiêe umi yamut?", "Quem viverá e quem morrerá?" Diante dessa pergunta, torna-se mais urgente o desafio que nos confronta. A tarefa de desenvolver nosso potencial precisa ser empreendida imediatamente. Não há tempo a perder. Um sábio disse certa vez: "A tragédia da vida não é que ela termina tão cedo. A tragédia da vida é que nós demoramos tanto para começar".

Algumas semanas atrás, eu li uma história chamada "Mr. Smedley's guest", "O convidado do sr. Smedley". Certa noite, quando cochilava tranquilamente em sua poltrona, o sr. Smedley recebeu a visita inesperada de um estranho. O homem começou a dizer que o livro do sr. Smedley havia sido aclamado pela crítica e pelo público. Smedley interrompeu, dizendo que ele realmente tinha pensado em escrever um livro, mas não chegara a fazê-lo. O convidado, entretanto, continuou falando do livro, descrevendo detalhadamente seu conteúdo. E então Smedley começou a lembrar que era exatamente isso que ele tinha sonhado em escrever. Em seguida, o convidado sentou-se ao piano e começou a tocar uma música, dizendo que era uma composição do sr. Smedley. Novamente Smedley protestou, alegando que ele tinha realmente pensado um dia em compor aquela melodia, mas não tivera tempo de fazê-lo. Quando o convidado levantou-se para ir embora, Smedley agradeceu a visita e perguntou: "Desculpe-me, mas não ouvi bem o seu nome. Quem é o senhor?" E o convidado respondeu: "Eu sou o homem que você poderia ter sido".

Pois é, meus amigos: é muito triste quando a gente em Rosh Hashaná se encontra na situação do sr. Smedley; quando a gente ouve uma voz dizendo: "Eu sou o pai, o marido, o filho, o amigo, o judeu leal, o ser humano útil e criativo que você poderia ter sido".

Neste dia sagrado em que rezamos pela vida, nós confrontamos o fato inevitável de que a vida não é nossa para sempre, e que mais cedo ou mais tarde ela nos será tirada. Se esse é o destino de todos nós, então nada é mais significativo do que deixarmos para trás, quando partirmos deste mundo, uma prova marcante de que nossa existência não foi em vão; que nossa vida, embora curta, não foi uma chama passageira, mas uma luz brilhante que iluminou o caminho daqueles que amamos, ajudando-os a andar com passos mais firmes e o coração mais alegre.

Ao contemplarmos nossa missão e nosso destino como seres humanos, vamos iniciar o ano com um novo lema: "Esta é a única vez que eu vou percorrer a estrada da vida. Se existe algum bem que eu possa fazer no caminho – uma palavra meiga a dizer, um sorriso a oferecer, um carinho a dar –, é bom que eu o faça agora, sem demora".

O anjo está aqui, dentro de cada um de nós, esperando o momento de se revelar. Que possamos libertá-lo. Agora, sem demora. Amém.

Liderança e compaixão

Prédica, 30 de outubro de 1981

A Torá, em nossa leitura de amanhã, faz grandes elogios a Noé. Ele é chamado de tzadik, um homem justo, e tomim, um homem íntegro.

É fácil entender por que a Bíblia é tão generosa com Noé. Afinal de contas, foi preciso ter muita coragem, muita persistência e muita fé para fazer o que ele fez. Ele se opôs às convenções da sua época, ele não seguiu as práticas aceitas pela sociedade, ele se manteve firme em seus propósitos apesar da oposição de todos os seus contemporâneos. E, por essas razões, ele ficou na história como um herói.

Nossos rabinos, entretanto, têm certas reservas quanto à grandeza de Noé. Eles frisam que, embora ele fosse um homem "justo e íntegro", a Torá acrescenta: "bedorotav", "em sua geração". Somente em contraste com a corrupção da sua geração é que sobressaíam as virtudes de Noé. Se ele tivesse vivido em qualquer outra época, teria provavelmente sido um homem medíocre e apagado. Porém em sua geração – uma geração de maldade, de desonestidade, de imoralidade – Noé era, de fato, uma exceção.

Eu acho que nossos rabinos chegaram à conclusão de que a grandeza de Noé era apenas relativa porque faltava a ele uma qualidade específica: a compaixão. Em nenhum momento ele lamentou que toda uma geração estava por ser destruída. Em nenhum momento ele se mostrou preocupado com o bem-estar dos seus semelhantes. Talvez se ele tivesse feito um apelo a Deus, milhares de vidas humanas teriam sido poupadas. Mas nada. Nenhuma palavra. Nenhum sentimento, nenhuma compaixão.

Meus amigos: o grande líder não é apenas um homem de sabedoria e visão, mas também um homem de ternura e compaixão. Ele não se isola numa torre de marfim. O verdadeiro líder nasce do povo e convive com seu povo, compartilhando seus problemas, sofrendo seus tormentos, sentindo sua dor.

Assim foi nosso patriarca Abraão. Ao propor a ideia revolucionária de um Deus único, ele também enfrentou a hostilidade dos seus contemporâneos. No entanto, quando a cidade de Sodoma estava prestes a ser destruída, Abraão não abandonou seus habitantes. Mesmo sabendo que eles tinham violado os princípios nos quais ele fervorosamente acreditava, Abraão suplicou a Deus que os salvasse.

A mesma compaixão foi demonstrada por Moisés. Certa vez, quando ele era pastor, conta o Midrash, ele ficou com pena de uma pequena ovelha que estava cansada e com sede, e carregou-a no colo até o poço de água. Um homem capaz de tanta ternura e bondade merece, de fato, ser líder do seu povo.

É justamente isso que falta em nossa liderança hoje em dia. Não basta capacidade, coragem e carisma. É preciso também compaixão. Quando um líder se torna insensível aos problemas humanos ao seu redor, não importa quão brilhante seja, ele perde o direito de liderar.

Quando pensamos na atual proliferação de armas nucleares, quando vemos os governantes das superpotências mundiais competindo entre si por um maior poder de destruição, quando lemos ontem nos jornais que o Senado dos Estados Unidos concordou em vender os mais avançados e sofisticados aviões radares à Arábia Saudita, só podemos nos perguntar: "Será que esses líderes estão conscientes das consequências das suas decisões? Será que eles percebem que seus atos podem acarretar a destruição *não* de um ponto no mapa, *não* de uma massa anônima, mas sim de milhões de indivíduos, milhões de seres humanos, cada um com suas esperanças, seus sonhos, seus anseios?!"

Meus amigos: a compaixão não é muito valorizada hoje em dia. No fundo, cada um constrói sua própria arca, buscando apenas salvar-se a si mesmo, enquanto o resto do mundo se afoga na miséria, na tragédia, na aflição.

Não é isso que ensina a nossa tradição. O judaísmo sempre considerou a solidariedade humana indispensável. "Chesed veemet nifgoshu", dizem os nossos rabinos. Não basta ter emet, verdade; é preciso também ter chesed, amor e ternura.

Noé era um homem justo; e por isso ele merece ser um dos grandes personagens da nossa história. Porém ele tinha um grave defeito, e portanto não se tornou o fundador de uma nova religião, uma nova fé, uma nova comunidade. Porque faltava a ele compaixão.

Neste nosso mundo conturbado, inundado pelo ódio, pela violência e pela desumanidade, é preciso ter mais do que sabedoria e talento e inteligência. É preciso ter amor. É preciso ter ternura. É preciso ter compaixão. Pois só assim será realizada a profecia de Isaías que leremos em nossa Haftará amanhã: "Deus cumprirá Seu pacto, e a destruição vista por Noé não mais se repetirá".

Testamentos

*Prédica,
26 de novembro de 1982*

Existe um belo costume judaico que infelizmente não é muito conhecido hoje em dia: o costume de deixar um testamento ético. Os pais escreviam uma carta a seus filhos, na qual eles tentavam resumir tudo que a vida lhes havia ensinado e expressar em palavras aquilo que mais desejavam para seus entes queridos. Isso porque eles sentiam que a sabedoria adquirida ao longo de sua vida era para seus filhos um legado tão importante quanto as posses materiais.

Um testamento ético não é fácil de escrever. Requer um confronto consigo mesmo. É preciso olhar dentro de si e descobrir as verdades essenciais aprendidas durante toda uma vida. É preciso enfrentar as próprias falhas e determinar quais são as coisas que realmente importam. A pessoa aprende muito sobre si mesma quando tenta escrever um testamento ético. Se vocês tivessem tempo para escrever apenas uma carta, para quem seria? O que vocês diriam? Fariam censuras e críticas? Ou dariam instruções? Ou agradeceriam? Ou perdoariam?

Vocês talvez achem que seria mórbido e deprimente escrever ou ler um testamento ético – mas, podem acreditar, não é. Um testamento ético é uma carta de amor do além, muitas vezes pungente e comovente… porém, na minha própria experiência, nunca mórbido ou deprimente. Pelo contrário, alguns deles despertam um sorriso, bem como uma lágrima. Sholom Aleichem, o grande humorista judeu, escreveu certa vez um testamento ético exatamente assim:

Quando eu morrer, não me enterrem entre os ricos e poderosos, mas entre os mais modestos trabalhadores judeus. Para que a pedra erguida sobre o meu túmulo possa enfeitar as sepulturas simples ao meu redor, e para que os túmulos simples sejam um ornamento para o meu.

Que não haja debates e discussões sobre a perpetuação do meu nome. Meu maior monumento será se minhas obras forem lidas.

No meu enterro, e todos os anos no meu Yahrzeit, que meu único filho reze o Kadish por mim, se ele quiser. E, se isso não for seu desejo, ele pode prestar seu tributo simplesmente reunindo os parentes e amigos e lendo este testamento. Ou então lendo uma das minhas histórias, de preferência alguma bem engraçada. E que leiam na língua que lhes for mais fácil de entender... e que meu nome seja lembrado com riso, e não com tristeza.

Amigos: o filho de Sholom Aleichem contou-me que até hoje sua família guarda esse testamento e observa suas instruções. Uma vez por ano, no dia do Yahrzeit, todos se reúnem e leem o testamento, seguido de algumas das histórias de Sholom Aleichem, especialmente as mais engraçadas, assim como ele queria. E dessa forma eles mantêm viva sua memória.

Hoje em dia, qualquer pessoa esclarecida entende bastante sobre seguro de vida, propriedades, patrimônios e coisas assim. Todos nós fazemos questão de que nossos bens sejam preservados depois da nossa morte. Porém isso não basta. Os testamentos éticos foram escritos por pessoas que queriam garantir a preservação dos seus *valores*. Pessoas que compreendiam que a morte não é um fim – se deixarmos atrás alguém que entende aquilo que representamos, e que perpetuará aquilo em que acreditamos.

Minha mensagem a vocês neste Shabat é *vida*. Lechaim até 120! E, até lá, vamos pensar em nossos filhos e futuros filhos não só materialmente, mas também espiritualmente.

Que cada mãe e pai judeu possa deixar um testamento que irá não só suprir mas também inspirar. Com palavras, ações e feitos.

Onde está o homem?

Prédica, 4 de fevereiro de 1983

Qual foi a primeira pergunta formulada no mundo? Realmente não podemos ter certeza. Mas, segundo a reconstrução poética da Bíblia de como começou o mundo, a primeira pergunta parece ter sido a que foi feita a Adão e Eva depois que desobedeceram à vontade de Deus e comeram o fruto da árvore proibida. "E Adão e sua mulher ouviram a voz de Deus no Jardim do Éden, e esconderam-se da presença de Deus entre as árvores do Paraíso. E Deus chamou Adão e disse: 'Homem, onde está você?'"

Esta foi a primeira pergunta formulada: Deus perguntando ao homem "Onde está você?" O Midrash levanta uma questão que talvez já lhes tenha ocorrido: por que é que Deus tinha de perguntar ao homem onde ele estava? E o próprio Midrash responde: é claro que Deus sabia que o homem estava se ocultando; mas, agindo como um bom professor, Ele perguntou para saber se o *homem* sabia onde ele próprio estava, se o homem tinha consciência de que, no meio de um mundo tão imenso e lindo que lhe havia sido dado, ele estava se escondendo atrás de uma árvore.

Yom Kipur é o dia em que devemos voltar a fazer aquela mesma pergunta: "Onde está o homem?". Depois de tantos anos de existência, onde está ele? O que é que ele tem feito? Onde está o homem no começo do ano? Onde está ele em relação a onde estava no ano passado, nesta época, nas Grandes Festas?

Quando nos deparamos com o mal e a tragédia no mundo, frequentemente perguntamos: onde está Deus? Como é que Deus pôde deixar que tal coisa acontecesse? Meus amigos: a primeira pergunta foi e continua a ser não onde está Deus, mas onde está o homem. Não como pôde Ele, Deus, permitir que tais coisas acontecessem, mas sim por que ele, o homem, permite que essas coisas aconteçam. O que é que o homem tem feito para que as coisas não aconteçam?

O biógrafo de Sigmund Freud conta o caso de um importante cirurgião vienense que, ao encontrar-se com Freud pela primeira vez, num corredor de um hospital onde ambos trabalhavam, mostrou-lhe um osso corroído pelo câncer, testemunho de uma vida que ele tinha sido incapaz de salvar, e disse-lhe, profundamente magoado: "Sabe, dr. Freud, se algum dia eu me achar frente a frente com Deus, vou sacudir este osso em Sua face e perguntar-lhe por que criou uma coisa dessas no mundo". E Freud respondeu-lhe: "Se eu algum dia tiver essa oportunidade, vou formular a minha queixa de um modo diferente. Não vou indagar-lhe por que Ele permite o câncer; ao contrário, vou perguntar-lhe por que Ele não deu a mim, ou ao senhor, ou a qualquer outra pessoa, a inteligência para descobrir a cura dessa doença".

Meus amigos: antes de nos permitirmos uma queixa, "Onde está Deus?", vamos formular a primeira pergunta: "Onde está o homem?" O que está fazendo o homem com o mundo que Deus lhe deu? Será que o que gasta em pesquisas médicas chega a um décimo do que ele gasta em bebidas e cigarros? Será que um brilhante cientista é tão pago quanto um atleta profissional ou uma estrela de cinema? O que gastamos em benefício dos velhos e dos doentes, comparado com o que gastamos em cosméticos para nos mantermos jovens e bonitos? Apreciamos e cuidamos da boa saúde com a qual fomos abençoados? Ou abusamos da nossa saúde, fazendo excessos, e depois recorremos a Deus? Antes de nos voltarmos para Deus com as nossas queixas sobre o número de doenças que existe no mundo, vamos primeiro fazer a primeira pergunta.

Acho que o maior desafio à teologia em nossa época foi a Segunda Guerra Mundial e os campos de concentração. Acho que todas as religiões deveriam rever os seus livros, tendo em vista o que Auschwitz, Buchenwald e Treblinka nos ensinaram sobre Deus e o homem. Sei que existe muita gente hoje em dia, inclusive algumas pessoas religiosas, sensíveis e bondosas, que se defrontam com a pergunta: "Onde estava Deus quando tais atrocidades ocorreram?" Certamente é uma pergunta legítima; uma pergunta muito importante. Mas me parece que existe uma questão igualmente válida que deveria ser formulada em primeiro lugar: "Onde estava o homem?"

Quando Hitler proclamava publicamente sua perversa política racial, por que as pessoas concordaram em aceitá-lo como líder? Onde estava o homem quando os eleitores da Alemanha disseram: "Antes Hitler com suas ideias esquisitas sobre os judeus do que a inflação ou o socialismo"? Onde estava o homem quando Hitler subiu ao poder e começou a concretizar suas loucas ameaças? Um sobrevivente alemão dos campos de concentração declarou: "Quando eles começaram a perseguir os judeus, não protestei porque eu não era judeu. Quando começaram a perseguir os ciganos e os comunistas, não protestei porque eu não era cigano nem comunista. E depois, quando eles vieram me buscar, eu não pude protestar porque já era tarde demais".

Onde estavam os advogados, os juízes, os médicos que seguiram e apoiaram passivamente os decretos de Hitler? Se os advogados, juízes e médicos tivessem lutado pela dignidade de suas profissões, se os médicos tivessem se importado com a vida humana, e os advogados com a justiça, não haveria necessidade de perguntar mais tarde: "O que houve com Deus?" Onde estava a Igreja? Onde estava a voz do papa, tão pronta a protestar quando se tratava de coisas menos importantes do que a vida de 6 milhões de pessoas inocentes? Onde estavam os líderes dos governos aliados, que deram um jeito de olhar para o outro lado e não conseguiram encontrar um canto em seus países para os judeus refugiados? Certamente temos o *direito* de perguntar onde estava Deus em 1940; mas temos o *dever* de perguntar antes onde estava o homem em 1940. O que podia ele, o homem, ter feito para impedir o inferno do Holocausto?

De fato, onde está o homem na maioria das vezes? O que é que ele está fazendo consigo mesmo? Se pudéssemos tirar uma fotografia da raça humana num instante qualquer, e revelar o que as pessoas estão fazendo com suas vidas, desconfio que o resultado não seria muito lisonjeiro. Suponho que na maioria das vezes a resposta seria a mesma que foi dada pela primeira vez no Jardim do Éden: com o mundo inteiro ao seu dispor, repleto de sublimes oportunidades, o homem se esconde, se esconde de si próprio, se esconde de seu Deus, e se esconde de suas responsabilidades.

Nesta época do ano, naturalmente, todos nós sabemos que vamos tirar o nosso retrato espiritual e portanto estamos bem comportados. Mas e nos outros dias do ano, quando a fotografia nos mostra o que realmente somos? A grande metáfora das Grandes Festas é o olho de Deus que tudo vê, e o "livro dos atos" no qual estão inscritas todas as nossas ações. Vejam, não é só o que fazemos nas Grandes Festas, mas sim o que fazemos no ano inteiro, que compõe nosso perfil espiritual.

Em Rosh Hashaná e Yom Kipur, todos os lugares estão tomados na sinagoga. Mas e nas outras semanas e nos outros Shabatot? Aí então, as cadeiras vazias perguntarão: "Onde está o homem?" O que aconteceu com todas aquelas boas intenções que pareciam tão evidentes no começo do Ano-Novo? Onde está o homem quando ele poderia estar venerando o seu Criador? Onde está o homem quando ele poderia estar aprendendo a sentir-se grato pelo mundo que lhe foi dado?

Temos uma comunidade judaica como a nossa, um Yishuv de quase 100.000 homens, mulheres e crianças; porém os membros ativos dessa comunidade são muito poucos. E os líderes, os diretores e os presidentes das várias organizações judaicas em São Paulo, cansados de carregar sozinhos toda a responsabilidade, perguntarão: "Onde está o homem, o sócio? Onde está alguém que nos ajude? Que injete novo sangue, novas ideias, novo entusiasmo? Alguém que possa enfrentar conosco os desafios e promessas do futuro? Onde está alguém que possa tomar parte mais ativa em nossa missão de manter o judaísmo vivo nesses dias difíceis que atravessamos? Onde está o homem, o judeu, que leva a sério sua comunidade e seu povo?

E nós, os rabinos, estaremos também fazendo as mesmas perguntas em nossas sinagogas este ano. Onde está o judeu enquanto a própria existência de Israel está em perigo? Onde está o homem enquanto o bloco das nações árabes na ONU tenta expulsar o Estado de Israel da organização mundial? Onde estamos nós enquanto nossos irmãos na União Soviética estão sendo submetidos a perseguições e torturas? Onde está o homem enquanto 10 milhões de inocentes crianças de todos os credos morrem a cada ano por não terem o que comer?

Meus amigos: esta é a hora em que o homem é convocado para se transformar. Yom Kipur chama o homem para que ele saia do seu esconderijo, sem medo de estar na presença de Deus, sem medo de ser um homem. Sem medo de assumir suas responsabilidades.

Existe uma lenda sobre um sábio que se preparava para viajar de Israel para Roma. Na noite anterior à sua partida, ele teve um sonho no qual viu um mendigo vestido de farrapos sentado às portas de Roma, e no sonho ele ouviu uma voz que lhe dizia: "Vê este homem? Este é o Messias vestido de mendigo". O rabino acordou e não conseguiu mais esquecer o sonho. Continuou a pensar nele durante toda a viagem. Finalmente, ao aproximar-se de Roma, avistou um homem vestido de farrapos, sentado exatamente no local em que o havia visto no sonho. O rabino chegou-se a ele e perguntou: "É verdade que você é o Messias?" E o homem respondeu: "Sim". O rabino então perguntou: "O que é que você está fazendo às portas de Roma?" E o homem replicou: "Estou esperando". "Esperando?! Num mundo tão cheio de miséria, ódio e guerra, num mundo onde o povo de Israel está disperso e oprimido, num mundo onde existem crianças famintas, você está aqui sentado esperando?! Messias, pelo amor de Deus, o que é que você está esperando?" E o Messias respondeu: "Tenho esperado por *você*, para poder perguntar-lhe, em nome de Deus, o que é que *você* está esperando?"

Meus amigos: quando sentirmos vontade de perguntar onde está Deus neste mundo cruel e caótico em que vivemos, neste mundo obviamente ainda não redimido, vamos tentar nos lembrar de que Deus está aqui, onde sempre esteve, esperando que nós assumamos o nosso dever. E a verdadeira pergunta, meus amigos, é a primeira pergunta: "Onde está o homem?

A luta da Anistia Internacional

Palestra para a Anistia Internacional, na Campanha pela Abolição da Tortura, 9 de maio de 1984

A tortura não é um fenômeno isolado, não é um ato praticado impulsivamente por um indivíduo sádico. De acordo com um estudo divulgado recentemente pela Anistia Internacional, trata-se de uma verdadeira epidemia, uma prática adotada hoje, oficialmente ou extraoficialmente, pelos governos de 98 países.

A tortura pode ser abolida. O que falta é a determinação política dos governos de não mais torturarem as pessoas.

Eu iria ainda além: não basta um grupo como este tentar pressionar as autoridades a se tornarem mais flexíveis. Nossa responsabilidade principal é conscientizar a população sobre a tortura que é praticada dentro do seu próprio país. E fazer com que as massas pressionem o governo. O caso Vladimir Herzog, em 1975, ilustra bem esse ponto. Foi a enorme repercussão do culto ecumênico na praça da Sé, em São Paulo, assistido por 10.000 pessoas, que levou à substituição do radical comandante da Polícia Militar por outro mais moderado.

Em última análise, os cidadãos da nação têm que responder pelos atos do seu governo. Com relação aos presos políticos, que são torturados unicamente por causa de suas opiniões ideológicas, trata-se de uma violação tão brutal dos direitos fundamentais do homem que nenhum protesto verbal de minha parte, por mais veementemente que fosse, seria suficiente. Porém, mesmo no caso de criminosos comuns, não pode haver justificativa para maus-tratos na prisão. A finalidade do encarceramento, a meu ver, não é punir o indivíduo, mas sim afastá-lo temporariamente do convívio social, a fim de impedir que ele cause danos a outros indivíduos. Entretanto, esse afastamento de nada adiantará se não for acompanhado de um processo de reabilitação. Espancamentos e tortura certamente não curam ninguém.

Se existe algo que justifique nossos empenhos em prol do movimento ecumênico é esta campanha da Anistia Internacional. Isso porque a tortura não é problema exclusivo de uma determinada religião. É uma questão que afeta todos os homens. Foi isso que eu frisei quando tive a honra de ser recebido, no último mês de julho, pelo primeiro-ministro Menachem Begin em Jerusalém: que o governo de Israel não deveria protestar em prol dos judeus desaparecidos na Argentina, mas sim em prol de todos os indivíduos de todos os credos que eram vítimas daquele regime opressor. Limitar o enfoque à "questão judaica", como algumas organizações internacionais judaicas estavam tentando, seria uma abordagem extremamente paroquial, indigna da nossa tradição.

Nesta época tão conturbada, na qual há uma tendência generalizada para a renovação indiscriminada, é essencial termos sempre em mente que existem valores e princípios permanentes que nenhuma inovação pode afetar. Valores que precisam ser preservados a qualquer custo, aconteça o que acontecer: a santidade do ser humano, o valor transcendente da liberdade e a necessidade de compaixão. Nenhuma causa é tão válida que justifique a violação dos direitos do homem. Nenhum movimento é tão importante que tenha o direito de destruir a liberdade. E nenhuma necessidade é tão premente que possa insensibilizar o coração humano.

Esses valores são profundamente enraizados na tradição judaico-cristã. Pela sua própria essência, a religião prega a santidade de cada vida humana. Tendo sido criado "à imagem de Deus", o homem traz dentro de si a divindade e a dignidade do seu criador. Mais ainda, a paternidade universal do Todo-Poderoso implica a igualdade de todos os homens. Na Bíblia encontram-se inúmeras injunções contra a opressão dos fracos e contra a exploração do homem pelo homem. Os profetas eram incansáveis defensores da justiça social.

Através dos séculos, nós, judeus, conscientes desses ideais proféticos, sempre estivemos na vanguarda dos movimentos em prol dos direitos humanos. Toda a nossa história pode ser vista como uma sequência de lutas cujo objetivo principal era assegurar as liberdades fundamentais, não só para o nosso povo, mas para todas as minorias e, em última análise, para todos os seres humanos.

A luta da Anistia Internacional é universal. É irreversível. É irreprimível. A dedicação à causa dos direitos humanos não conhece fronteiras geográficas, nem distinções de raça, cor ou religião.

É nosso dever estar ao lado dos torturados na América Latina, no Iraque, no Irã, na União Soviética, no Líbano, na Síria e em Israel também.

Onde quer que haja tortura, opressão, discriminação, injustiça, perseguição, é nossa obrigação erguer a voz em protesto. Nosso compromisso é universal: advogar a justiça social para todos, eliminar a intolerância racial, religiosa e política no mundo inteiro, garantir as liberdades e os direitos de todos os homens, e erradicar de uma vez por todas esta epidemia que continua se alastrando pelo mundo na década de 1980.

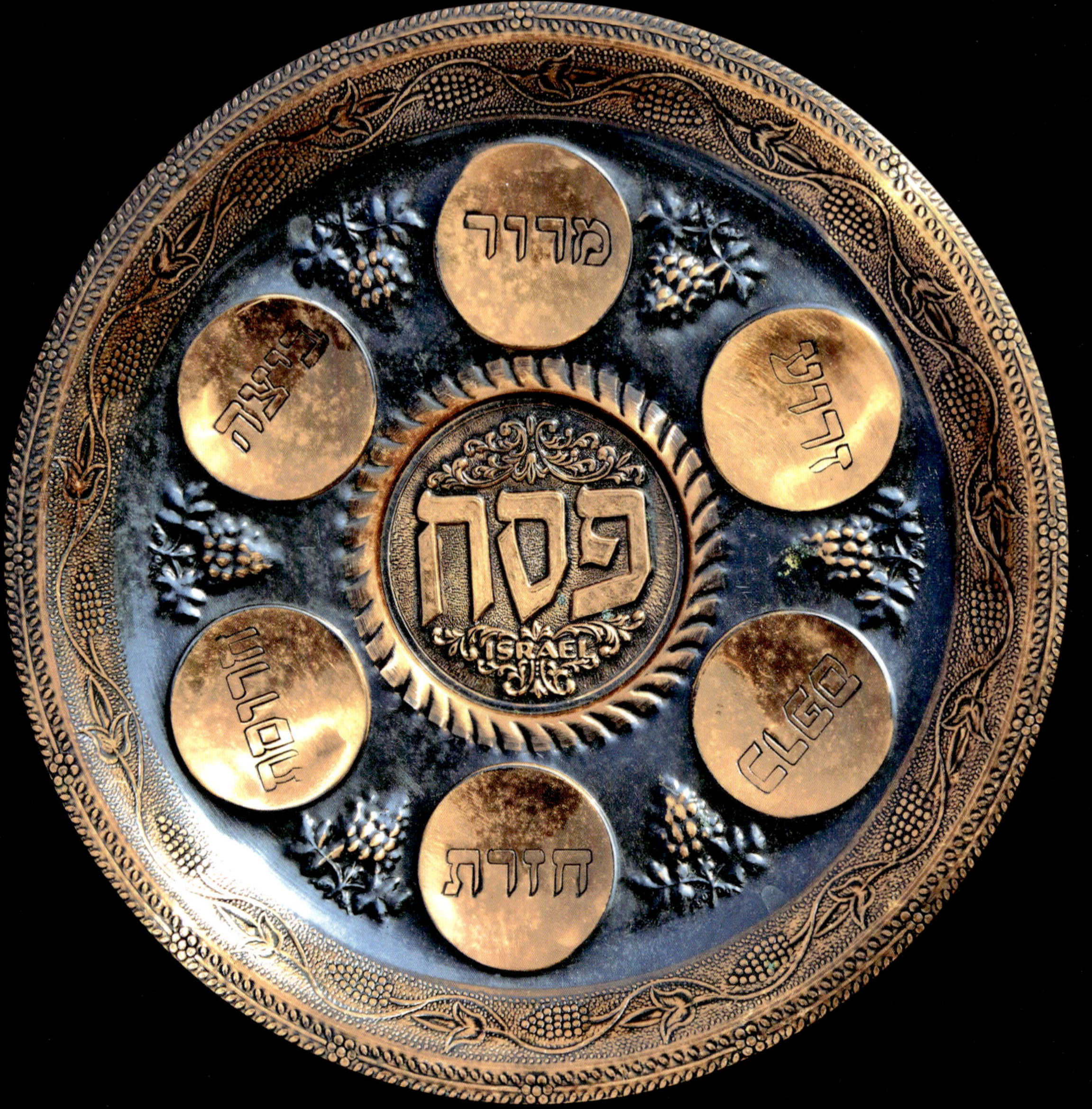
מרור
זרוע
פסח
ISRAEL
כרפס
חזרת

Contando nossas bênçãos

Prédica, 15 de junho de 1984

Nos últimos dias, temos lido com uma frequência quase monótona notícias sobre tudo que está acontecendo de errado no Brasil. Caos total em Brasília, a máquina política caindo aos pedaços… Analistas, economistas, sociólogos e homens públicos competem entre si para ver quem consegue descrever com mais zelo (talvez até com satisfação) as inúmeras falhas e defeitos do nosso processo de abertura democrática.

Foi, portanto, uma surpresa das mais agradáveis deparar-me, na última terça-feira, em Curitiba, com um artigo interessante no *Jornal do Estado* intitulado "A história que não foi contada". O autor conseguiu dizer muita coisa boa sobre este país. Ele não nega tudo que existe de ruim no Brasil; porém ele nos faz um apelo para enxergarmos tudo que existe de bom no país.

Eu cito esse artigo só porque ele confirma o princípio geral de que é fácil encontrar entendidos para nos dizer o que vai mal, mas é muito difícil encontrar alguém com a sensibilidade e a sabedoria para descobrir o que vai bem.

Essa fraqueza humana transparece nitidamente em nossa leitura da Torá amanhã de manhã, Parashá Shelach Lecha. Os filhos de Israel chegaram às fronteiras da Terra Prometida. Moisés resolve enviar doze homens para examinar a terra de Canaã e seus habitantes.

A missão leva quarenta dias. Passado esse tempo, o grupo retorna com um relatório alarmante: "Suas cidades são grandes e cercadas de muralhas […] Não seremos capazes de dominar os habitantes da terra, pois são mais fortes do que nós".

Os israelitas, ao ouvir tal notícia, ficaram desesperados. Durante toda a longa e perigosa viagem através do deserto, o que os sustentava era sua esperança de finalmente poderem se estabelecer em paz na Terra Prometida. Agora, no final da jornada, eles descobrem que sua esperança era apenas uma miragem. E sua reação é humana, natural e compreensível: "Toda a assembleia pôs-se a gritar; e todos choraram aquela noite".

Os rabinos ficaram perturbados com essa reação dos filhos de Israel. Perturbados, porque, quarenta anos antes, quando o Todo-Poderoso fez com que as águas do mar Vermelho se partissem, salvando assim os israelitas de seus perseguidores egípcios, apenas Moisés expressou imediatamente sua gratidão. Tanto assim que está escrito na Bíblia: "Cantarei ao Senhor, porque manifestou Sua glória". "Cantarei", no singular. Somente mais tarde é que os israelitas se juntaram a Moisés em seu cântico de louvor e exaltação. Por outro lado, quando ouviu as más notícias trazidas pelos espiões, o povo inteiro reagiu imediatamente. Nas palavras da Torá: "Toda a assembleia chorou". O mal todos enxergaram. Mas foi preciso um Moisés para enxergar o bem.

Os jornais refletem diariamente essa tendência humana. Conflitos entre políticos chegam facilmente às manchetes. Corrupção, suborno e desonestidade, principalmente nas esferas mais altas, são amplamente divulgados e vendem superbem. No entanto, esses são alguns casos. A maioria das pessoas, a maioria dos brasileiros, vive uma vida sossegada, decente e tranquila. Só que estes raramente são notícia.

O mesmo se aplica à maneira como encaramos nossa condição judaica. O poeta Heinrich Heine dizia que "o judaísmo não é uma religião, é uma falta de sorte". Muitos concordam com ele e sentem pena de si mesmos por serem judeus. Eles enxergam sua herança judaica como um fardo e uma desvantagem: "Siz shver tzu zein Yid". Mas existem outros, Baruch Hashem, que sentem o orgulho e a glória de serem judeus: "Siz gitt tzu zein Yid". O judaísmo não como um peso; o judaísmo como uma alegria.

Também em relação às atividades comunitárias existem sempre aqueles pessimistas que só apontam as dificuldades, os obstáculos, os aspectos negativos de um projeto. Felizmente existem ainda alguns otimistas que fazem força para ver o lado positivo. Há gente que enxerga um problema em cada oportunidade; e há gente que enxerga uma oportunidade em cada problema. Uma kehilá, uma comunidade, não é construída por aqueles que desanimam e choram diante das dificuldades, mas por aqueles que procuram os fatores positivos e "cantam um hino de realização".

Como rabino, eu convivo frequentemente com famílias que sofreram uma tragédia.

E muitas vezes ouço as pessoas se lamentarem: "Por que foi acontecer isso comigo?" Entretanto, quando acontece algo de bom, raramente escuto alguém perguntar: "Por que me aconteceu isso?" Como é fácil chorar pelas tristezas da vida, e como é raro entoar um cântico de gratidão pelas alegrias que a vida nos traz!

Um famoso rebe chassídico tinha o costume de visitar o hospital todas as manhãs e perguntar qual era o número do quarto do paciente tal e tal (usando seu próprio nome). Quando lhe informavam que não havia nenhum paciente com aquele nome, ele saía todo feliz. Isso, sim, é saber cantar a alegria!

Acho que seria um exercício interessante para cada um de nós sentar e fazer uma lista de todas as bênçãos de que desfrutamos. Ficaríamos surpresos com o número de coisas boas sobre as quais podemos cantar.

Meus amigos: existe um detalhe importante em nossa leitura da Torá que não pode ser desprezado. Embora dez dos doze homens enviados para explorar a terra tenham voltado com um relatório negativo, dois deles trouxeram, de fato, notícias positivas. E foi essa "minoria de dois" que ganhou a aprovação de Deus, e cujo relatório mostrou-se verídico.

O amanhã não pertence àqueles que choram e lamentam os problemas e as dificuldades da vida, e sim àqueles que sabem cantar um cântico de fé na vitória final do homem sobre todos os obstáculos em seu caminho rumo a uma sociedade mais justa e mais humana.

Zelig

Prédica, 1º de setembro de 1984

Lembro-me frequentemente de um incidente que ocorreu com um rapaz amigo meu, quando se mudou com a família para uma pequena cidade do interior de São Paulo (onde, obviamente, o número de judeus era mínimo). No primeiro dia de aula, foi cercado por um bando de garotos, que ficaram encarando-o, espantados. Quando perguntou por que o olhavam daquele jeito, um dos meninos respondeu: "Nós só queríamos ver que cara tem um judeu…"

Tal fenômeno não é raro nos anais da nossa história. Muitas vezes temos a sensação de estar expostos numa vitrine, sendo observados com grande curiosidade pelos de fora e esperando sua condenação, ou, pelo menos, seu julgamento.

Apesar da tentação natural de acompanhar a maioria a fim de serem aceitos por ela, muitos de nós ainda têm a firmeza de caráter e a força interior para expressar sua individualidade e sua identidade judaica sem se deixar intimidar pelos outros. Mesmo porque ninguém pode corresponder sempre às expectativas de todos. Ninguém, a não ser Leonard Zelig.

A infância de Zelig não foi fácil. Filho de judeus ortodoxos, ele era constantemente ridicularizado por todos, até mesmo pelos seus pais. Traumatizado, ele cresce com a firme determinação de evitar a perseguição a qualquer custo. E como? Agradando a todos, adaptando-se à personalidade do indivíduo com que fala e – levando sua aquiescência ao extremo – assumindo até as características físicas daqueles ao seu redor.

Em companhia de chineses, seus olhos ficam puxados. Entre um grupo de negros, sua pele escurece. Quando conversa com uma pessoa gorda, torna-se obeso. Em contato com índios, adquire as feições de um pele-vermelha. E eis que, ao ser abordado por um rebe Lubavitch, toma a aparência de um verdadeiro chassídico.

Zelig acredita que encontrou a receita infalível para uma existência pacífica: tornar-se um camaleão humano. Por que uma solução tão drástica? Sua resposta é simples e direta: "É cômodo ser igual aos outros; é a maneira mais fácil de fazer com que gostem da gente".

Podemos rir do comportamento excêntrico de Zelig, podemos criticá-lo quando renuncia a seus princípios democratas na presença de republicanos, podemos caçoar dele quando discute um livro que nunca leu simplesmente porque tem vergonha de confessar a verdade. Mas será que Zelig é realmente desequilibrado, ou será que suas atitudes camaleônicas são apenas uma versão mais acentuada de uma fraqueza inerente a todos nós?

Quantas vezes, no anseio de sermos aceitos pela sociedade, temos receio de discordar, de desafiar, ou mesmo de ser diferentes?

O tema proposto por Woody Allen é, ao mesmo tempo, simples e complexo. Embora disfarçado de comédia, é um comentário sociopsicológico da maior seriedade, um retrato sem retoques do conflito entre o individualismo e a massificação. E, certamente, toca um ponto sensível que muitos de nós preferiríam não tocar. Porque, no fundo, o filme revela o dilema existencial do judeu na diáspora, querendo manter sua identidade, porém simultaneamente atraído para o caminho mais fácil, o caminho da assimilação.

A lição de *Zelig* não é nova; mas é uma lição que precisamos recordar de tempo em tempo. Até certo ponto, todos nós somos obrigados a fazer concessões para obter afeto, simpatia e aceitação. Fazê-lo, entretanto, à custa do nosso caráter, dos nossos princípios, das nossas convicções equivale a passar pela vida sem realmente viver.

Como judeus, principalmente, é nosso dever ser leais a nós mesmos, viver de acordo com aquilo em que acreditamos, afirmar com dignidade nossa identidade judaica, independentemente da aprovação alheia. Porque abdicar da própria personalidade é resignar-se a uma condição sub-humana. E quem faz questão de ser igual a todo mundo pode acabar sendo um ninguém.

Tancredo é bom para os judeus?

Jornal Resenha judaica, *fevereiro de 1985*

Meu sábio preferido na história judaica é o rabino Chanina. Há 2.000 anos, ele já nos exortava a rezar pelo bem-estar do governo. Porque, sem um governo estável, somos todos vítimas da anarquia e do caos.

Nosso respeito e lealdade ao governo não significa, é claro, concordar automaticamente com suas decisões; mas significa estar conscientes do seu papel na defesa dos direitos de todos os cidadãos e na resistência contra as forças da intolerância e da violência.

Antes da decisão do Colégio Eleitoral, em 15 de janeiro, a comunidade judaica estava dividida com relação a qual dos dois candidatos melhor administraria a nação brasileira. Estava unida, porém, em seu apoio à abertura democrática do sistema. Isso porque a história já nos ensinou que uma sociedade tensa e oprimida acaba explodindo. E, quando ocorre tal explosão, as primeiras vítimas são sempre os judeus.

Qual é a posição do presidente eleito perante os judeus no Brasil e perante o Estado de Israel?

Em entrevista concedida ao boletim "Ciência" no último mês de outubro, Tancredo mostrou-se interessado em estreitar os laços de cooperação tecnológica entre o Brasil e Israel. Segundo ele, a experiência israelense com relação a projetos de irrigação e desenvolvimento de áreas desérticas poderia ser útil na recuperação do Nordeste brasileiro. Por outro lado, Israel estaria interessado na importação de álcool hidratado do Brasil para utilização em sua frota automotiva. "Enfim", disse Tancredo, "o intercâmbio cultural, científico e tecnológico será altamente proveitoso para ambos os países".

No que tange à situação no Oriente Médio, Tancredo afirmou que tentará contribuir de maneira positiva para a paz naquela região. E acrescentou: "Que se tenha sempre presente a necessidade de impedir a importação de ressentimentos que possam perturbar a amistosa convivência entre os descendentes de árabes e judeus em nosso país".

Em encontro mantido com os dirigentes da comunidade judaica, Tancredo declarou que equiparar o sionismo ao racismo é absurdo, e que fará tudo para rever o voto antissionista do Brasil na Assembleia Geral das Nações Unidas em 1975.

Quando lhe perguntaram como se relacionava com a comunidade judaica brasileira, Tancredo respondeu:

O Brasil não é a pátria da discriminação. Não acredito que qualquer governo, em nosso país, tenha dificuldade de relacionamento com esta ou aquela comunidade por motivos de raça ou religião. Pessoalmente, em toda a minha vida pública, sempre mantive as melhores relações com as lideranças da comunidade judia. Em nosso país, somos todos brasileiros, preocupados com os mesmos problemas e interessados todos na criação de uma pátria melhor para os nossos filhos [...] Neste momento em que o Brasil vive a decisão de seu futuro, quero lembrar como, no curso da história do ser humano, o destino do povo judeu esteve sempre ligado ao destino da liberdade de todos os povos. Toda experiência autoritária nos últimos séculos teve sempre como característica, em grau maior ou menor, o antissemitismo. Em nossos dias mesmo, a Segunda Guerra Mundial e o período que a precedeu demonstram cabalmente que os regimes de violência atingem sempre e destacadamente os judeus. No próprio Brasil não escapamos, vez por outra, de surtos ou ameaças que felizmente se desfazem de encontro à consciência coletiva e ao espírito nacional dos brasileiros.

Em vista da sensibilidade das opiniões expressas pelo dr. Tancredo sobre assuntos que nos tocam diretamente, é de prever que haja uma cooperação saudável e frutífera entre a coletividade judaica brasileira e o novo governo. Através da Confederação Israelita do Brasil, órgão representativo da comunidade, esperamos continuar a fazer nossa voz ser ouvida, propondo sugestões e também apresentando nossas reclamações quando houver necessidade.

A meu ver, Tancredo Neves é o homem certo na hora certa para o cargo de presidente do Brasil. Ele tem as credenciais necessárias para efetuar uma transição tranquila do regime militar para o civil. Uma figura patriarcal que odeia extremos, um homem moderado e ponderado que assume a chefia da nação "em nome da conciliação" (conforme frisou em seu primeiro discurso como presidente eleito), Tancredo tem declarado repetidamente que desempenhará suas funções sem revanchismo, visando tão somente um pacto social que garanta a consolidação das instituições democráticas.

A heterogeneidade dos grupos que apoiaram a candidatura de Tancredo, longe de ser um fator negativo, lhe dará maior poder e autoridade para comandar o processo de transformação, um processo que forçosamente levará em conta os interesses de todos aqueles setores da população brasileira que ajudaram indiretamente a eleger o novo presidente: empresários e intelectuais, banqueiros e líderes sindicais, executivos e operários. Certamente surgirão conflitos de interesses entre os diversos grupos, mas ninguém melhor para solucionar tais conflitos do que o dr. Tancredo, com sua longa e eclética vivência política.

Tancredo Neves personifica as esperanças de dezenas de milhões de brasileiros, de todas as classes, cores e credos.

Mas a esperança não se sustenta em promessas bem-intencionadas, das quais o Brasil já está farto. O que o país precisa é de uma definição de prioridades. O novo governo deve informar à nação quais problemas pretende resolver a curto, médio e longo prazo. A herança recebida é onerosa; e, para superar os obstáculos mais difíceis, a nova administração dependerá do apoio popular, que por sua vez depende de informação exata e aberta.

Acredito que Tancredo Neves injetará integridade e honestidade como padrões de conduta em todos os níveis governamentais. Mais ainda, ele traz consigo a capacidade de estimular o debate construtivo sobre os grandes problemas nacionais e pressionar o Congresso a apresentar soluções específicas para um amplo espectro de questões, desde reforma tributária, política agrária, educação pública, desemprego, até a dívida externa e a inflação galopante. Neves promete convocar até 1986 uma assembleia constituinte, a qual seria encarregada de reescrever a Constituição brasileira, transfigurada durante as duas décadas de domínio militar. Sua proposta é restaurar um equilíbrio adequado entre os três poderes do governo e assegurar a eleição direta do seu sucessor em 1988.

O presidente completa 75 anos nos próximos dias. Provavelmente não terá outras ambições políticas além deste mandato, podendo portanto dedicar-se plenamente aos interesses da nação. Winston Churchill disse certa vez: "A diferença entre um político e um estadista é que o político pensa nas próximas eleições, enquanto o estadista pensa nas próximas gerações". Esperamos que o Brasil tenha agora no comando um presidente e estadista capaz de canalizar todo o seu prestígio e talento para a construção de um futuro melhor.

As manifestações populares após a vitória de Tancredo, em janeiro passado, estavam saudando não apenas um novo governo, mas um novo modo de vida. Toda uma geração de brasileiros cresceu sem jamais ter tido a oportunidade de participar efetivamente na política nacional. E agora assiste ao nascimento de um regime no qual a divergência passa a ser uma virtude e o entendimento nacional não exclui o confronto de ideias.

Como judeus, rezamos pelo bem-estar do governo e desejamos a Tancredo Neves não só sucesso pessoal, como também a habilidade de criar em sua gestão uma infraestrutura que assegure a permanência da democracia através das gerações.

Tancredo será bom para os judeus se nós, os judeus neste país, participarmos ativamente da sociedade, desfrutando os privilégios e assumindo as responsabilidades do pacto social.

"Em cada geração, toda pessoa deve se sentir como se ela própria tivesse saído do Egito."

Êxodo 1985

Especial para o Fundo Comunitário, Dor Hemshech, 5 de abril de 1985

Em Pessach, comemoramos o grande êxodo do nosso povo do Egito. E contamos a história.

Interessante: a mitzvá não consiste apenas em repetir o conhecido evento do passado, mas também em interpretar o significado contínuo, perpétuo, contemporâneo daquele episódio – em todas as épocas e para todos os povos. A palavra hebraica "hagadá" deriva de "agadá", que significa "interpretação". A mitzvá em Pessach não é simplesmente recontar e reencenar, mas sim interpretar e aplicar.

E, assim, meu ponto de partida hoje à noite é aquele lindo ensinamento do Rabban Gamliel. Ele nos deu o que eu considero a mais profunda concepção sobre o sentido permanente do êxodo: "Bechol dor vador, chayav adam lirot et atzmo keilo hu yatza miMitzraim", "Em cada geração, toda pessoa deve se sentir como se ela própria tivesse saído do Egito".

A história do povo judeu tem sido, em grande parte, uma reprise do relato do êxodo. Qualquer judeu que tenha hoje mais de 40 anos viveu, direta ou indiretamente, a tortura do cativeiro nos campos de concentração nazistas, e, depois, a libertação que levou ao renascimento do Estado judeu em Israel.

Nossos jovens casais, para quem Hitler é apenas um nome nos livros de história, vivenciaram o trauma da Guerra dos Seis Dias, em 1967, quando a terrível ameaça de um segundo Holocausto foi seguida pela reunificação de Jerusalém.

Mesmo nossos adolescentes já tiveram uma experiência pessoal de libertação judaica durante a Guerra do Yom Kipur, quando Israel escapou milagrosamente de uma derrota fatal frente às tropas egípcias e sírias.

E até nossas crianças estão acompanhando de perto um outro êxodo que ocorre em nossos dias: o impressionante resgate dos falashas – da fome e da opressão na Etiópia para a liberdade e segurança em Medinat Yisrael.

Os amigos do Dor Hemshech pediram que eu falasse esta noite sobre o significado contemporâneo de Pessach. Que ilustração mais dramática pode haver do que esse êxodo de judeus negros, a Operação Moisés, indubitavelmente um dos capítulos mais extraordinários nos anais do sionismo?!

Pela primeira vez na história, milhares de negros foram transportados de um país para outro – não acorrentados, mas com dignidade; não como escravos, mas como cidadãos.

O povo de Israel demonstrou ao mundo que a fraternidade humana existe, e que ela transcende raça. Tantos falam de amor, mas Israel agiu. Todo o mundo tem se comovido com o drama da fome na Etiópia, mas poucos partiram para a ação real de ajudar as vítimas. E ninguém, como Israel, colocou toda a sua criatividade e energia nacional a serviço do salvamento de tantas vidas.

A Operação Moisés – assim denominada por se tratar de um êxodo tão real quanto aquele conduzido por Moisés três milênios atrás – deve erradicar, de uma vez por todas, a acusação obscena de que o sionismo é uma forma de racismo. Em Israel, judeus de todas as correntes políticas e religiosas, da esquerda e da direita, liberais e ortodoxos, brancos em sua maioria, se uniram no empenho de trazer de volta a Sion milhares de exilados negros.

Eu gostaria de contar-lhes a história, se vocês me permitem, ou, melhor ainda, parte da história. Alguns dos fatos vocês já conhecem (vocês leem os mesmos jornais que eu leio). Porém, em consideração àqueles que não estão a par, vou tentar resumir, em poucas palavras, a essência da operação.

Em uma distante região montanhosa no nordeste da África, que até há pouco só podia se alcançar a pé ou a cavalo, existiam umas quinhentas vilas habitadas por indivíduos de pele escura, que observavam o Shabat, rezavam em sinagogas com telhados de palha, alimentavam-se unicamente de comida kosher e sonhavam em poder um dia retornar a Jerusalém.

Eram chamados pelos outros de falashas, porém atribuíam a si mesmos a denominação Casa de Israel, Beta-Yisrael. Ninguém sabia ao certo de onde vinham esses judeus negros, mas diversos historiadores e autoridades rabínicas deduziram que eram descendentes da tribo de Dan, uma das dez tribos de Israel que foram expulsas pelos assírios no século VIII antes da Era Comum, e tidas como desaparecidas desde então.

O nome falasha deriva de uma antiga palavra etíope que significa "estrangeiro" ou "exilado", referindo-se provavelmente àqueles que foram banidos da Terra Santa, à qual seus descendentes regressariam quando chegasse o Messias.

Outrora uma comunidade de meio milhão de pessoas, os falashas foram dizimados por massacres e doenças, pela seca e pela fome. Os 25.000 que sobreviveram foram torturados e humilhados por insistir em praticar os rituais judaicos, e eram proibidos de emigrar.

E, mesmo assim, os falashas mantiveram sua identidade judaica, demonstrando com coragem e constância sua lealdade inabalável à Lei Mosaica. Há quase 3.000 anos, eles vêm observando os preceitos bíblicos, desafiando o preconceito e a perseguição. Durante a maior parte desse tempo, estiveram completamente isolados do resto do mundo judaico, dependendo exclusivamente de seus próprios recursos para transmitir de geração em geração a mensagem de sua fé.

A perigosa operação de resgate começou em 1977, por iniciativa do primeiro-ministro Menachem Begin, e prosseguiu até há pouco, sob a administração de Shimon Peres. Uma companhia aérea belga, a Trans European Airways, foi contratada pelo governo israelense. Nada menos que quarenta voos foram realizados em sigilo absoluto, transportando cerca de 10.000 refugiados judeus desde Cartum, no Sudão (aonde chegavam a pé, vindos da Etiópia), até Tel Aviv, com uma breve escala em Bruxelas para reabastecimento. Essa parada era sempre feita no meio da noite, e os passageiros permaneciam a bordo, para chamar menos atenção. As autoridades belgas fechavam os olhos, registrando-os como voos fretados, turistas em trânsito. Cada avião levava médicos, enfermeiras e assistentes sociais para cuidar dos refugiados, a maioria dos quais sofria de desnutrição e toda espécie de moléstias tropicais. E quando esses judeus chegavam finalmente em Israel sem bagagem, sem sapatos, sem nada, apenas um camisão branco no corpo, eles se ajoelhavam e beijavam a terra.

Do Aeroporto Internacional Ben Gurion, eram levados a um centro de absorção em Ashkelon. Além da dificuldade e do risco da Operação Moisés, seu custo foi extremamente oneroso, principalmente em vista da crítica situação econômica no país. Cada refugiado que chegava tinha que ser abrigado, alimentado, vestido, medicado, educado, integrado. Israel era um mundo totalmente novo para eles. Jamais haviam convivido com uma civilização moderna. Nem conheciam a eletricidade. Quando viram uma geladeira, acharam que servia para guardar as roupas novas que haviam recebido! O governo precisou mobilizar gente para dar aulas de hebraico aos judeus etíopes, para ensiná-los a ler e escrever, para dar-lhes noções de aritmética, para mostrar-lhes como funcionam os aparelhos eletrodomésticos.

E assim, depois de 3.000 anos, esses judeus, vítimas da opressão, foram postos em liberdade.

Qual é a moral da história?

Os falashas já não são estrangeiros. Pois somos todos um só povo. Não existem judeus brancos e judeus negros – existem apenas judeus. E o que nos torna judeus? Nossa história, nossa religião, nossa tradição.

Uma palavra final: nós, judeus do Brasil, vivendo em segurança numa nação livre e democrática, talvez não possamos captar plenamente o significado do êxodo em nossos dias. Mas posso lhes assegurar que, para os judeus da Etiópia, para os judeus da União Soviética, para os judeus da Síria, o êxodo é tão real hoje quanto foi milênios atrás. E essa é a maior lição de Pessach: a libertação continua. E se continua, e se os judeus podem se sentir seguros hoje, é porque existe um país no mundo para o qual não precisam de um visto de imigração.

Eu comecei com Rabban Gamliel na Hagadá e gostaria de concluir com ele também.

Interessante: Rabban Gamliel não usou a palavra "Yehudi" ou "Yisrael", "judeu" ou "israelita", mas o termo "Adam", "homem", "pessoa". "Bechol dor vador chayav adam Lirot et atzmo keilo hu yatza miMitzraim." A ênfase não está apenas em nossa experiência coletiva judaica, mas também em "adam", o homem, todos os homens: a dimensão universal do êxodo.

Acredito que Israel prestou um grande serviço não só ao seu próprio povo, mas a todos os povos. O significado contemporâneo de Pessach é que os falashas do mundo – todos os negros, todas as minorias, todos os oprimidos – têm que ser conduzidos, em nossos dias, "meavdut lecheirut", "da opressão à liberdade", "miyagon lesimchá", "da agonia à alegria", "meevel leyom tov", "do luto à festividade", "meafeilá leor gadol", "das trevas à luz", "umishibud ligeulá", e "da servidão à redenção".

O cometa Halley e o judaísmo

Revista O hebreu, *dezembro de 1985*

Embora a Torá não mencione explicitamente a ciência da astronomia, existem inúmeras referências bíblicas aos astros e seus movimentos. Muitos salmos exaltam o Todo-Poderoso como Criador dos céus e de todos os corpos celestes: "Os céus declaram a glória de Deus; e o firmamento revela a obra de Suas mãos" (Salmo 19:1).

Os antigos hebreus não estudavam as estrelas como os babilônios, os egípcios e os gregos. Talvez se abstivessem de uma observação mais atenta dos astros, por receio de cair no pecado da idolatria.

Os sábios talmúdicos, porém, consideravam a astronomia – mais especificamente o cálculo das estações e das alterações periódicas no calendário – um complemento importante do estudo da Torá. Muitos dos tanaim e amoraim eram peritos em astronomia – por exemplo, Johanan Ben Zakai, Gamaliel II e Joshua Ben Hananiah. Ben Hananiah sabia da existência de um objeto celestial que aparecia uma vez a cada setenta anos e desviava os navegantes de suas rotas. Tratava-se provavelmente do cometa Halley.

Maimônides, o grande filósofo judeu da Idade Média, fazia uma distinção entre a astronomia, a qual reconhecia como verdadeira ciência, e a astrologia, que ele enquadrava no campo da superstição e crença popular.

Sob a perspectiva judaica, as tentativas científicas de estudar e penetrar o espaço cósmico não contradizem, de modo algum, a afirmativa bíblica de que "Os céus pertencem a Deus, mas a terra ele deu ao homem". Devemos entender o termo "terra" não no sentido restrito, como sinônimo do nosso globo terrestre, mas sim no seu sentido mais abrangente, que inclui a atmosfera, a estratosfera, enfim, todo o universo físico. As estrelas, os planetas, as luas, os cometas não são "os céus" aos quais a Bíblia se refere. "Céu", no sentido bíblico, é algo puramente espiritual. E isso, sim, é domínio exclusivo de Deus.

O fato de que os corpos celestes foram criados por Deus para dar luz, calor e energia ao nosso mundo e o fato de que foram colocados pelo Criador a uma certa distância da nossa Terra não nos impedem de tentar aprender cada vez mais sobre eles. Não há nada nas experiências e pesquisas astronômicas que seja incompatível com a Torá.

O papel da religião não é impedir o avanço da ciência, mas dar à ciência a substância ética que a torna válida. Para o judeu, a ordem do universo reafirma a existência de um Ser Superior, o Grande Coreógrafo do Cosmos.

Em nossas orações, rezamos "Osse Shalom Bimromav"; pedimos Àquele que faz a paz nas alturas que traga também a paz à humanidade. Assim como os planetas, as estrelas, os cometas convivem em perfeita harmonia, sem entrar em choque um com o outro, que assim também nós possamos respeitar o espaço um do outro aqui na Terra.

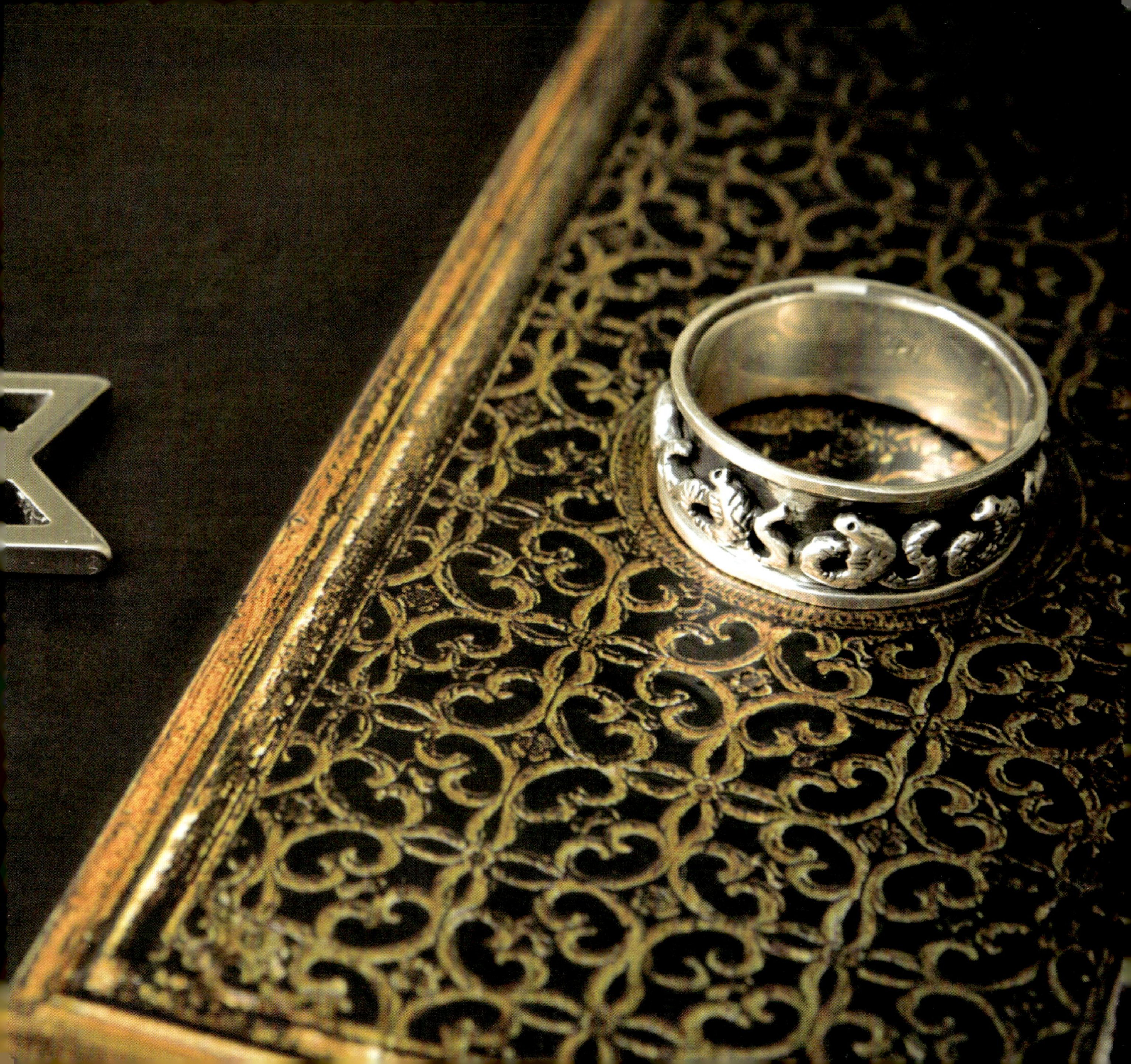

Glasnost

Prédica, 12 de junho de 1987

"*Glasnost*" significa "abertura" em russo. É o nome dado pelo secretário-geral Mikhail Gorbachev ao seu plano de "democratização à moda soviética".

Abertura, entretanto, não significa portas abertas. E esse é o problema, no que tange aos judeus soviéticos. Mesmo que o governo da União Soviética permitisse amanhã a saída de 1.000 ou 2.000 judeus, a título de reunificação familiar, haveria ainda centenas de milhares de judeus soviéticos para quem as portas permaneceriam fechadas, talvez para sempre.

Não é nenhum segredo o fato de que o relaxamento das rédeas dos direitos humanos visa atender aos interesses soviéticos, tanto no plano nacional quanto no internacional.

No plano nacional, a economia soviética encontra-se estagnada há muito tempo. Gorbachev entende a relação entre produtividade e a necessidade dos cidadãos de exercerem sua individualidade num ambiente livre, sem estarem eternamente preocupados com a possibilidade de que a KGB, a polícia política, venha bater à sua porta no meio da noite, como era corriqueiro na União Soviética até agora.

No âmbito internacional, as motivações são de ordem econômica e política.

A tecnologia ocidental, principalmente a norte-americana, é crucial para os planos de Gorbachev no sentido de modernizar e agilizar a economia soviética. E ele sabe que não terá acesso à tecnologia ocidental enquanto persistir a violação dos direitos humanos em seu país. Os riscos da liberalização são o preço que a União Soviética tem de pagar pela reconstrução econômica.

Na esfera política, Gorbachev quer reincorporar a União Soviética ao processo de paz no Oriente Médio, e tanto Israel quanto os Estados Unidos já deixaram bem claro que só aceitarão a participação soviética quando a URSS liberar a emigração dos judeus.

Por enquanto, o que não se vê é um Yosif Begun sendo solto com grande alarde da prisão de Chistopol, retornando a Moscou e sendo recebido na estação ferroviária por uma multidão entoando canções de júbilo num idioma proibido – o hebraico –, enquanto os olhos e os ouvidos do mundo, máquinas fotográficas e microfones registram os supostos frutos da *glasnost*.

E nisso reside o perigo para Begun e todos os judeus soviéticos. As únicas armas eficazes para defendê-los – sanções econômicas e a exclusão da URSS das negociações acerca do futuro de uma região estrategicamente vital – estão sendo depostas cedo demais, enquanto milhares de judeus continuam presos atrás da Cortina de Ferro, privados de um dos mais fundamentais direitos do ser humano: a liberdade de religião.

Quando Gorbachev e seus colegas do Kremlin abrirem as portas para todos aqueles que querem sair da União Soviética – e derem a todos os judeus que querem ficar a liberdade de expressar seu judaísmo da maneira que quiserem –, aí, sim, será a hora de afrouxar nossa vigilância e comemorar o início de uma primavera soviética.

Essa hora, porém, ainda não chegou, por mais otimistas que sejam as recentes declarações dos srs. Morris Abram e Edgar Bronfman à imprensa. Todos os indícios até agora denotam apenas que está havendo no longo e tenebroso inverno soviético uma leve e temporária melhora de tempo.

Memória construtiva

Prédica, 3 de junho de 1988

O judaísmo, em contraste com alguns outros credos, é uma religião que se expressa basicamente por meio de verbos. Ao ler nossos livros sagrados, é impossível deixar de perceber a posição de destaque que os verbos ocupam. "Observar", "santificar", "amar" – esses e muitos outros verbos compõem a essência da nossa fé.

Um dos verbos mais importantes na Torá é "zachor", "lembrar". Aparece nos Dez Mandamentos ("Zachor et yom haShabat lekadsho", "Lembra-te do dia do Shabat para santificá-lo") e no último discurso de Moisés ao povo de Israel, pouco antes de sua morte ("Lembrem-se dos tempos passados"). Nas advertências dos profetas, encontra-se a mesma ênfase sobre a recordação. Recordem-se de Abraão, Isaac e Jacó; recordem como fomos libertados no Egito; recordem nossa peregrinação no deserto; recordem a entrega da Torá no monte Sinai. Recordem…

Sabemos quão importante é a memória. Sem memória, não temos identidade. Quando uma pessoa sofre de amnésia e não se lembra dos seus ontens, ela já não sabe quem é, ela perde a noção da sua individualidade. Somente através da memória podemos recordar as experiências históricas do passado e tirar proveito das realizações, da criatividade, do trabalho daqueles que nos antecederam. Sem memória, não existiria a cultura humana. Sem memória, a vida seria muito pobre e limitada.

No entanto, em nossa leitura da Torá no próximo 5 de junho (Parashá Behaalotechá), encontramos um caso de memória que causou o mal e a decadência.

Os israelitas, a caminho de uma nova terra, uma terra prometida por Deus – aqueles mesmos israelitas que haviam testemunhado com seus próprios olhos a milagrosa libertação do cativeiro no Egito –, começaram de repente a se queixar. E o que foi que disseram a Moisés? "Zocharnu et hadagá asher achalnu bemi tzraim chinam", "Lembramo-nos dos peixes que comíamos de graça no Egito"… como eram bons aqueles tempos!

Vejam só, eles não se lembravam das chicotadas, dos maus-tratos, da brutalidade dos seus opressores. Lembravam-se apenas da comida que lhes era dada, da "segurança" que tinham!

E essas recordações truncadas fizeram com que eles se rebelassem contra Moisés. Sua memória seletiva gerou ressentimento e, por causa dela, eles se tornaram a geração condenada a perambular no deserto durante quarenta anos, sem chegar ao seu destino, sem entrar na Terra Prometida, porque lhes faltava a força moral para vencer os obstáculos.

É verdade que sem recordação a vida civilizada seria impossível; é verdade que sem memória o homem seria despojado de sua identidade. Às vezes, porém, a memória é perigosa. Quando deturpada, ela pode rebaixar o comportamento das pessoas e desviá-las do seu caminho, como aconteceu com os israelitas no deserto.

Meus amigos: a memória somente nos engrandece quando nos abre novos horizontes e nos permite participar do eterno processo da criatividade humana. A memória não pode tornar-se nosso carcereiro, não pode nos confinar. A memória tem que nos libertar.

Esta, então, é a lição. "Lembra, ó Israel", diz nossa tradição. Lembrar e nunca esquecer. Mas lembrar construtivamente.

Que nossas memórias nos inspirem. Que elas tornem mais amplo o mundo em que vivemos. Que elas deem uma profundidade maior aos nossos pensamentos. Que elas enriqueçam nossa vida. Esse é o tipo de recordação que devemos cultivar: a recordação que traz liberdade, não escravidão; que traz crescimento, não atrofia; que traz abertura, não estreiteza de visão; que traz avanço, não retrocesso.

Anos 1990

145 Santificando o novo
147 Um novo Leste Europeu: isso é bom para os judeus?
149 O campo dos sonhos
154 As paredes que restam
157 Autoestima
158 A crise moral no Brasil
162 A busca – caminhos que levam a Deus
164 Sobras
166 Nossos atos estão sendo registrados
168 A disposição de escutar

170 Tolerância
173 É fácil criticar
174 Os amores do presidente
177 Cinquenta anos de Israel: uma vitória para o sionismo
180 A sabedoria do silêncio
182 Formulando as perguntas certas
186 Dia das Mães
188 Os fardos que carregamos
190 Vinte anos da Lei da Anistia
193 O meshigas do milênio

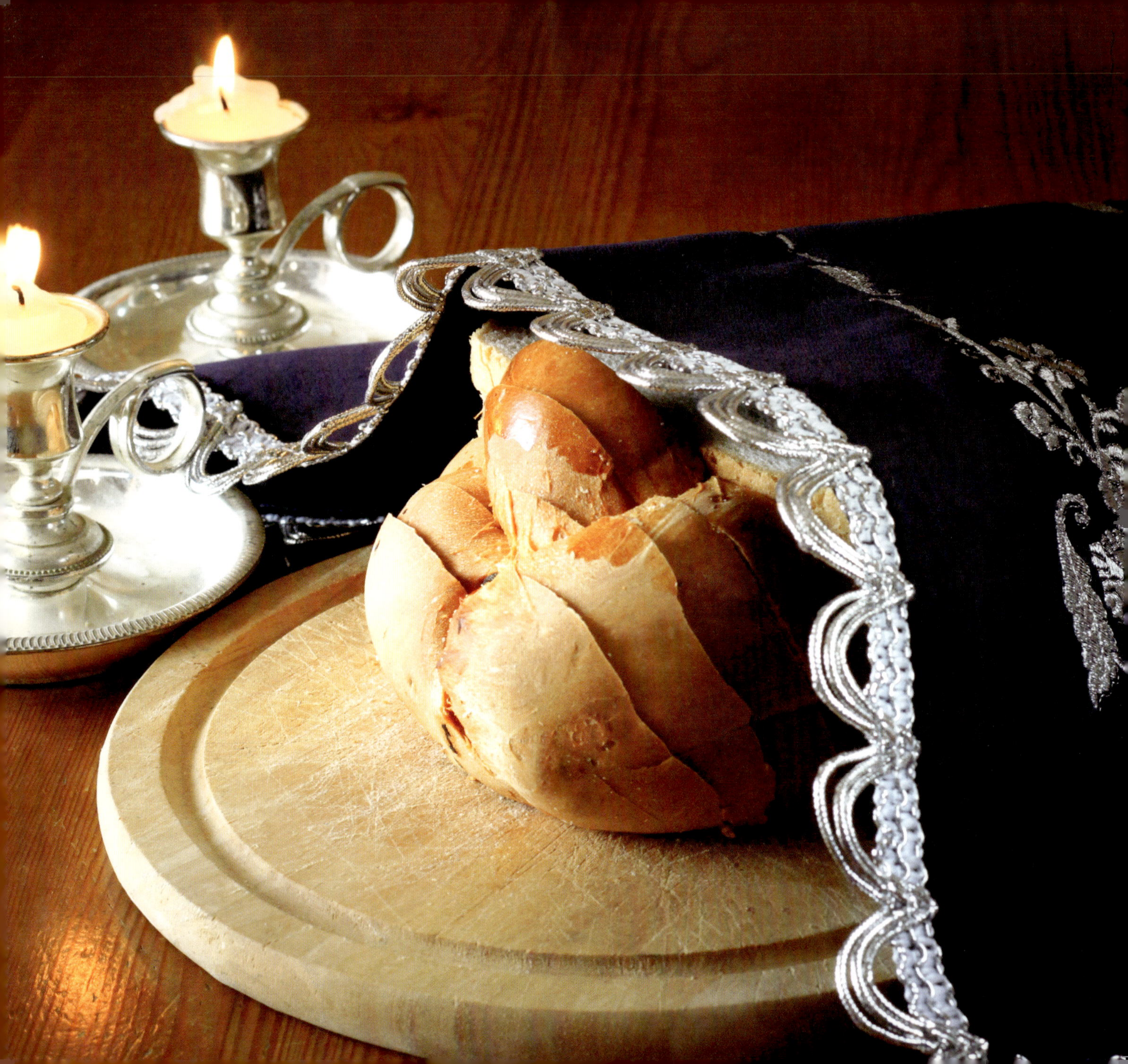

Santificando o novo

Prédica, 2 de fevereiro de 1990

No trecho da Torá que lemos há poucas semanas, aparece o mandamento a respeito da sequência dos meses: "Há chodesh ha'ze lachem rosh chadashim, rishon hu lachem l'chadshei ha'shaná", "Este mês [o mês do êxodo] será para vós […] o primeiro mês do ano".

A palavra hebraica para mês, "chodesh", está relacionada com a palavra "chadash", que significa "novo". A ligação provém da lua nova, que assinala o início de cada mês, Rosh Chodesh.

A tradição judaica atribui uma grande importância a esse processo natural de renovação representado pelo ciclo lunar. Tanto assim que o início de um novo mês é sempre recebido com bênçãos e preces especiais. Nas palavras do saudoso rabino-chefe de Israel, Abraham Isaac Kook: "Ha'yashan yitchadesh v'ha'chadash yitkadesh", "O antigo tem que ser renovado e o novo tem que ser santificado".

A renovação é uma necessidade inerente ao ser humano. As pessoas gostam de coisas novas. Principalmente na sociedade contemporânea, a busca de novidades é uma característica marcante. Em nossas conversas cotidianas, usamos muito a expressão: "O que há de novo?". O carro do ano está sempre presente – nas garagens de uns, nos sonhos de outros. Quando se aproxima o verão ou o inverno, as mulheres saem correndo para renovar seu guarda-roupa. Os homens estão sempre atrás dos equipamentos eletrônicos mais modernos. Adolescentes compram discos e fitas com os últimos sucessos. Intelectuais vão às livrarias em busca dos mais recentes lançamentos.

Até certo ponto, é compreensível sentir-se mais estimulado pelo novo do que por aquilo que é antigo e habitual. É preciso, entretanto, tomar cuidado para que o consumo de novidades não se torne um vício. A novidade é como esses excitantes tóxicos que geram dependência; a pessoa vai consumindo em dose cada vez maior, porque a dose anterior já não satisfaz.

Meus amigos: nem tudo que é novo é bom. O último modelo da indústria automobilística, a última coleção da alta-costura, a mais moderna criação da pesquisa tecnológica, o mais recente lançamento das gravadoras de discos ou mesmo o mais novo *insight* da mente do filósofo não são necessariamente melhores do que os anteriores.

Existem, a meu ver, dois testes para determinar se uma novidade é válida ou não. Primeiro, devemos nos perguntar se essa inovação é digna de ser santificada. Ela enriquece nossa vida e dignifica nossa existência?

A segunda maneira de testar a validade de algo novo é verificar se aquilo nos renova interiormente. Quando eu era menino, sempre que vestia uma roupa nova, minha mãe, de abençoada memória, me dizia: "Titchadesh" – literalmente, "Que você se renove". O caráter de novo não se encontra apenas no que vem de fora, mas principalmente no que vem de dentro. Quantas vezes procuramos freneticamente as emoções que a vida pode nos proporcionar, e nos esquecemos de procurar dentro de nós a emoção de viver?

Busquemos o novo, pois é um anseio natural do coração humano. Mas deixemos entrar em nossa vida somente aquilo que é positivo, edificante e enobrecedor – para que, assim fazendo, possamos nos renovar.

Um novo Leste Europeu: isso é bom para os judeus?

Jornal Resenha judaica, julho de 1990

Lembro-me nitidamente daquela noite, há 21 anos, quando o homem pisou pela primeira vez na Lua. Eu estava com um grupo de pessoas, assistindo pela televisão àquele momento histórico. Alguns segundos depois de ter sido dado aquele "pequeno passo para o homem, um grande passo para a humanidade" (citando as palavras de Neil Armstrong), meu pai virou-se para mim e perguntou, brincando: "Mas será que isso é bom para os judeus?"

Já faz parte do nosso folclore a tendência, às vezes um tanto cômica, de analisar até as questões mais globais sob uma ótica estritamente judaica. Nem sempre, entretanto, é de todo absurda tal atitude. No caso das recentes transformações no Leste Europeu, há muitos fatores que têm um significado especial para os judeus e para Israel.

No plano mais prosaico, a abertura repentina de alguns regimes comunistas, tais como a Alemanha Oriental, e a liberalização gradativa de outros (Polônia e Hungria, por exemplo) retiraram os entraves que impediam a normalização das relações diplomáticas entre esses governos e o Estado de Israel. A Hungria reatou relações com Israel em setembro passado, a Tchecoslováquia e a Polônia fizeram o mesmo pouco tempo depois. Dentro de algumas semanas, em Copenhague, terão início as conversações entre delegações de Israel e da Alemanha Oriental, visando a assinatura de um acordo que restabelecerá relações formais entre os dois países. E é bem provável que a União Soviética estabeleça sua embaixada em Israel no futuro próximo.

Em outros planos, as derrotas sofridas pelos partidos comunistas no Leste Europeu reduziram o antissemitismo que provinha da elite política. Isso não significa, porém, que o antissemitismo esteja desaparecendo. Significa apenas que as antigas formas stalinistas de antissemitismo estão sendo substituídas por outras formas, de cunho nacionalista. No novo cenário do Leste Europeu, os judeus talvez se tornem um bode expiatório ainda mais conveniente.

Num terceiro plano, há uma lição de economia que Israel pode extrair dos dramáticos acontecimentos dos últimos meses. Excetuando-se o caso da Alemanha Oriental, o estopim da convulsão política no mundo comunista foi o colapso da economia. O esquema econômico israelense é basicamente similar ao dos modelos que faliram na Europa Oriental. Israel foi projetado com uma estrutura socialista e a mantém até hoje. Se não fosse a generosa ajuda financeira dos Estados Unidos e dos judeus norte-americanos, a economia israelense talvez estivesse agora num estado tão lamentável quanto a da Polônia. Seria bom o governo israelense atentar para os erros alheios, a fim de evitá-los em seu país.

Por último, há o plano psicológico. Não é segredo o fato de muitos judeus se deleitarem ao saber que os poloneses – e outros povos conhecidos pelo seu violento antissemitismo, pelo menos no passado – estão passando por maus momentos nesta fase de transição para o capitalismo, com o arrocho brutal dos salários e o desemprego em massa. É como se eles estivessem recebendo um castigo justo, depois de perseguir e humilhar os judeus durante séculos.

Talvez haja certa satisfação interior em sentir que coisas ruins estão acontecendo a pessoas ruins. No fundo, porém, é um prazer bobo e doentio. Tampouco representa o que há de melhor na tradição judaica, pois a "Ética dos pais" nos adverte: "Não se regozijem com a queda dos seus adversários".

A verdade é que coisas formidáveis, extraordinárias estão acontecendo na Europa. E, embora mudanças rápidas tragam sempre consigo muitos perigos, todas as pessoas que amam a liberdade e a justiça só podem se regozijar com a nova luz que ora brilha sobre as sociedades do Leste Europeu.

Sob essa perspectiva, a reação judaica adequada é lembrar aquilo pelo que rezamos diariamente, e pelo que rezamos com fervor especial em Rosh Hashaná e Yom Kipur, quando rogamos ao Eterno, louvado seja Ele, que remova da face da Terra o jugo da tirania. Parece que Deus, em Sua imensa misericórdia, está atendendo às nossas preces.

O campo dos sonhos

Prédica, 20 de setembro de 1990

Não é sempre que tenho a oportunidade de ir ao cinema. Mas, há pouco tempo, assisti a um filme que me marcou. Tanto assim que, ao sair do cinema, me fechei na minha sala e comecei a escrever minha prédica de Rosh Hashaná. O filme chama-se *Campo dos sonhos*.

É sobre um cidadão comum, Ray Kinsella, um pacato fazendeiro no interior dos Estados Unidos, que um belo dia está passeando pela sua plantação de milho, quando de repente ouve uma voz dizendo: "Se você o construir, ele virá". Construir o quê? E quem virá? Depois de muito pensar, e ouvindo aquela voz repetir a mesma coisa uma porção de vezes, ele chega à conclusão de que o que ele precisa construir é um campo de beisebol e que, se ele o fizer, um famoso jogador, Joe Jackson, já falecido há muito tempo, voltará ao reino dos vivos para jogar ali, naquele campo.

E assim, Ray Kinsella – um homem que nunca cometeu nenhuma loucura na vida – se deixa guiar pela voz misteriosa. Ele arranca todos os pés de milho, perde o seu ganha-pão, gasta até o último centavo na construção de um belo campo – com arquibancada e tudo –, torna-se objeto de riso da vizinhança inteira, mas ganha a recompensa de ver sua fantasia tornar-se realidade.

Meus amigos: se eu escolho uma história como esta para compartilhar com vocês no primeiro dia de Rosh Hashaná, é porque esse filme fala sobre muito mais do que beisebol. A voz que clama "Se você o construir, ele virá" incita o nosso herói a agir em função de sua fé, a investir todo o seu ser, todos os seus recursos, num sonho que poucos são capazes de compartilhar, ou talvez ninguém. *Campo dos sonhos* é uma história de ações que não se baseiam na lógica, mas sim no instinto, naquilo que dita o coração.

Ouvir a voz certa na hora certa pode mudar uma vida; na verdade, pode até mudar o mundo. Lembram-se de quando Abraão ouviu a voz de Deus ordenando-lhe que deixasse seu lar e partisse rumo ao desconhecido, a voz divina que prometia fazer dele o pai de uma grande nação?

Se Abraão tivesse reagido racionalmente, ele não teria dado a menor atenção àquela voz. Mas sua reação não foi racional; sua reação foi um ato de fé. Abraão acreditou no que ouviu e mudou toda a sua vida em função daquela crença. Por mais irracional, por mais insensata, por mais louca que tenha sido a resposta de Abraão ao chamado de Deus, é graças àquela resposta que nós estamos hoje aqui, na sinagoga, recontando a história de Abraão.

"Se você o construir, ele virá." Palavras de um filme sobre beisebol. Para os judeus, entretanto, essas mesmas palavras foram seguidas ao pé da letra desde os primórdios da nossa história. A caminho da Terra Prometida, nossos antepassados ouviram uma voz ordenando-lhes que construísse um santuário, ali no meio do deserto árido, para que Deus pudesse habitar no meio deles. Não tinha muito sentido. Mesmo assim, eles obedeceram à voz.

"Se você o construir, ele virá." Daqui a duas semanas, estaremos construindo a sucá, porque a tradição nos ensina que, se a construirmos, ele... ou melhor, *eles* virão. Quem são eles? Abraão, Isaac, Jacó, José, Moisés, Aarão, Davi: os ushpizin a quem fazemos um convite ritual simbólico, para que venham sentar conosco dentro da sucá. "Se você o construir, ele virá." Era nisso que Pinchas Steier acreditava em 1942. Pinchas, um jovem judeu no gueto de Bedzin, na Polônia, passou aqueles anos terríveis recusando-se a comer comida não kosher, a única que havia, alimentando-se só de pão e água. Certo dia, ao entardecer, na hora da chamada, Pinchas tinha desaparecido. Depois de procurá-lo em toda parte, os guardas da SS acabaram encontrando-o no sótão de uma casa, sentado dentro da sucá que ele havia construído às escondidas.

Só podia ser louco! Arriscar a vida para construir uma sucá! Para Pinchas, porém, nada era mais importante do que obedecer à voz do Sinai que lhe ordenava construir aquela cabana, uma voz que ele conseguia ouvir até mesmo em meio ao pesadelo do gueto. Os nazistas o prenderam enquanto ele recitava a brachá convidando seus antepassados espirituais para compartilhar com ele uma refeição de pão e água. Assim como Abraão, milênios antes, Pinchas sabia que há momentos na vida em que a fé impõe riscos. Assim como Abraão, milênios antes, Pinchas estava pronto para assumir os riscos.

Ser um homem de fé – como o era Abraão, como o era Pinchas – sujeita o indivíduo à solidão e o expõe ao ridículo. O apego a um ideal, a uma visão, a um sonho provoca a hostilidade e a incompreensão daqueles que seguem unicamente a razão e a lógica. Mas, graças a Deus, em questões de fé, a razão e a lógica sempre foram suplantadas pela devoção ilógica e irracional do judeu que crê em Deus. E, assim, Pinchas no gueto de Bedzin, meio século atrás, esperava fielmente que Abraão, Isaac, Jacó, José, Moisés, Aarão e Davi viessem à sua sucá, um sonho que nenhum nazista era capaz de destruir; e, assim, Abraão, quatro milênios atrás, partiu rumo a uma terra desconhecida, uma viagem cujo objetivo ninguém mais era capaz de compreender.

Não, não importava a Abraão, não importava a Pinchas que os outros rissem deles. Tampouco importava a Theodor Herzl, no final do século passado, quando judeus e não judeus caçoaram de sua ideia de criar um lar nacional judaico na Palestina. Stefan Zweig, que era um jovem estudante em Viena na época em que foi publicado o livreto de Herzl *O Estado judeu*, descreveu assim a reação dos judeus vienenses: "Foi um espanto geral. Todos se perguntavam 'O que será que aconteceu com esse escritor que era tão inteligente e culto? Que loucura é essa que ele inventou? A troco de quê devemos ir para a Palestina? Nosso idioma é o alemão, não o hebraico, e a bela Áustria é a nossa pátria'".

Nada disso perturbou Herzl, que continuava insistindo: "*Wenn ihr es wollt, so ist es kein Märchen*", "Se o quiseres, não será um conto de fadas".

Não importava a Herzl, nem a Pinchas, nem a Avraham Avinu que os outros rissem de sua devoção a um ideal.

Há uma expressão maravilhosa em hebraico: "meshuge ledavar". Meshuge, todos vocês sabem o que significa: "maluco". Meshuge ledavar é um maluco que tem uma ideia fixa e faz qualquer loucura por aquele ideal, aquela causa, aquela missão.

Felizmente, nossa tradição e nossa história estão repletas de meshugaim ledavar, pessoas cuja obsessão as levou a grandes realizações. Nossas maiores instituições não existiriam hoje se não fossem aqueles homens e mulheres meshugaim ledavar que viviam, respiravam e dedicavam cada minuto do seu tempo em prol da causa que era tão importante para eles. A nossa Congregação Israelita Paulista, o Hospital

Albert Einstein, o Lar dos Velhos, o nosso Lar das Crianças, o nosso Estado de Israel são todos a concretização dos sonhos de meshugaim ledavar, indivíduos obcecados por um ideal.

O profeta Jeremias, cujas palavras lemos na Haftará amanhã, seguramente foi considerado na sua época um doido varrido. Vejam só: Jerusalém estava cercada pelos babilônios, em alguns dias seria fatalmente capturada e destruída; o povo judeu estava prestes a ser expulso da terra de Israel. E o que faz Jeremias, numa cela de prisão? Compra um terreno em Jerusalém. Só podia ser louco!

Sim, Jeremias era meshuge ledavar, obcecado pela ideia de ver os judeus vivendo novamente em Yerushalayim. Obcecado a ponto de acreditar que um dia eles voltariam.

Benditos sejam nossos meshugaim ledavar, pois são as suas obsessões que constituem os alicerces da nossa sobrevivência. É por isso que simpatizei tanto com o personagem Ray Kinsella naquele filme, porque ele era um homem louco o bastante para sonhar e transformar seu sonho em realidade a qualquer custo. De tão apegado que era ao seu ideal, poderia até ser judeu!

Meus amigos: é hora de reintroduzirmos a loucura em nossa vida. É hora de nos tornarmos meshugaim ledavar, de nos apaixonarmos por um sonho, por um objetivo, por uma causa. É hora de procurarmos uma obsessão, se ainda não a temos – seja ela Israel, seja Tzedacá, seja a nossa congregação, seja a nossa tradição, sejam os direitos humanos, seja a ecologia, seja a fraternidade entre os povos, seja a paz entre as nações. Temos que encontrar, cada um de nós, algum ideal em prol do qual possamos dar vazão ao nosso entusiasmo, nossa energia, nossa paixão.

A vida é curta demais para nos contentarmos com uma existência medíocre, inexpressiva e sem sentido. Assim como Abraão, temos que dar aquele salto de fé e mergulhar no desconhecido. Temos que ouvir a voz que clama dentro de nós por uma vida mais intensa, mais rica, mais significativa. Como nos ensinaram os Jeremias, os Herzl, os Pinchas, os Abraãos da nossa história, a fé e a vontade movem montanhas.

Hoje, em Rosh Hashaná, ousemos sonhar grandes sonhos.

E, durante este Ano-Novo, que possamos acrescentar à nossa vida uma dose de meshugas para fazer de nossos sonhos belas realidades.

Shaná Tová.

"Ouvir a voz certa na hora certa pode mudar uma vida; na verdade, pode até mudar o mundo."

As paredes que restam

Prédica, 18 de setembro de 1991

Quando faleceu minha mãe, Bella, em março de 1982, o rabino Aaron Soloveichik nos fez uma visita, em nosso apartamento em Nova York, no último dia da shivá. E ele falou sobre o simbolismo da sucá, a cabana que a tradição judaica nos manda começar a construir assim que termina Yom Kipur, antes mesmo de quebrar o jejum. O rabino Soloveichik disse então uma frase cujo sentido, confesso, não captei plenamente naquela hora. Ele disse que, de acordo com a lei rabínica, uma sucá com três paredes continua sendo Kosher, apropriada para o uso.

Hoje, passados quase dez anos, acho que entendo o que o rabino Soloveichik quis dizer.

A imagem de uma sucá com três paredes vem de um Midrash, uma interpretação rabínica sobre o Livro de Jó. Jó foi um homem bom que sofreu uma série de desgraças. O Midrash nos conta que, quando Jó foi se queixar a Deus do seu infortúnio, o Eterno mostrou-lhe uma sucá com apenas três paredes.

O que será que o Todo-Poderoso queria ensinar a Jó por meio desse símbolo estranho? Que mensagem uma sucá de três paredes poderia transmitir a uma pessoa mergulhada nas profundezas do desespero e da angústia?

O Midrash não explica. Mas, pensando um pouco, podemos descobrir alguns ensinamentos ocultos nessa metáfora enigmática.

Em primeiro lugar, talvez Deus quisesse lembrar a Jó que na sucá de cada ser humano sempre está faltando uma parede. É claro que todos gostariam de ter uma sucá completa, perfeita, bonita, com suas quatro paredes intactas: um casamento feliz, filhos maravilhosos, uma carreira bem-sucedida, saúde excelente. Na vida real, entretanto, ninguém tem uma sucá assim, uma sucá de quatro paredes. A tristeza, o fracasso, a desilusão, a solidão, a doença – em maior ou menor grau – fazem parte do destino de todos nós. O sofrimento é democrático: todos são igualmente vulneráveis. Talvez Deus estivesse dizendo: "Você, Jó, não está sozinho em seus tormentos. Sucot com três paredes são a regra, não a exceção".

Uma segunda mensagem que Deus talvez quisesse transmitir a Jó: mesmo tendo uma parede a menos, a sucá não desmorona; ela continua em pé. Na estrutura da vida, também acontece de uma parede ruir. E, quando isso ocorre, tem-se a impressão de que tudo vai desabar. Mas, de alguma forma, não desaba; a vida continua.

No começo, a gente pensa que não vai aguentar a dor, que não vai resistir à perda. Quantas vezes eu encontro alguém no velório, naquelas primeiras horas em que a ferida ainda está tão aberta, e a pessoa me faz aquela pergunta tão dolorosa: "Como é que eu vou conseguir sobreviver?" A única resposta honesta que posso dar é: "Eu não sei como você vai conseguir, mas sei que outros conseguiram, e suponho que você seja tão sábio, tão corajoso e tão forte quanto os outros".

Mas para que a vida continue, meus amigos – e esta é a terceira lição –, para que possamos sobreviver à queda de uma parede em nossa sucá, temos que aprender a olhar para as três paredes que ainda estão de pé, em vez de ficar olhando para o vazio deixado pela parede que tombou. Alguns de nós, tendo perdido um ente amado, não conseguem desviar o pensamento da perda que sofreram. O tempo passa e a gente continua falando só disso, lamentando-se, chorando, amargurando-se. Então talvez Deus estivesse dizendo a Jó: "Pare de pensar apenas nas tristezas, você tem também alegrias para desfrutar. Pare de contar e recontar suas perdas; comece a contar suas bênçãos. É verdade que uma parede da sua sucá foi destruída, mas ainda restam três paredes! Você, Jó, é responsável por elas. Cuide delas, enfeite-as, torne-as bonitas".

Um dos livros mais lindos que eu já li em português é a autobiografia de João Carlos Pecci, o irmão do cantor e compositor Toquinho. João Carlos era um rapaz forte, saudável e atlético até os 26 anos de idade, quando sofreu um acidente automobilístico que o deixou paraplégico, praticamente sem movimentos. Depois de meses e meses no hospital, quando finalmente conseguiu com enorme esforço sentar-se numa cadeira de rodas, ele começou a pintar e escrever. O nome do seu livro, paradoxalmente, é *Minha profissão é andar*. Uma passagem, em especial, merece ser lida para todo Jó. Eu cito: "Mesmo sentado, eu recomponho meus pedaços ativos. Meu andar não faz pegadas no chão, mas deixa marcas nas alturas do buscar, do aprender, do realizar". O irmão de Toquinho nos ensina uma grande lição de vida: mais importante do que aquilo que perdemos é aquilo que nos restou.

E o que mais Deus poderia estar dizendo a Jó naquela época e a todos os Jós nos dias de hoje? Lembre-se, Jó, de que você pertence a um povo que sobreviveu à perda de uma terra, ao exílio, a expulsões e perseguições e massacres e discriminação de intensidade e severidade das mais variadas. E, apesar de tantos golpes, seu povo manteve a fé. Seu povo mostrou ao mundo como viver numa sucá de três paredes.

E uma última verdade, Jó. Por ter caído uma parede da sua sucá, você tem uma visão desimpedida da sucá do seu vizinho. Olhe com cuidado e você verá que na sucá dele também está faltando uma parede.

Talvez fosse isso que o rabino Soloveichik quisesse nos dizer. E talvez seja esse o motivo pelo qual nos reunimos para rezar Yizcor. Ao vermos tantos a nosso redor recordando e sentindo a dor da saudade, somos vividamente lembrados de que estamos todos nós entrelaçados na tela do sofrimento e da vulnerabilidade humana. A dor alheia não alivia a nossa dor, mas talvez nos faça parar de ter pena de nós mesmos. Tratar das feridas do nosso semelhante pode ajudar-nos a cicatrizar nossas próprias feridas.

Meus amigos: de acordo com a tradição judaica, quando o Messias chegar, não haverá mais dor, nem tristeza, nem sofrimento, nem morte. E todas as sucot serão inteiras e perfeitas. Hoje, em Yom Kipur, algumas horas antes de iniciarmos a construção de nossas sucot, rezemos para que chegue logo esse dia abençoado. Mas, enquanto não chegar, temos que nos contentar, cada um de nós, com uma sucá de três paredes. E tornar essa sucá o mais bonita possível.

Autoestima

Prédica, 26 de junho de 1992

Parashá Shelach, nossa leitura da Torá no último Shabat, dia 16 de junho, relata o episódio dos meraglim, os doze agentes enviados por Moisés para explorar a terra de Canaã. Sua missão era examinar a região, descobrir suas qualidades e defeitos, para que os israelitas soubessem de antemão o que os esperava na Terra Prometida.

Como todos sabem, os exploradores voltaram com relatórios conflitantes. Dois dos homens, Caleb e Josué, elogiaram Canaã como "Uma terra onde corre leite e mel". Os outros dez disseram que era um território cheio de cidades fortificadas, habitadas por ferozes guerreiros, homens tão gigantescos que, em comparação com eles, "aos nossos próprios olhos parecíamos gafanhotos, e assim também parecíamos aos olhos deles".

O mais interessante não é tanto o que os exploradores viram, nem como eles descreveram aquilo que viram, mas sim como eles viram a si mesmos diante do desafio de conquistar a Terra Prometida. Quase todos eles se enxergaram como insignificantes gafanhotos. Que imagem depreciativa! Que autorretrato distorcido! Que falta de autoestima!

É triste quando alguém é convencido, quando se acha superior ao que é. Mas é ainda mais triste quando a pessoa se acha inferior ao que é, quando ela tem seu amor-próprio tão abalado a ponto de se julgar incapacitada para enfrentar qualquer desafio. Ser visto como um gafanhoto é ruim, mas ver-se a si próprio como gafanhoto é ainda pior!

O que diferenciou Josué e Caleb dos demais exploradores foi a fé que eles tinham em seu próprio potencial. Enquanto Josué e Caleb disseram: "Vamos subir já e tomar posse da terra", os outros dez disseram: "Não adianta, não conseguiremos".

A diferença entre os dois grupos não era uma questão de aptidão física, mas de força espiritual. É claro que Josué e Caleb também tinham seus temores, eles também estavam cientes das dificuldades que os aguardavam. Mas, ao contrário dos outros, eles acreditaram em sua capacidade de vencer os obstáculos.

Meus amigos: somente com autoconfiança se consegue sobreviver – com determinação e entusiasmo, com a coragem de dizer: "Vamos nos levantar e enfrentar os desafios do amanhã".

A crise moral no Brasil

Prédica, 28 de setembro de 1992

O que posso dizer à minha congregação nestes tempos difíceis em que estamos vivendo? Que mensagem posso transmitir quando o Ano-Novo se inicia em meio à maior crise que já se abateu sobre o nosso país? Uma crise que não é só política e econômica, mas também moral e existencial. Estarrecidos, indignados, perplexos e decepcionados, assistimos à sucessão de escândalos que vêm à tona diariamente. O país onde muitos de nós nasceram, onde outros de nós foram acolhidos de braços abertos, está hoje enlameado, enlodaçado, atolado num mar de corrupção. Na verdade, já sabíamos faz tempo dessa realidade triste; mas, na hora em que é colocado o dedo na ferida, a dor é grande.

O desânimo, a descrença, a desilusão e a desesperança são o pior legado de um governo ao povo. Apesar de os jovens estarem cantando "Alegria, alegria" nas ruas, há uma profunda tristeza em seu olhar. Nunca houve na sociedade brasileira um negativismo tão grande quanto hoje. As dificuldades extrapolaram os contornos financeiros e abalaram a estabilidade psíquica das pessoas. Vítimas do empobrecimento, os brasileiros são reféns agora do nervosismo, da tensão e do medo. A ausência de perspectivas de melhora a curto, médio e longo prazo gera um sentimento de frustração. Velhos sonhos são arquivados, planos são abortados, os relacionamentos interpessoais são sacrificados. A solidariedade agoniza, cresce o individualismo, prevalece o "cada um por si". Vale tudo na luta pela sobrevivência.

Uma pesquisa realizada recentemente por uma agência de publicidade em sete capitais do Brasil aponta a falta de credibilidade no governo e nas instituições como o sentimento mais generalizado entre a população. Há uma total ausência de modelos, heróis, porta-vozes e guias no país. O brasileiro nunca se sentiu tão desamparado. Não tendo mais em quê ou em quem se apegar, as pessoas buscam no esoterismo, nos duendes e anjos as forças para sobreviver.

O que há de pior nessa crise, a meu ver, é que, no país da corrupção, ninguém sabe mais se vale a pena ser honesto. Os brasileiros que montaram a vida sobre o tripé trabalho, honestidade e moralidade sentem-se passados para trás por aqueles que optaram pela malandragem, esperteza e imoralidade. Muitas pessoas me procuram questionando os valores morais que aprenderam na infância. Fica difícil ensinar aos filhos que é preciso ser honesto, quando as notícias mostram a eles que vence na vida quem é desonesto. "Se todo mundo rouba, por que também não devo roubar?", perguntam-se alguns. A corrupção nas altas esferas do poder é tamanha a ponto de pensarmos que pequenos desvios de comportamento são perdoáveis. Faz com que o brasileiro passe a aceitar e até achar normal a pequena infração. A corrupção é contagiosa e se propaga facilmente.

A Torá (Reis II, capítulo 5) conta a história de Naamã, um general do exército sírio, a quem descreve como "gibor chayil metzora", "um homem valente, mas leproso". Que contraste chocante, "valente, mas leproso"! É o retrato perfeito de um chefe de Estado eleito por 35 milhões de pessoas que se empolgaram com sua promessa de caçar os "marajás", pôr fim à corrupção, punir os culpados, restaurar a moralidade pública – e acabou se contaminando das doenças que prometeu combater. Gibor chayil metzorá, "valente, mas leproso": valente na oratória, mas leproso na conduta; fisicamente forte, mas fraco de caráter; progressista em doutrina, mas eticamente retrógrado; gigantesco nos planos, mas moralmente um pigmeu. Quando uma pessoa comum comete um erro, ela simplesmente comete um erro. Quando um líder erra, ele desencaminha outros. Nesse contexto, talvez nós, judeus, estejamos nos sentindo ainda mais frustrados do que a maioria. Sob a perspectiva judaica, a atribuição máxima de um líder é ensinar. O maior líder do nosso povo, Moisés, exerceu muitas funções. Ele pleiteou a causa dos israelitas perante o faraó – e, no entanto, nós não o chamamos de "Moisés, o porta-voz". Ele conduziu os israelitas durante sua longa jornada através do deserto – e, no entanto, nós não o chamamos de "Moisés, o guia". Ele planejou todas as operações de combate contra os inimigos – e, no entanto, nós não o chamamos de "Moisés, o general". Ele administrou toda a vida da comunidade durante mais de quarenta anos – e, no entanto, nós não o chamamos de "Moisés, o secretário-geral". Nós o chamamos de Moshe Rabeinu, "Moisés, nosso mestre", porque sua liderança se expressou, acima de tudo, nos ensinamentos que ele nos transmitiu.

Interessante: o termo hebraico Elohim, atribuído a Deus, é também usado para uma autoridade humana, um representante do poder público. Quem é designado líder compartilha com Deus, por assim dizer, o título Elohim. E, se ele se revela indigno do cargo que lhe foi confiado, ele está profanando o Nome Divino.

O que faz um judeu quando outros profanam o Nome de Deus? A única coisa que lhe cabe fazer: santificar o Nome de Deus e, assim fazendo, contribuir – ainda que modestamente – para a cura da praga moral que assola o país.

É ilusão pensar que o desenlace da crise brasileira diz respeito apenas aos políticos. Somos todos responsáveis pela construção de uma sociedade moralmente limpa. Está em cada um de nós o futuro da nação.

É ilusão também pensar que a ética, a moral, a honra, a retidão, a justiça e o triunfo da verdade são conceitos vãos, coisas de poetas e sonhadores e rabinos. Não se constrói um país sem que esses conceitos sirvam de base e orientação. O respeito aos valores éticos é a pedra angular de uma sociedade democrática. É impossível almejar um futuro digno para os nossos filhos que não seja fundamentado na decência.

Mesmo que ao nosso redor os mais fracos enveredem pelo triste caminho do mau exemplo que vem de cima, sejamos fortes e permaneçamos fiéis aos nossos ideais. Se queremos não ter vergonha de ser brasileiros e poder andar de cabeça erguida perante o mundo, não sepultemos nossos princípios, não esqueçamos as verdades da Torá. Se aqueles que estão no poder não têm condições de ser nossos mestres, busquemos orientação nos ensinamentos da nossa tradição.

Está nas ruas, a todo vapor, um movimento pela ética na política. Por que só na política? O processo de purificação moral começa em casa. A moralidade é o que precisamos ensinar aos nossos filhos, não importa quão grande for a imoralidade ao nosso redor. Permanecermos honestos num ambiente desonesto: esta é nossa maior missão, como judeus, neste ano que se inicia.

Conta-se uma história sobre o sábio talmúdico rabino Shimon Ben Shetach, que certo dia incumbiu seus discípulos de comprarem para ele um camelo que pertencia a um árabe. Quando voltaram trazendo o animal, os discípulos anunciaram orgulhosamente que haviam encontrado uma pedra preciosa na coleira do camelo. O rabino Shimon perguntou: "O árabe sabia da existência desta pedra?" "Não, mestre", responderam os discípulos. O rabino Shimon ficou furioso: "Vocês me acham capaz de tal barbaridade? Esta pedra preciosa não me pertence! Devolvam-na imediatamente ao árabe!" Quando os discípulos entregaram a pedra ao árabe e lhe contaram o que havia acontecido, ele exclamou: "Bendito seja o Deus do rabino Shimon Ben Shetach. Bendito seja o Deus de Israel!"

Esse é o objetivo supremo de todo e qualquer judeu: viver segundo os mais altos padrões do judaísmo, agir de forma tão exemplar que quem o conhecer sinta-se impelido a proclamar: "Bendito seja o Deus de Israel!" O judeu que é escrupuloso em sua própria conduta, que se preocupa com o bem-estar dos seus semelhantes e que é correto nos negócios, fazendo com que outros o elogiem e queiram seguir seu exemplo, tal judeu cumpre a mitzvá de Kidush Ha'Shem. Ele santifica o Nome de Deus.

No cerne da doutrina judaica está o conceito de que o homem é criado à imagem de Deus. O que significa "ser criado à imagem de Deus"? Significa que, dentro das nossas limitações humanas, temos a obrigação de imitar a conduta divina. Nas palavras da Torá: "Ma Adonai Elohecha shoel meimcha? Ki im leyiraá et Adonai Elohecha, lalechet bechol derachav", "O que o Senhor teu Deus exige de ti? Que O respeites e andes nos caminhos d'Ele".

Esta é minha mensagem a vocês, meus amigos, no primeiro dia de 5753: não se deixem desanimar só porque o atual momento é de turbulência. Não cometam a tolice de decretar a morte das estrelas tão somente porque o céu está encoberto. Sigam os caminhos de Deus. E se o fizerem com sinceridade e dignidade, com a convicção de que é isso que a Torá exige de nós nesta hora e neste lugar, então vocês serão abençoados, sim, com uma Shaná Tová – um ano de paz, paz de espírito, tranquilidade de consciência e enriquecimento interior.

Amém.

A busca – caminhos que levam a Deus

Prédica, 2 de outubro de 1992

Cada religião tem seu próprio conceito de Deus. E cada indivíduo tem a sua maneira de relacionar-se com Deus. Mas, independentemente da abordagem pessoal, pode-se dizer que são quatro os caminhos para se chegar a Deus.

O primeiro é através do cosmos, do universo. Nas palavras do hino "Adon Olam", Deus é o "Soberano do universo", o Criador de tudo e de todos. Não é preciso ter uma alma poética para reconhecer a marca de Deus num céu cheio de estrelas. A imensidão e a grandiosidade da obra divina ultrapassam os limites da imaginação humana. Alguns dos maiores cientistas do mundo, de várias religiões, admitem que a coesão, o movimento, a ordem do cosmos não podem ser atribuídos a uma série de acasos, e que existe por trás da criação uma Força Superior, cientificamente inexplicável. Todos nós podemos chegar a Deus pelo caminho universal, cósmico.

Um segundo caminho, paralelo ao primeiro, é o da anatomia humana. Estive na maternidade do Hospital Albert Einstein alguns dias antes de Pessach e segurei no colo um bebê recém-nascido. Meus amigos, eu lhes digo: é um prodígio da criação. Cada dedo – dez dedinhos, Baruch Hashem –, cada unha, tão pequena e tão perfeita... os bracinhos, as perninhas, os pezinhos, os olhos, o nariz, a boca, as orelhinhas... eu lhes digo, é algo milagroso. A gente só pode se sentir humilde diante de um bebê recém-nascido. Porque esse bebê, esse milagre, é uma prova da existência de Deus.

O terceiro caminho para se chegar a Deus é o caminho da história – no nosso caso, o caminho da história judaica. Coisas extraordinárias aconteceram na vida do nosso povo desde os seus primórdios, na época de Abraão, e continuam acontecendo diante dos nossos olhos. Capítulo após capítulo foi acrescentado à história do povo judeu durante esses 4.000 anos, e a palavra "fim" jamais apareceu em nossa saga milenar. Andem hoje pelas ruas de Jerusalém, as mesmas por onde andaram os antigos profetas, e vocês certamente encontrarão Deus.

E há um quarto meio de se chegar a Deus: através da vivência pessoal. Às vezes, é num momento de alegria e gratidão, quando se sente que somente Deus pode nos proporcionar algo de tão bom. Outras vezes, é numa hora de dor e sofrimento, quando Deus aparece sob a forma de consolo e força.

Meus amigos: existe um Deus no mundo. E são muitos os caminhos que levam a Ele. Basta abrir os olhos, abrir o coração, abrir a alma.

Que nossa busca nos torne melhores judeus e melhores seres humanos.

Sobras

Prédica, 17 de setembro de 1993

O dia depois de um feriado é quase sempre um dia triste. Após o clímax da comemoração vem inevitavelmente o anticlímax da manhã seguinte. Os pontos altos em nossa vida costumam deixar depois um vazio em nosso coração.

É como se fosse um estádio de futebol quando o jogo já terminou e a multidão já saiu. Ou, então, quando acaba uma festa de aniversário em casa e todos os convidados vão embora, e o chão fica cheio de pedaços de fita e papel rasgado.

O mesmo pode ser observado em nossas sinagogas no Shabat Shuvá, o Shabat depois de Rosh Hashaná. Aquilo que é uma grande congregação parece esta noite tão pequena em comparação ao que havia anteontem e ontem.

Acho que eu acertaria se apostasse que esta noite, para o jantar, a maioria de vocês vai comer sobras de frango. Podem rir, mas a frase "sobras de frango" tem uma mensagem séria. É o dia depois do feriado que ensina uma lição para cada um e todos nós. Porque, de certa forma, saber viver é saber enfrentar o dia seguinte.

Ao longo da nossa vida, as alegrias são seguidas de tristezas, os triunfos são seguidos de fracassos. Para cada frango que comemos, existem "sobras de frango" no dia seguinte.

Agora, a verdadeira prova de uma boa dona de casa não é o que ela serve em Rosh Hashaná, mas o que ela faz com os restos em Shabat Shuvá. Não é nenhuma arte agradar à família com um lindo frango assado, ou um peru, ou um rosbife no dia do feriado, e depois simplesmente jogar fora o que sobrou. A verdadeira arte consiste em aproveitar as "sobras de ontem" e criar com elas um prato apetitoso, atraente e saboroso.

E assim também com todos nós. Não é preciso ter grande sabedoria para sair-se bem nos bons momentos. Mas a "prova da vida" é como enfrentamos os momentos ruins, o que conseguimos fazer com aquilo que sobrou.

Quando gozamos de boa saúde, é fácil estar alegre, bem-disposto e animado. Mas o que acontece quando a saúde se vai, e somos obrigados a conviver com a doença? Quando os negócios vão bem e o dinheiro está entrando, é fácil estar de bom humor, não é? Mas quando ocorre uma reviravolta, quando as contas vão chegando e o dinheiro vai saindo, e então? Quando o céu está azul e o sol está brilhando, não é difícil sorrir e estar feliz; mas quando escurece de repente e cai uma tempestade, quando só nos restam "as sobras de ontem"... e então, e então?

Podem crer, meus amigos, mais cedo ou mais tarde, cada um de nós tem que se arranjar com os restos. E o que atesta a qualidade de um indivíduo, de um povo, de uma nação é justamente a forma como utilizam esses restos.

Vejam a história judaica. Sob muitos aspectos, nós, judeus, fomos "as sobras dos banquetes do mundo". Nossa carne foi arrancada, nossos ossos quebrados... e, no entanto, todas as vezes nós apanhamos os destroços e construímos de novo.

Outras nações sucumbiram, outras nações pereceram. Mas o povo judeu sobreviveu.

Vejam "a terra de Israel". Todo um país "de sobras", criado pelas sobras de um povo. A própria terra era desgastada. Os vales onde, outrora, corriam leite e mel eram pântanos em 1948. E o povo: imigrantes subnutridos, os pobres remanescentes dos campos de concentração nazistas, esses foram os restos de um povo que pegaram os restos de uma terra e começaram a construir. Nas colinas áridas, plantaram árvores. Nos vales desertos, abriram canais de irrigação. E logo surgiram hospitais, fábricas, universidades e um moderno Estado democrático. Tudo feito apenas com "sobras".

Nossos atos estão sendo registrados

Prédica, 25 de novembro de 1994

José, o filho caçula e predileto de Jacó, era amargamente invejado por seus irmãos. A rivalidade chegou a tal ponto que, certo dia, ao verem-no de longe, com seu ar de sonhador e seu jeito um tanto arrogante, tramaram matá-lo. Leremos o relato no próximo Shabat, em Parashá Vayeshev.

Ruben, o irmão mais velho, quis poupar a vida de José, mas não teve coragem de dizê-lo abertamente aos outros. Aconselhou então que não o matassem a sangue-frio, mas sim o jogassem num poço. O que Ruben pretendia era retornar ao local mais tarde – depois que os outros tivessem ido embora –, a fim de resgatar José e levá-lo de volta para casa. Sabemos qual foi o fim da história: quando Ruben voltou ao poço, descobriu horrorizado que José não estava mais lá.

Nossos sábios fazem um comentário interessante sobre esse episódio: "Se Ruben soubesse que a Torá estava registrando todos os seus atos, ele teria pegado José no colo, na frente dos outros irmãos, e o teria carregado para casa". Ele não teria recorrido a subterfúgios ou artifícios. Ele teria enfrentado seus irmãos: "Sejam homens, sejam humanos. Afinal, José é apenas uma criança mimada. Onde já se viu querer matar seu próprio irmão? Mesmo que vocês não gostem dele, pensem no papai. Eu vou levar José para casa agora mesmo e que ninguém ouse tentar me impedir!"

Pois é, Ruben, isso é o que você provavelmente teria dito. Esse é o discurso que você teria feito se soubesse que seus atos estavam sendo registrados para a posteridade. Você teria agido com mais firmeza, com mais hombridade e coragem. Ah, se você soubesse...

Vamos sair agora do mundo da Bíblia e do Midrash, e vamos entrar no mundo real em que vivemos.

O que aconteceria se sentíssemos que alguém estava ao nosso lado, escrevendo nossa biografia, registrando todo e qualquer ato que praticamos em nosso local de trabalho, em nosso lar, em nossos locais de lazer? O que aconteceria se soubéssemos que alguém estava anotando e iria divulgar tudo a nosso respeito:

como nos relacionamos com nossos subordinados, quão leais somos aos nossos colegas, quão fiéis somos à verdade, como respondemos aos apelos de caridade, quanta importância damos à justiça?

Como será que nos comportaríamos se percebêssemos de repente que a cortina de sigilo e privacidade foi arrancada e estamos sob a luz dos holofotes, com milhares de olhos voltados para nós?

Mas, pensando bem, não é isso que acontece? Não é verdade que tudo aquilo que fazemos ou deixamos de fazer é, de fato, escrito indelevelmente no registro humano e torna-se uma parte vital do nosso livro de vida e do livro de vida de outras pessoas? Dos nossos filhos, por exemplo? E não é só no livro dos filhos que estão registrados nossos atos. Muitas vezes deixamos traços permanentes nos livros de pessoas que conhecemos apenas superficialmente, ou até mesmo de estranhos.

Os heroicos macabeus, que lutaram pelo direito de permanecer fiéis à sua herança religiosa, será que eles imaginavam que, 2.169 anos mais tarde, ainda haveria judeus pelo mundo afora acendendo velas durante oito noites do ano, em comemoração ao que eles, macabeus, fizeram?

Trata-se, portanto, de uma verdade básica da experiência humana. Quer gostemos ou não, estamos sendo inscritos em muitos livros de vida. Nas biografias de entes queridos, no registro de pessoas chegadas ou não, nas crônicas da comunidade, nos anais do judaísmo – estamos diariamente acrescentando linhas duradouras.

Vamos escrever com muito cuidado. Porque uma edição do livro de vida jamais se esgota.

A disposição de escutar

Prédica, 20 de janeiro de 1995

A maioria das leituras semanais da Torá tem como nome a primeira palavra do trecho. A parashá desta semana, Yitro, é uma das exceções.

Trata-se de um dos mais importantes e imponentes trechos de toda a Torá. É nessa leitura que Deus enuncia os Dez Mandamentos.

Seria certamente apropriado atribuir a essa parashá o nome Vayishmá, a palavra inicial. "Vayishmá" significa "E ele ouviu". A disposição de escutar é a chave da nossa aliança com Deus. Para seguir os Seus preceitos, temos primeiro que ouvir o que Ele diz, entender o que Ele espera de nós. A afirmação da nossa fé se encontra no Shemá, o versículo bíblico recitado diariamente em nossos serviços religiosos: "Escuta, ó Israel, O Eterno é nosso Deus, o Eterno é Único".

Por que, então, os rabinos descartaram a denominação Vayishmá e preferiram dar à leitura o nome de Yitro, um sacerdote midianita que era o sogro de Moisés? Como se explica tamanha homenagem a alguém que originalmente nem pertencia ao povo israelita?

É verdade que os rabinos tecem grandes elogios a Yitro, por ter aceitado espontaneamente o Deus de Israel, depois de testemunhar Seus feitos milagrosos em prol dos israelitas. É verdade também que Yitro era um homem de grandes qualidades. Foi ele quem ensinou a Moisés que era necessário delegar autoridade e designar juízes para cuidar das questões legais de menor importância. Mesmo assim, é difícil justificar a atribuição do nome de Yitro à passagem bíblica que contém a Revelação no monte Sinai.

Mas existe, sim, uma explicação. O nome "Yitro" significa "algo a mais". Fruto de uma formação diferente, Yitro acrescentou algo ao povo de Israel. Ele trouxe contribuições valiosas, provenientes de outra perspectiva, de outra abordagem, de outra origem.

Igualmente significativo é que Moisés mostrou-se aberto às críticas do seu sogro. Ele se dispôs a escutar os conselhos de alguém que há pouco era de fora.

Talvez seja esse o ensinamento mais profundo para captarmos enquanto lemos o relato da Revelação neste Shabat: trilhar os caminhos da Torá com a mente aberta, olhando para os lados, ouvindo o que têm a dizer os que são diferentes de nós, e acolhendo de braços abertos aqueles que, com sinceridade e entusiasmo, se tornam judeus por opção.

Shabat Shalom.

Tolerância

Palestra para a Assembleia Geral da Conferência Nacional dos Bispos do Brasil, 13 de maio de 1995

Faço parte de um povo que provou durante séculos o sabor amargo da intolerância religiosa. A fumaça das chaminés de Auschwitz continua a poluir o ar da nossa sociedade contemporânea, na qual tantos são perseguidos por serem "diferentes".

Julgar um ser humano em termos do seu credo religioso, das suas convicções ideológicas, da cor de sua pele é mais do que um erro. É uma cegueira do espírito, é um câncer da alma, é um pecado contra Deus, que criou as pessoas cada uma diferente da outra, mas todas iguais em valor.

A história já nos deu provas suficientes de que o preconceito religioso e o triunfalismo ideológico são as maiores barreiras ao progresso humano. O erro mais trágico desde o início da civilização tem sido o conceito de que as ideias são mutuamente exclusivas. Enquanto cada credo pretender o monopólio da verdade, enquanto perdurar essa estreiteza de visão, a religião, em vez de irmanar os homens, despertará o ódio entre os povos.

A intolerância sempre age em nome de algum grande ideal. É por isso que às vezes se torna difícil diferenciá-la do autêntico idealismo. À primeira vista, idealistas e intolerantes têm muito em comum: a devoção a uma causa "sagrada", a crença inabalável na justiça dessa causa, a disposição de fazer qualquer sacrifício por ela. Quando, porém, o idealista se permite usar quaisquer meios para atingir seu objetivo, por mais violentos e imorais que sejam, seu idealismo descamba em intolerância.

Na verdade, o que se faz necessário não é tolerância. Tolerância implica condescendência em relação ao mais fraco. Faz-se necessário, isso sim, um espírito de reverência pela diversidade, reverência pelas crenças e costumes dos outros. É somente essa reverência, esse profundo respeito pelos seres humanos de todas as raças, credos e nacionalidades, que pode evitar a repetição dos trágicos erros do passado.

Permaneçamos, todos nós, enraizados em nossas respectivas tradições. Não violemos jamais aquilo que é sagrado para cada um de nós. Mas, ao mesmo tempo, reconheçamos a santidade do credo e das tradições alheias. E caminhemos juntos em direção à paz.

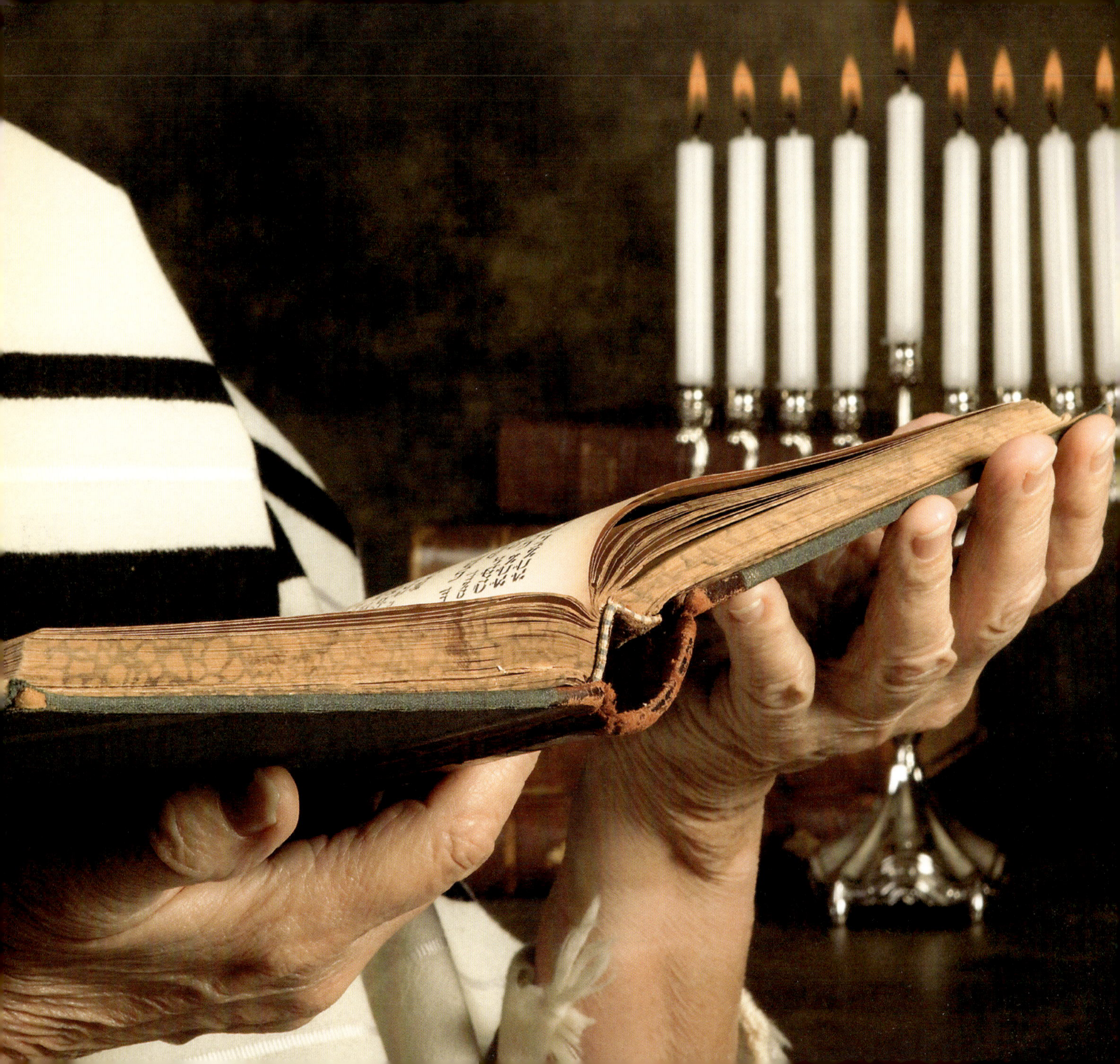

É fácil criticar

Prédica, 31 de outubro de 1997

Quem já esteve na vida pública sabe que ela traz consigo uma realidade inalterável. Basicamente, a regra é que raras vezes conseguimos agradar à maioria das pessoas; na maioria das vezes, conseguimos agradar a apenas alguns. E se alguém pensa que pode agradar sempre a todo mundo é porque está se enganando, ou precisa desesperadamente de tratamento psiquiátrico, ou ambas as coisas.

Não importa qual seja a atividade, as condenações – válidas ou não – são um tormento constante. Embora a crítica possa ser construtiva, nem sempre o é. E, quando somos atacados por todos os lados, a sensação é que estamos sozinhos no meio da multidão. Nessas horas, é preciso pôr os críticos em sua devida perspectiva.

Algum tempo atrás, li uma pequena notícia no caderno de esportes da *Folha de S.Paulo* que ilustra perfeitamente o que quero dizer. O artigo falava sobre um juiz de futebol que, durante o primeiro tempo de um jogo, tinha sido violentamente criticado pelo público. Cada vez que assinalava uma falta contra o time local, a torcida vaiava, gritava palavrões e atirava nele restos de sanduíches e latas de cerveja vazias.

No final do intervalo, o juiz não voltou ao campo. Começaram a procurá-lo no estádio inteiro, até que o encontraram sentado na arquibancada. Os torcedores o cercaram, gritando: "Como é, você não vai apitar o segundo tempo?"

"Claro que vou", ele respondeu. "Mas, pelo visto, vocês enxergam melhor daqui de cima do que eu lá embaixo, perto dos jogadores. Então resolvi apitar o resto da partida aqui mesmo da arquibancada."

Meus amigos: a história se aplica a inúmeras situações da vida. É muito fácil para os que estão por fora dos acontecimentos e desconhecem os fatos criticar aqueles que tomam as decisões. Portanto, quando vocês estiverem sendo atacados, lembrem-se de que o que parece uma bola na trave quando visto de longe pode ser, na verdade, um gol. E para cada boa jogada que fazemos sempre existe um entendido achando que poderíamos ter feito melhor.

São os ossos do ofício…

Os amores do presidente

Jornal Semana judaica, *22 de março de 1998*

Depois de dois meses, resolvi finalmente me manifestar sobre a vida particular do presidente dos Estados Unidos. Se não o fiz antes, é porque o assunto é um tanto constrangedor. Mas, já que o caso continua atraindo a atenção da mídia e não há nenhum sinal de que saia das manchetes no futuro próximo, sinto que devo dizer algo a respeito. Na verdade, quem me deu o "empurrão" decisivo foi meu colega rabino Alejandro Lilienthal. Ele me mandou um artigo que escreveu para um jornal no Texas, onde reside, e alguns dos seus argumentos foram tão convincentes que achei oportuno compartilhá-los com os leitores da *Semana Judaica*, juntamente com minhas próprias ideias. O fato é que a violação do sétimo mandamento por uma alta autoridade pública (se for comprovado que Bill Clinton realmente cometeu adultério) merece pelo menos um comentário.

Com base em que critérios devemos julgar o presidente dos Estados Unidos? Será que temos o direito de julgá-lo? Por um lado, acho que a vida sexual do sr. Clinton não é da conta de ninguém. De acordo com as pesquisas de opinião pública que vêm sendo realizadas nos Estados Unidos desde que estourou o escândalo, a maioria da população norte-americana considera Bill Clinton um ótimo presidente e acredita que seu comportamento privado é bem menos importante do que sua atuação política. Por outro lado, ocupando o cargo que ocupa, o presidente Clinton assume naturalmente o papel de modelo. Nesse contexto, ele não pode se dar ao luxo de transmitir à nação a ideia de que a infidelidade e a desonestidade são normais e aceitáveis. E, embora a última palavra venha a ser dada pelo povo norte-americano e não por nós, judeus brasileiros, creio que é interessante analisar a questão sob uma perspectiva judaica.

A Torá é nossa fonte de moralidade. No Livro do Deuteronômio, Moisés faz uma advertência ao povo de Israel com relação ao comportamento que deverá ser exigido do futuro rei: "Velo yarbé lo nashim, velo yassur levavô", "Ele não deverá ter um grande número de mulheres, para que seu coração não se desvie de Deus".

Vale a pena ter em mente essas palavras quando lemos posteriormente sobre a vida daqueles que se tornaram líderes de Israel. O rei Davi, tão amado por todos e tão honrado (é dele que descenderia o Messias, de acordo com a tradição judaica), estava longe de ser um paradigma de moralidade. A Torá nos conta que, na época em que era casado com Michal, "uma tarde, Davi levantou-se da cama depois da sesta e foi passear no terraço de seu palácio. Do alto do terraço avistou uma mulher que se banhava, e que era muito formosa. Perguntou aos seus auxiliares quem ela era e lhe disseram que era Batsheva, filha de Eliam, esposa de Uriah, o hitita. Então Davi mandou seus mensageiros buscarem a moça. Ela veio e Davi…"

Bem, fico sem jeito de contar o resto, mas não é difícil deduzir o que aconteceu entre os dois. Quem quiser pode ler a história inteira, tim-tim por tim-tim, no Segundo Livro de Samuel, capítulo 11. E Davi não parou por aí. Mandou um dos seus comandantes escalar o marido de Batsheva para o posto mais arriscado no campo de batalha, na esperança de que ele morresse. Ele morreu. Davi se casou com Batsheva.

É verdade que o comportamento do rei Davi desagradou a Deus e ele foi duramente castigado. O filho que ele tinha tido com Batsheva adoeceu gravemente e acabou morrendo. Mas Davi não foi afastado do poder. Ele continuou no palácio, continuou sendo rei de Israel. Pelo visto, os antigos soberanos eram julgados com menos severidade do que o restante da população.

Por mais que isso nos incomode, a verdade é que, até hoje, a moralidade não constitui um requisito para a função de rei ou presidente ou ministro. Benjamin Netanyahu, quando era candidato a primeiro-ministro, admitiu publicamente, pela televisão, que tinha cometido adultério. Mesmo assim, foi eleito. E adivinhem quem deu a ele o maior apoio em sua campanha eleitoral? Os ultraortodoxos, que tanto defendem a rigorosa observância dos mandamentos bíblicos!

É claro que pular a cerca não é monopólio dos governantes de Israel. Roosevelt o fazia, Mitterrand o fazia (lembram-se da cena no enterro dele, com as duas mulheres lado a lado?)

Será que o fato de muitos líderes políticos traírem suas esposas torna o adultério correto? Claro que não! Mas tampouco é correto invadir a privacidade de um ser humano, seja ele quem for. O presidente Clinton foi eleito para conduzir a nação mais poderosa do mundo e, indiretamente, o destino de muitas outras nações. É bom deixá-lo em paz, para que ele possa fazer seu trabalho bem-feito.

Cinquenta anos de Israel: uma vitória para o sionismo

Jornal Semana judaica, *26 de abril de 1998*

Sionismo é amor a Sion. É o movimento de libertação do povo judeu, o anseio por um lar nacional, a busca de autonomia política.

Quando os judeus, exilados de sua terra no século VII antes da Era Comum, sentavam-se às margens dos rios e choravam, mas também rezavam e buscavam meios de retornar a Sion – isso era sionismo.

Quando os judeus foram o último povo em toda a bacia do Mediterrâneo a resistir às forças do Império Romano e lutar pela independência – isso era sionismo.

Quando, desarraigados de sua terra pelos conquistadores e dispersos pelo mundo afora, os judeus continuaram a sonhar e fazer planos de voltar para Israel – isso era sionismo.

Quando, de livre e espontânea vontade, judeus da Palestina e de todo o mundo se alistaram na Legião Judaica, criada para combater ao lado dos Aliados na Primeira Guerra Mundial e ajudar a pôr fim à subjugação turca em Eretz Yisrael – isso era sionismo.

Quando, na Segunda Guerra Mundial, formaram a Brigada Judaica para lutar contra Hitler, enquanto os líderes árabes o apoiavam – isso era sionismo.

Quando se dirigiam às câmaras de gás com o nome "Jerusalém" nos lábios – isso era sionismo.

Quando, em novembro de 1947, os judeus acolheram com júbilo o voto da Assembleia Geral das Nações Unidas em favor da partilha da Palestina e da criação de um Estado judeu – isso era sionismo.

Quando judeus se empenham em concretizar as antigas profecias de Isaías, segundo as quais uma nação não levantará a espada contra outra, e não se adestrarão mais para a guerra, e de Sion irradiará a Lei da Justiça e da Paz – isso é sionismo.

Quando os judeus, ao comemorarem o quinquagésimo aniversário da independência de Israel, reafirmam os ideais nos quais se alicerçou o renascimento da nossa Mediná em 1948 – isso é sionismo.

Quando os judeus declaram, de novo e com convicção cada vez maior, sua lealdade a Israel, Povo e Estado – isso é sionismo.

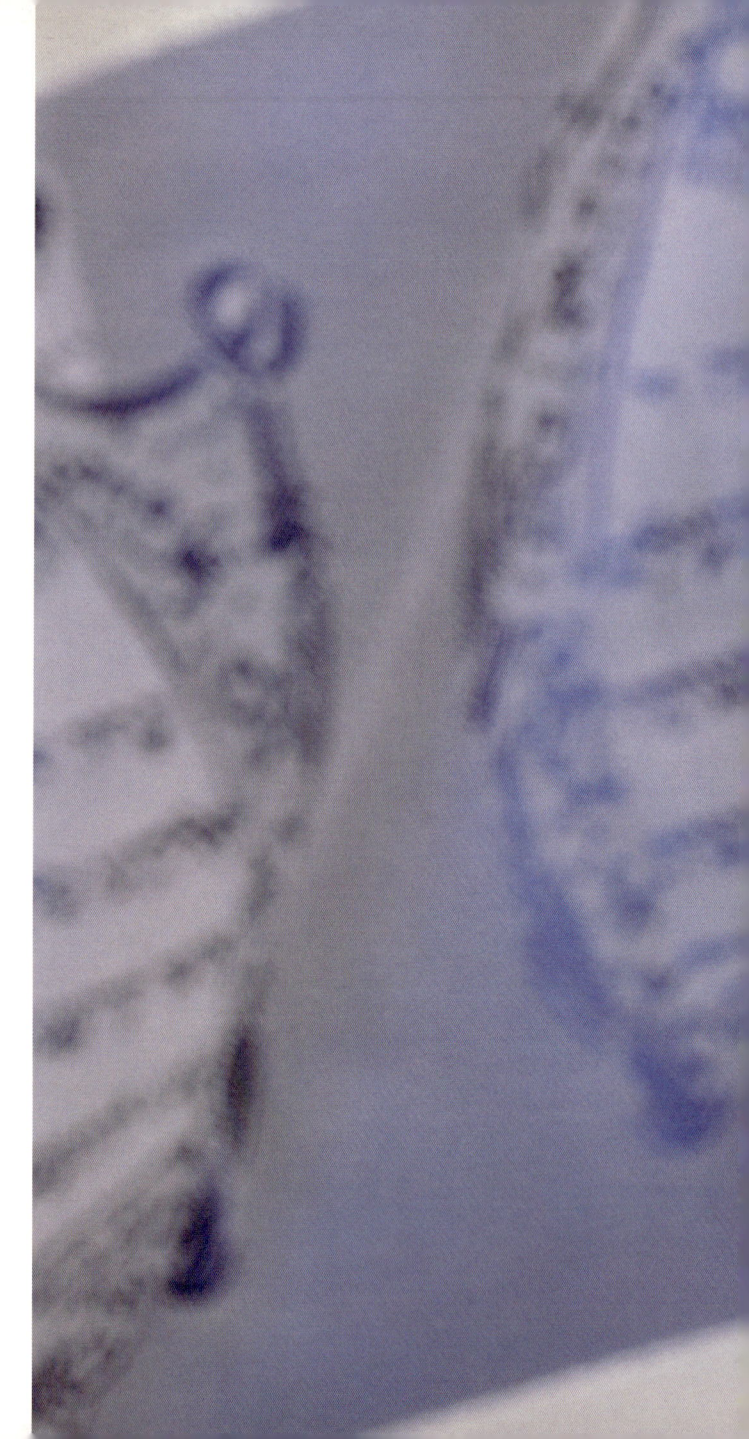

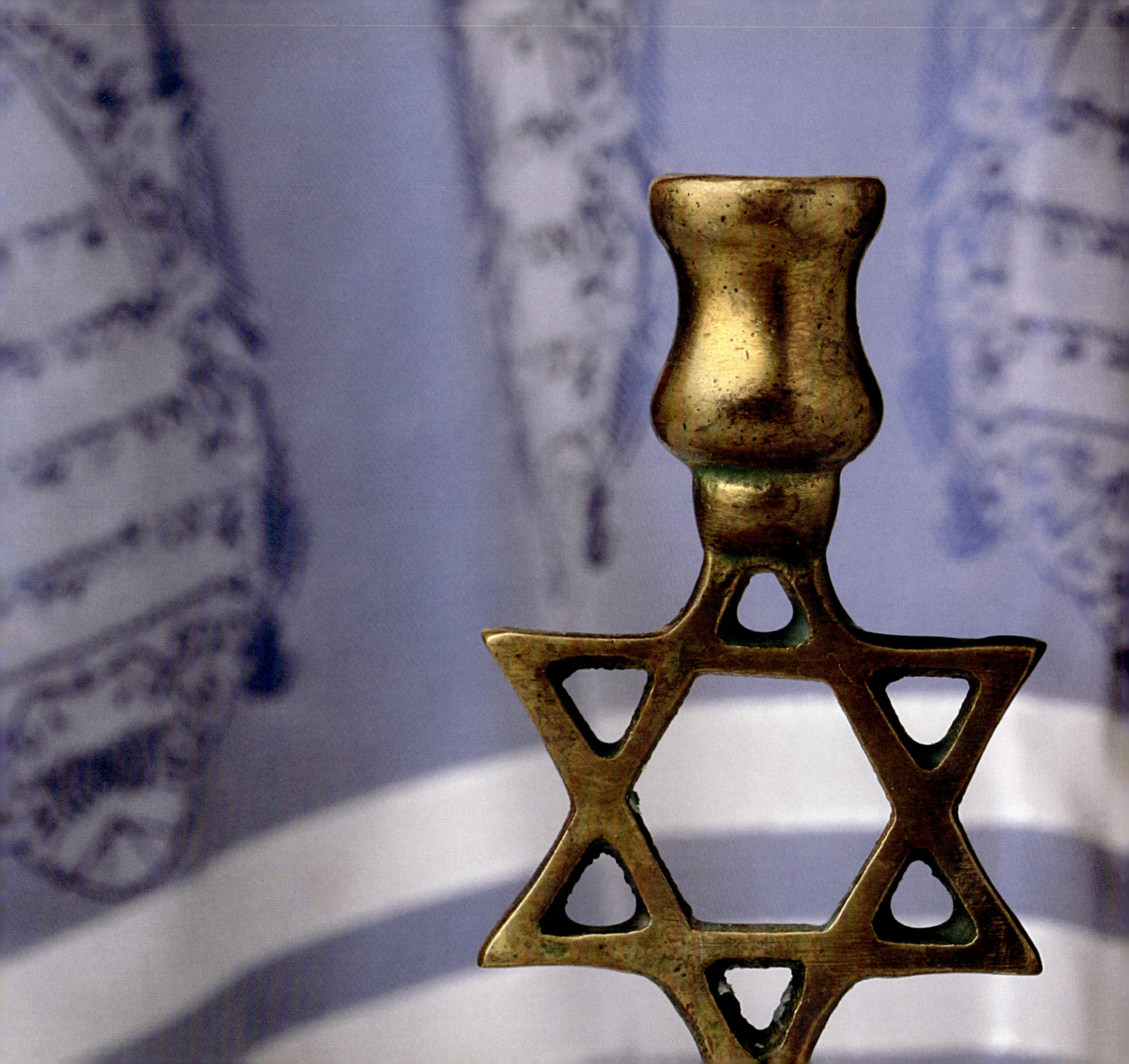

A sabedoria do silêncio

Jornal Resenha judaica, 6 de dezembro de 1998

Há um surto mundial de uma doença que não é nova nem rara. Refiro-me a um vírus que se chama "boato", "rumor" ou, na linguagem popular, "fofoca".

Existem fofocas de toda espécie, desde aquelas mais ou menos inocentes, sobre "o vestido extravagante que fulana usou na festa", ou "o péssimo jantar na recepção do sicrano", até a mais perigosa de todas: a fofoca que consiste em calúnia, em assassinato de caráter, no sórdido, corrupto e revoltante pecado da difamação.

Aos olhos dos nossos rabinos, o pecado da calúnia é um dos piores pecados, sendo equiparado ao assassinato. Na verdade, dizem eles, a calúnia chega a ser ainda pior do que um assassinato, porque a vítima da calúnia continua viva, sofrendo vergonha, desonra e humilhação.

De acordo com os psicólogos, os fofoqueiros são geralmente pessoas que falharam como seres humanos, pessoas frustradas que nunca conseguiram satisfazer seu ego pelas vias normais. Tentam se elevar, então, rebaixando os outros.

Na "Ética dos pais", Pirkei Avot, encontramos uma receita para curar a doença da fofoca: "Julguem todos os homens pela escala do mérito". Em cada ser humano encontra-se o bem e o mal. Por que não dirigir o olhar para o bem e falar do bem, em vez de concentrar a atenção no mal? Quanto mais procurarmos a dignidade potencial nas outras pessoas, menor será nossa tendência de difamá-las.

Conta-se a história de um turista que estava pernoitando numa pequena cidade. Sozinho e buscando companhia, decidiu juntar-se a um grupo de homens sentados numa praça. Mas, para sua grande surpresa, ninguém abriu a boca. Silêncio total! Depois de várias tentativas de iniciar uma conversa, o turista ficou aborrecido e finalmente perguntou: "Existe alguma lei que proíba falar nesta cidade?" Um dos homens do grupo respondeu-lhe: "Não existe lei alguma que nos proíba de falar. Nós combinamos, porém, que ninguém falaria a não ser que pudesse aperfeiçoar o silêncio".

    Esse é o remédio que a ética judaica receita contra a calúnia. Quando falarmos de alguém, ressaltemos primeiro suas qualidades positivas. Sejamos liberais com os elogios. Caso não encontremos nada para elogiar, escolhamos então a sabedoria do silêncio.

Formulando as perguntas certas

Jornal Semana judaica, 28 de março de 1999

Uma das partes mais interessantes do seder são as quatro perguntas, principalmente quando se tenta distribuir as perguntas entre as crianças presentes. Todas se dispõem a fazer o papel do filho sábio. Algumas até se sentem à vontade representando o filho rebelde. Mas ninguém quer ser o filho ignorante ou aquele que não sabe perguntar.

Qual dos quatro filhos representa o maior perigo para o povo judeu? Acho que podemos eliminar o filho sábio, já que este é nosso maior orgulho e nossa maior alegria. Será que a ameaça mais grave provém do filho rebelde? Do ignorante? Ou daquele que não sabe perguntar?

A meu ver, o judeu que nem sabe perguntar é o que mais põe em perigo a continuidade judaica. É verdade que existem judeus rebeldes, rebeldes no sentido de rejeitarem conscientemente a tradição. Talvez tenham sido criados em um lar onde havia conteúdo judaico; talvez tenham recebido uma educação judaica e tenham sido estimulados a participar de movimentos juvenis judaicos. Depois, por algum motivo, viraram as costas ao seu povo e à sua tradição. É um fenômeno que não temos meios de impedir. Às vezes, nem sabemos qual foi a causa. Mas, embora tal revolta e afastamento constituam uma grande perda para nosso povo e causem grande dor à família em questão, não creio que seja esse o perigo mais sério com que nos defrontamos.

Na comunidade judaica brasileira, o que há de mais prejudicial não é a rebeldia contra o judaísmo, mas a apatia daqueles judeus que não chegaram a aprender suficientemente o que significa ser judeu e, por isso, foram aos poucos se distanciando de suas origens. Na verdade, eles não têm o mínimo conhecimento necessário para saber que perguntas formular. Alguns até frequentaram aulas de ensino religioso uma ou duas vezes por semana. Mas o resultado nem sempre correspondeu às nossas expectativas. Por que será?

As aulas de religião poderiam ser mais bem-sucedidas se os pais se esforçassem em nos ajudar. Ensinamos às crianças os rituais do Shabat, mas em casa ninguém as estimula a praticá-los. Ensinamos as canções, mas em casa ninguém as canta. No Departamento de Ensino da CIP, as crianças aprendem uma porção de coisas sobre o seder, mas a família muitas vezes nem faz um seder. Em nossa sinagoga, ensinamos muitas partes dos serviços religiosos, mas quantos pais trazem seus filhos para assistir aos serviços e vivenciar na prática aquilo que aprenderam? A lição de Pessach é que, assim como o seder se realiza em família, é a família que detém a chave do aprendizado judaico. O lar tem o poder de transformar uma criança que não sabe perguntar em uma criança sábia, indagadora, interessada, judaicamente motivada.

Não são apenas as crianças que não sabem perguntar; muitos adultos também não sabem. Há na comunidade uma mentalidade derrotista em relação aos conhecimentos judaicos. Quem não os possui está convencido de que jamais os possuirá. Pergunte a alguém que não faz o seder em casa por que não o faz. A resposta nunca é: "Porque eu não quero um seder". O que dizem geralmente é que seus pais nunca fizeram o seder, portanto eles também não o fazem.

Será essa uma razão válida para privar-se e privar seus filhos de um seder moderno e significativo? Se o problema é não saber como conduzir o seder, basta perguntar. Não é preciso saber ler hebraico; basta saber ler português e saber formular a pergunta: "Rabino, como se conduz um seder?" Muitos de nós, entretanto, somos como a criança que não sabe perguntar.

A mitzvá de Pessach é "Vehigadeta levanecha", "Contarás ao teu filho". Temos que recontar a narrativa do êxodo. Temos que ensinar aos nossos filhos os valores éticos e religiosos do nosso povo. Eles precisam conhecer nossa história – nossas lutas, nossas vitórias, nossas tragédias. Eles precisam saber do milagroso renascimento do Estado de Israel, que ocorreu apenas três anos depois de terem sido desativadas as câmaras de gás de Auschwitz. A mitzvá de Pessach, em outras palavras, é converter aquele sheeino yodea lishol, a criança que não sabe perguntar, em um chacham, um filho sábio que faz inúmeras perguntas, que tem curiosidade em aprender, que cultiva dentro de si o amor e respeito ao seu povo e às suas tradições.

Se nós mesmos não fizermos perguntas, se permanecermos complacentes para com nossa própria falta de conhecimentos, então a lição de Pessach se perderá para nós e para as gerações vindouras. Começamos o seder perguntando "Ma nishtaná", "Por que esta noite é diferente de todas as outras?" Sem essa primeira pergunta, sem a sede de saber, não pode haver um seder, não pode haver futuro.

Chag Sameach, feliz Pessach.

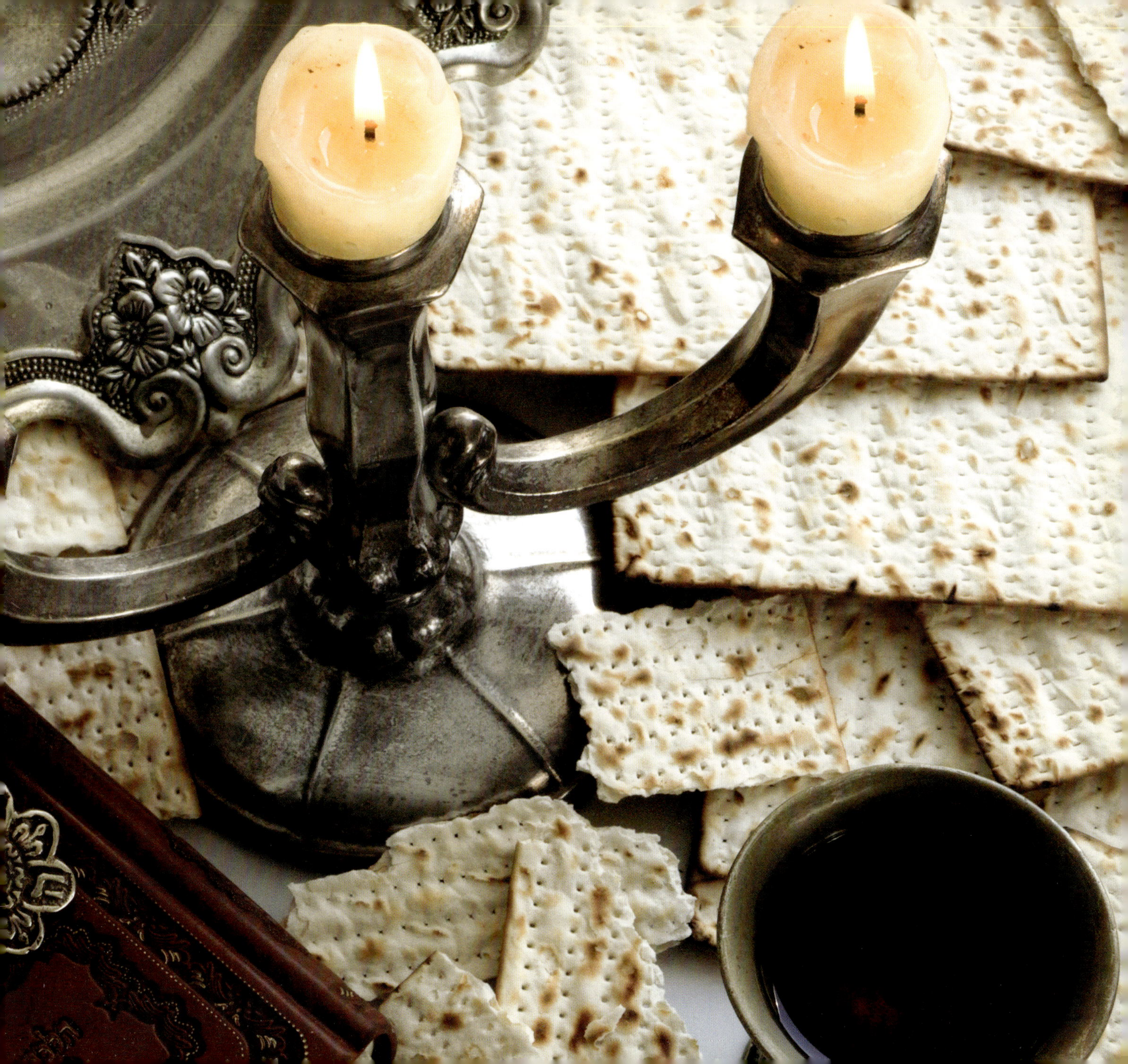

Dia das Mães

Prédica, 7 de maio de 1999

Hoje, segundo domingo de maio, é Dia das Mães. É uma ocasião para expressarmos nossa gratidão a todas as mães, presentes e ausentes, mulheres que cumprem com abnegação e dedicação a sagrada missão de gerar, criar e educar seus filhos.

O quinto mandamento não nos ordena amar mãe e pai, mas sim honrá-los. A tradição judaica nos ensina que o amor não pode ser comandado ou forçado, nem mesmo por Deus. A honra e o respeito, sim. O Dia das Mães é o momento oportuno para rendermos tributo àquela que nos sustentou, física e espiritualmente, e cujo amor por nós não precisou jamais ser ordenado.

Embora frequentemente retratada como uma figura dominadora e superprotetora, a mãe judia traz dentro de si uma infinita capacidade de amar. Não importa o que façamos, aconteça o que acontecer, o amor de uma mãe judia é incondicional. Pode ser que ela o demonstre de forma estranha e às vezes até um pouco irritante; porém, num mundo instável e conturbado, o amor materno é uma fonte de conforto, segurança e estabilidade.

Vocês conhecem a piada sobre as três senhoras judias que estão sentadas na praia, falando dos seus filhos?

"O meu filho", diz a primeira, "me traz aqui todos os anos, me hospeda no melhor hotel e paga todas as contas!"

"Grande coisa", diz a segunda. "O meu filho me comprou um apartamento de cobertura e me leva todos os anos para passear na Europa."

"Pois o meu filho", diz a terceira, "vai quatro vezes por semana ao psicanalista, paga duzentos reais por sessão… e sabem de quem ele fala? De mim!"

Uma piada maldosa, porque nem toda mãe judia deixa seu filho neurótico!

Eu cresci dizendo diariamente: "Bendito sejas Tu, Deus de nossos pais, Abraão, Isaac e Jacó". Nem sei com que idade eu finalmente descobri que as mães eram Sara, Rebeca e Raquel. Ninguém jamais falava sobre elas. O que eu sabia era que Deus tinha prometido aos judeus uma nação e que os patriarcas estavam ocupados construindo aquela nação. Eu não tinha a mínima ideia do que suas mulheres andavam fazendo. Provavelmente, com meus poucos conhecimentos, eu supunha que elas estavam tendo bebês. Porque, se não estavam tendo filhos, o que mais elas poderiam estar fazendo?

Mas agora acho que sei: Sara, Rebeca e Raquel estavam dando à luz o nosso crescimento interior. Enquanto seus maridos se ocupavam com as tarefas concretas da construção de Israel, o trabalho das mulheres era menos óbvio, porém não menos essencial para nossa identidade como povo. As matriarcas desencadearam um processo de crescimento humano que continua até hoje. E elas constituem modelos com os quais ainda temos muito que aprender, todos nós.

Talvez o maior tributo que podemos render às mulheres judias de hoje, no Dia das Mães, é dar a elas o crédito não só por gerarem filhos, mas também por gerarem sentimentos e atitudes, ideias e ideais, valores humanos, judaicos e universais.

Feliz Dia das Mães!

Os fardos que carregamos

Prédica, 28 de maio de 1999

Nossa leitura da Torá ontem, Parashá Nassô, tem muito a nos ensinar sobre os fardos que a vida nos impõe. Ao relatar os deveres dos levitas, encarregados de transportar o mishkan, o tabernáculo, a Torá diz que "por ordem do Senhor, designou-se a cada um a tarefa que deveria cumprir e o fardo que deveria carregar" (Números 4:49).

À primeira vista, esse versículo parece estar nos dizendo que o destino de todos nós é carregar nossos fardos e ponto final. No entanto, o rabino Yitzhak Magriso, autor do famoso estudo bíblico "MeAm Loez", comenta que "as responsabilidades dos levitas não se limitavam ao transporte de objetos pesados. A eles cabia também o privilégio de cantar e tocar instrumentos enquanto os sacrifícios eram oferecidos no altar".

O mesmo acontece conosco. Os fardos que carregamos não constituem a totalidade da nossa existência. Nossa vida está cheia de alegrias, não só de dificuldades. Temos, de fato, cargas que pesam em nossos ombros, mas temos também ocasiões para cantar. Somos obrigados a suportar muitos tormentos, mas somos também favorecidos com momentos de felicidade e realização interior. E temos que estar atentos a eles, reconhecê-los como verdadeiras bênçãos e apreciá-los intensamente, em vez de passar a vida sentindo pena de nós mesmos.

Isso me faz lembrar de algo que li a respeito do renomado psiquiatra Karl Menninger. Ele estava, certo dia, dando uma palestra sobre saúde mental e, no final, alguém do público lhe perguntou: "O que o senhor aconselharia uma pessoa a fazer quando ela sente que está à beira de um colapso nervoso?" Esperava-se que o dr. Menninger respondesse algo do tipo: "Procurar um psiquiatra". Mas, para grande surpresa da plateia, ele respondeu: "Sair de casa, atravessar a rua, encontrar alguém que precisa de ajuda e fazer alguma coisa para ajudar aquela pessoa". O dr. Menninger tinha toda a razão: transcender o nosso próprio eu e praticar um ato de guemilut hassadim, de bondade e amor ao próximo, é a melhor cura espiritual, emocional e psicológica para os males que tanto nos fazem sofrer.

Temos que enxergar os fardos, pois eles são reais, mas não podemos deixar que eles nos dominem. Tampouco podemos esquecer que não precisamos carregá-los sozinhos. Sempre há alguém da família ou algum amigo que está ao nosso lado nas horas difíceis, oferecendo consolo e apoio. E sempre há o amparo de Deus.

Existe uma linda parábola que já contei em outra ocasião, mas vale a pena repetir. Um homem sonhou que estava caminhando na praia, junto com Deus, e à sua frente iam se projetando cenas de sua vida. Em cada cena, ele percebia duas fileiras de pegadas na areia, as dele e as de Deus. Mas, nos momentos mais tristes e dolorosos, havia uma única fileira de passos. Profundamente magoado com aquilo, ele disse: "Deus, o senhor me disse que estaria sempre comigo, que jamais me abandonaria, mas agora eu vejo que nas horas mais difíceis eu caminhei sozinho". E Deus respondeu: "Não, meu filho, Eu nunca te abandonei. Naqueles períodos em que teu sofrimento foi mais intenso, quando aparece uma única fileira de pegadas na areia, é porque Eu estava te carregando nos braços".

Meus amigos: nos momentos de aflição, quando a vida nos obriga a carregar fardos insuportáveis, às vezes não percebemos que o amor de Deus e o amor da nossa família e de alguns amigos estão nos permitindo resistir. E, nesses momentos, dificilmente nos lembramos de que, assim como os levitas, chegará a hora em que o fardo nos será tirado dos ombros e poderemos descansar e aproveitar os sons de alegria em nossa vida.

O judaísmo nos ensina a "escolher a vida". "Escolher a vida" significa que, por mais penosos que sejam os fardos do presente, temos que encarar o futuro com coragem e fé. Temos que manter as dificuldades em sua devida perspectiva e saber que não estamos sós.

Um professor meu costumava dizer: "Não importa quão tumultuada esteja minha periferia, desde que meu centro esteja calmo". É esse centro calmo que pode ser encontrado dentro de cada um de nós, com a ajuda dos nossos entes queridos e com a ajuda de Deus.

Vinte anos da Lei da Anistia

Jornal Semana judaica, 8 de agosto de 1999

Em agosto deste ano, comemora-se o vigésimo aniversário da Lei da Anistia, um passo da maior importância na transição do regime militar para a democracia, um marco no processo de abertura política brasileira. A partir da aprovação dessa lei, os exilados puderam retornar ao país, os cassados tiveram seus direitos restituídos, os presos políticos se reintegraram na sociedade. Foi, sem dúvida, uma luz no fim do túnel, razão pela qual nós, os defensores dos direitos humanos, acreditávamos na época que tínhamos alcançado uma grande vitória.

Passados vinte anos, entretanto, tenho sérias dúvidas se a Lei da Anistia foi realmente tamanha "vitória". Confesso que tenho uma relação de amor e ódio com ela.

Em primeiro lugar, se anistiar significa desculpar, conceder perdão a quem perpetrou algum delito, pergunto-me que delito haviam cometido os militantes de esquerda, os assim chamados subversivos. Alguns, convenhamos, tinham participado de atos "terroristas". Mas e os outros, os milhares de opositores do regime cujo único crime tinha sido manifestar suas opiniões e por isso haviam sido presos ou expulsos do país? Que sentido tinha perdoar alguém que havia apenas usufruído da liberdade de expressão, um direito concedido por Deus? Em segundo lugar, incomoda-me profundamente o fato de que a anistia "ampla, geral e irrestrita" pela qual tanto clamávamos acabou beneficiando os torturadores e assassinos, estes, sim, culpados de crimes hediondos, premiados pela Lei da Anistia com uma ficha novinha em folha, imaculada, que lhes permitiu continuar vivendo como se nada houvesse acontecido, alguns até alçados a importantes cargos públicos.

Com a redemocratização do país, teve-se a impressão de que a tortura acabou. Era uma impressão falsa. A tortura, um crime inafiançável de acordo com a Constituição brasileira, continua a ser praticada pelos agentes do Estado. O espancamento, o choque elétrico e o pau de arara são técnicas usadas rotineiramente nos interrogatórios policiais. A impunidade de ontem – resultante, em grande parte, da Lei da Anistia – deu tranquilidade de consciência aos torturadores de hoje.

Infelizmente, a maioria das pessoas só se revolta com a tortura quando ela é de caráter estritamente político. Quando um criminoso comum é torturado, a sociedade se cala ou – pior ainda – aplaude. A triste verdade é que a violência da polícia conta hoje com o respaldo de uma parcela considerável da população.

O vigésimo aniversário da Lei da Anistia nos lembra que há muitos problemas mal resolvidos em nosso amado Brasil. O cenário mudou, as vítimas são outras, mas a violação dos direitos humanos persiste.

Em 1979, logo após a aprovação da Lei da Anistia, o jornalista e dirigente sindical Perseu Abramo comentou: "Uma batalha vencida, falta ganhar a guerra". Agora, onde quer que ele esteja (nalgum lugar lá em cima, com certeza), Perseu deve estar torcendo por nós e incentivando-nos a continuar lutando até ganhar a guerra.

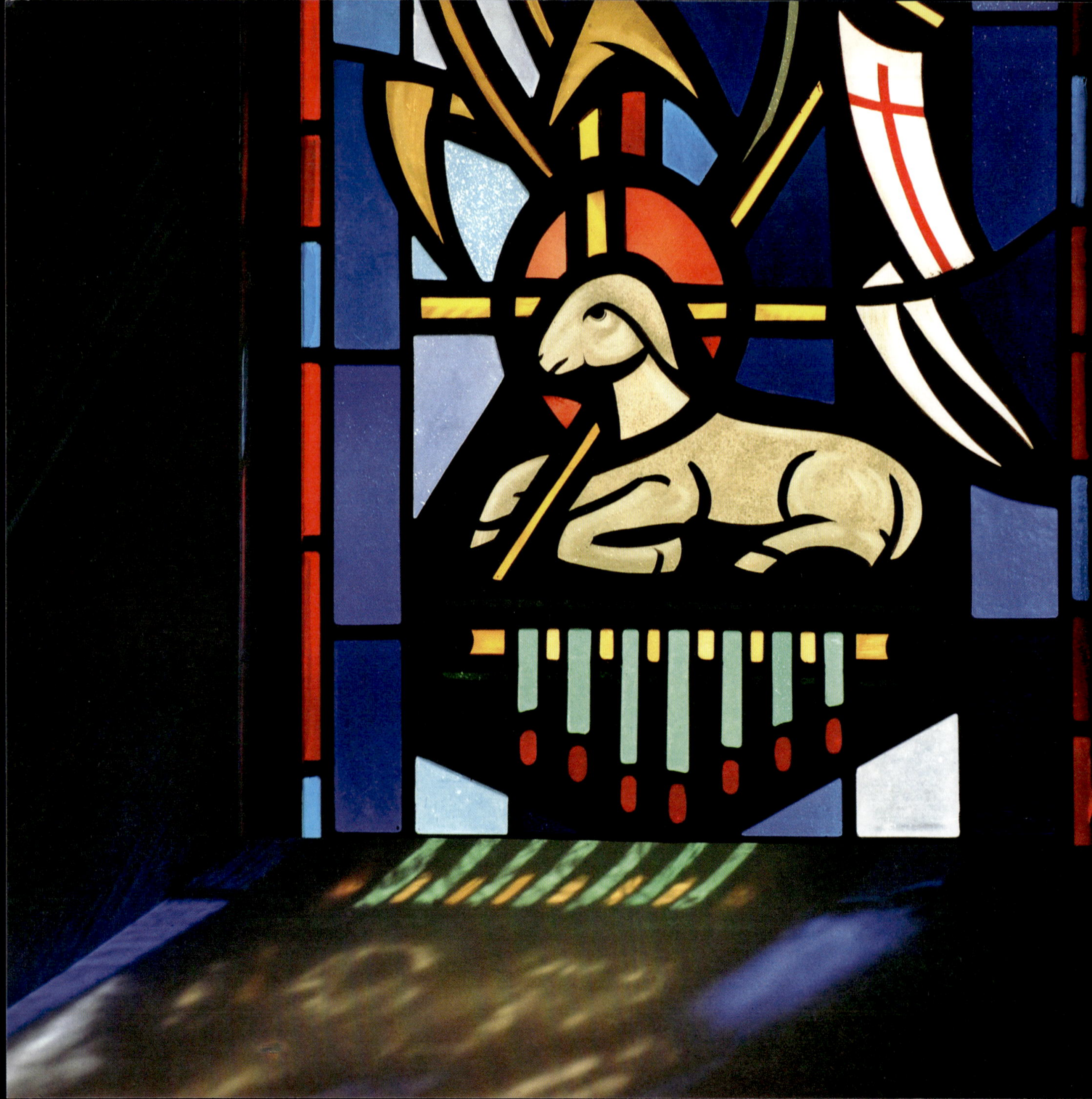

O meshigas do milênio

Jornal Semana judaica, *29 de agosto de 1999*

O fatídico dia 11 de agosto já passou e o mundo não acabou. Mesmo assim, são numerosas as seitas que ainda estão na expectativa de um iminente apocalipse. E muitos dos seus adeptos querem apressar o "fim dos dias" por meio de atos de violência e suicídios coletivos.

O fato é que estamos a caminho do ano 2000 e, à medida que se aproxima o novo milênio, o mundo parece estar um pouco mais mishuge, um pouco mais maluco, do que já era. Há quem diga até que o "Y2K", o temido bug do milênio, é o instrumento que Deus usará para castigar a humanidade!

Acho aconselhável que nós, judeus, não nos deixemos envolver por esse temor apocalíptico.

Em primeiro lugar, devemos lembrar que não há nada de mágico em nenhum número, sejam quantos forem os zeros que o compõem. O próximo ano civil será um ano como qualquer outro.

Em segundo lugar, devemos ter em mente que toda a contagem dos anos da Era Comum se baseia num erro de cálculo. Os peritos afirmam que o nascimento de Jesus, tido como o início do calendário cristão, ocorreu uns quatro anos antes do que se pensava. Ou seja, a virada do milênio já aconteceu cerca de quatro anos atrás e passou totalmente despercebida. Não houve apocalipse, não houve fim do mundo, não houve nada.

Em terceiro lugar, mesmo que não houvesse essa defasagem, é preciso lembrar que não existiu o ano 0. Portanto, o primeiro milênio da Era Comum teria sido o período desde o início do ano 1 até o fim do ano 1000; assim sendo, o segundo milênio só terminaria em 31 de dezembro do ano 2000, portanto ainda faltaria mais de um ano para o início do terceiro milênio.

Por último, o mais óbvio: o ano 2000 só é importante para os cristãos. Para os judeus, não há nada de sagrado no aniversário de Jesus. Aliás, o mesmo acontece com outros credos. Para os muçulmanos, por exemplo, o próximo ano será 1420; para os budistas, será 2562. E nós, judeus, estamos no limiar de 5760. Não há nada de extraordinário em nenhum desses números.

Nosso povo já passou por experiências terríveis, causadas por pessoas que acreditavam estar próximo o fim do mundo e, por isso, achavam que podiam extrapolar impunemente os limites do bom senso. No primeiro século da Era Comum, quando os judeus estavam sendo oprimidos pelos romanos, surgiram alguns supostos salvadores judaicos que diziam ser messias e percorriam a terra de Israel proclamando que o mundo estava prestes a acabar, mas que eles iam remediar todos os males, iam derrotar os odiados romanos e levar o povo de Deus à vitória. Acreditando nessas falsas promessas, os judeus concordaram em se rebelar contra os opressores – uma revolta que não tinha a menor chance de ser bem-sucedida. Conclusão: foram brutalmente derrotados, o Templo foi destruído e os poucos judeus sobreviventes foram expulsos de Jerusalém. Na verdade, se não fosse a coragem do rabino Yochanan Ben Zakai, que insistiu com o imperador romano para que permitisse a criação de um centro de estudos judaicos em Yavne, o povo judeu teria desaparecido junto com os últimos zelotes em Massada.

E houve mais. No ano apocalíptico de 1666 (apocalíptico nos círculos cristãos, por ser 666 o número simbólico da fera do Mal), apareceu um outro falso messias, Sabbatai Zevi, um judeu turco que criou um caos indescritível nas comunidades judaicas, cristãs e muçulmanas da Europa e do Oriente Médio. Sua mensagem de que a história estava chegando ao fim foi tão convincente que levou milhares de pessoas a venderem todas as suas posses e iniciarem uma longa marcha rumo a Jerusalém. Mas Shabbetai Zevi, quando foi pressionado pelas autoridades muçulmanas a optar entre a conversão ao islamismo ou a morte, preferiu se converter, deixando seus seguidores arrasados e humilhados. Quantas vidas foram destruídas, quantas famílias desfeitas, quantas comunidades arruinadas por esse delírio milenarista, é impossível de calcular. Mas é uma prova concreta da tragédia que resulta quando a humanidade enlouquece na expectativa do fim do mundo.

Então é bom nos mantermos distantes dessas previsões acerca do fim do milênio. Nossos sábios nos ensinaram a levar a sério os sonhos messiânicos, mas nos ensinaram também que a Era Messiânica somente chegará quando os seres humanos fizerem um esforço conjunto e consciente para ajudar o Criador a aperfeiçoar o mundo. Em outras palavras, não devemos ficar apavorados esperando as catástrofes que estão sendo anunciadas. Mas tampouco devemos ficar sentados esperando que Deus conserte tudo sozinho, só porque o ano vindouro terá uma porção de zeros. Temos que continuar agindo como parceiros de Deus, fazendo a nossa parte para melhorar o mundo em que vivemos.

Nossa tradição nos ensina a encarar a Era Messiânica como um horizonte, um objetivo em direção ao qual caminhamos, mas que nunca chegamos a atingir. Não nos é ordenado acreditar que a Era Messiânica chegará no decurso de nossa vida, mas sim procurar viver de maneira a torná-la um pouquinho menos distante. Nas palavras do rabino Tarfon em Pirkei Avot, a "Ética dos pais": "Não cabe a ti terminar a tarefa, mas nem por isso podes desistir de começar". O judaísmo impõe a cada judeu a obrigação de participar de tikun olam, o aperfeiçoamento do mundo, através de todos os seus atos no dia a dia, e não só nos anos "apocalípticos".

Há um belo ensinamento rabínico: "Se estiveres plantando uma oliveira e te anunciarem a vinda do Messias, termina primeiro de plantá-la, e só depois vai recebê-lo". Pretendentes a messias vêm e vão, mas nosso dever é continuar nos dedicando às exigências e desafios deste mundo, arregaçando as mangas e cuidando da infinidade de pequenas e grandes tarefas que estão implorando nossa atenção.

É isso que significa ser judeu. Significa ser uma fonte de estabilidade e equilíbrio em meio à inquietude que tende a se agravar nos próximos meses. Porque nós sabemos, com certeza absoluta, que, depois de chegar e terminar o ano 2000, ainda teremos que estar desempenhando nosso trabalho cotidiano, tentando criar famílias mais harmoniosas, comunidades mais coesas e um mundo mais humano. Essa é a mensagem eterna da nossa fé, uma mensagem que continuaremos a proclamar no "ano milenário" de 2000, e no ano 2001, e em 2002, e em todos os anos seguintes.

Anos 2000

199 Plantando para o futuro

200 Os últimos cem anos

204 O sentido do perdão – a perspectiva judaica

210 Três recados

212 Uma mitzvá difícil

216 Amizade

217 A alegria também é sagrada

219 Responsabilidade social

221 Obrigado

224 O tempo é o dom mais precioso

226 Deus vê
228 Uma bênção enigmática
232 Quem desiste nunca vence
234 A memória do caráter
236 Ética nos negócios
238 Prioridades
244 Lea vive
246 Auschwitz: sessenta anos depois
248 Judaísmo e tolerância religiosa
251 Discurso aos amigos

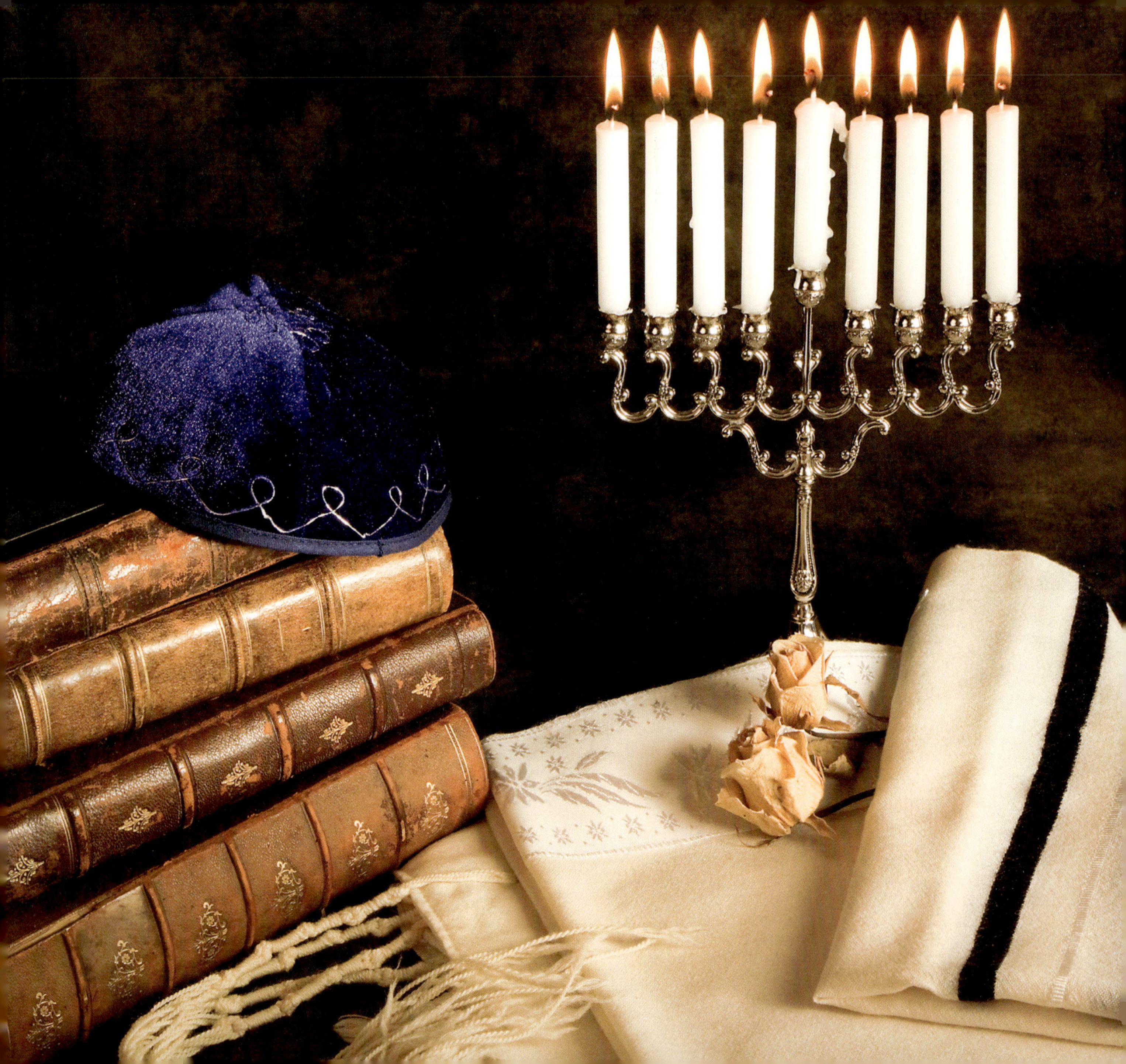

Plantando para o futuro

Jornal Semana judaica, *23 de janeiro de 2000*

Certo dia, Choni Hamagel estava caminhando por uma estrada e viu um homem já idoso plantando uma árvore. "Daqui a quantos anos essa árvore gerará frutos?", perguntou ao homem. "Daqui a setenta anos", foi a resposta. "E o senhor tem certeza de que viverá mais setenta anos para chegar a comer o fruto da árvore?", perguntou Choni Hamagel. Respondeu o velho: "Quando eu vim ao mundo, encontrei muitas árvores já plantadas; assim como meus antepassados plantaram para mim, também eu estou plantando para meus filhos" (Talmude Taanis 23a).

Que bela lição o Talmude nos ensina! Nós somos, de fato, os beneficiários dos extraordinários empenhos e sacrifícios daqueles que nos precederam. Isso é mais do que motivo de gratidão; é um enorme desafio. Porque sobre nossos ombros recai a responsabilidade moral de providenciar para que não faltem aos nossos filhos os frutos dos quais pudemos desfrutar.

E não é apenas ao terreno físico que se aplica esse conceito universal. Temos que plantar também no campo espiritual. Assim como nos foi dada a oportunidade de crescer num ambiente judaico e poder rezar e nos congregar nas sinagogas que nossos pais construíram com tão árduo esforço, temos que fazer tudo ao nosso alcance para que as futuras gerações tenham condições de garantir a continuidade. Por mais difícil que seja, cabe a nós deixar cultivados os campos espirituais que nossos filhos irão trilhar.

Em Tu Bishvat, o Ano-Novo das Árvores, que comemoramos no sábado, 22 de janeiro, é costume plantar sementes que, com a ajuda do Todo-Poderoso, germinarão e se transformarão em árvores frondosas. É também uma ocasião propícia para refletirmos sobre aquilo que podemos contribuir para o crescimento e desenvolvimento da nossa comunidade. Se cada um de nós fizer a sua parte, estaremos semeando para a posteridade, assim como o fizeram as gerações que nos antecederam.

Os últimos cem anos

Jornal Semana judaica,
6 de fevereiro de 2000

Na virada do ano, muitas entidades tiveram a ideia de criar uma "cápsula do tempo", que seria aberta somente daqui a um século ou daqui a um milênio, para que as gerações futuras pudessem saber como era antigamente a vida na Terra.

Se houvesse uma cápsula do tempo especificamente judaica, que seria selada agora e aberta somente no ano 2100, e se pudéssemos colocar dentro dela cinco objetos judaicos, representativos dos últimos cem anos, o que escolheríamos?

Fiz a mim mesmo essa pergunta e o primeiro que me veio à mente foi um Sidur, ou um Chumash, ou um talit, ou um par de tefilin. Mas, pensando bem, nada disso é apropriado para representar os últimos cem anos, pois esses têm sido tesouros do povo judeu há muitos séculos.

Quais seriam, então, os cinco itens que melhor representam os marcos da história judaica no século xx?

A meu ver, o primeiro objeto a ser colocado dentro da cápsula do tempo seria um selo de Israel. Porque representa a autonomia judaica que se concretizou neste último século. Pela primeira vez em 2.000 anos, nosso povo testemunhou a criação de um Estado judeu. Tornamo-nos uma nação soberana, com nosso próprio Exército, nossos próprios selos, nosso próprio idioma, nosso próprio governo. Tantas gerações passadas sonharam com isso, e nós tivemos o privilégio de vê-lo acontecer.

Sim, sem dúvida, eu colocaria na cápsula um selo israelense, na esperança de que, daqui a um século, quando nosso Estado já tiver 150 anos, os judeus ainda estejam conscientes de quão precioso é Israel para nós e quão incrível – quase milagrosa – foi sua criação. Um povo que acabara de passar pela Segunda Guerra Mundial e dela saíra dizimado, quase destruído, propôs-se a colonizar uma terra deserta. E os dois, povo e terra, deram nova vida um ao outro. Que esse fato extraordinário jamais seja esquecido. Porque foi, na minha opinião, o evento mais importante da história judaica nos últimos cem anos, talvez nos últimos mil anos também.

Depois, eu colocaria na cápsula do tempo um cartão-postal do Museu do Holocausto, na cidade de Washington, nos Estados Unidos. Porque é um lugar memorável, que rende tributo não só aos judeus que perderam a vida durante aqueles anos sombrios, como também aos não judeus que salvaram vidas judaicas. É essa a verdadeira lição do Holocausto que, a meu ver, deverá ser lembrada daqui a cem anos: que houve muita gente ruim neste mundo, gente que odiou e massacrou os judeus, mas que houve também pessoas boas e corajosas, que se arriscaram e fizeram tudo que podiam para ajudar os judeus.

É por isso que eu escolheria como recordação do Holocausto não uma frase amarga, como "Nunca mais!", nem algum objeto resgatado de Auschwitz ou Treblinka, nem uma estrela amarela, e sim um cartão-postal do museu em Washington. Porque aquele cartão e aquele lugar representam a sobrevivência da esperança, a crença de que a humanidade, apesar de tudo, conseguiu preservar alguns grãos de sanidade.

A terceira coisa que eu incluiria na cápsula é o CD-ROM da Universidade Bar-Ilan (junto com seu manual de instruções, pois daqui a cem anos é óbvio que sua tecnologia estará totalmente ultrapassada). Não sei se vocês sabem o que é esse CD-ROM. É um compact disk que contém toda a Bíblia e todo o Talmude. Qualquer versículo, qualquer referência na literatura rabínica é encontrada numa fração de segundo! Para mim, esse disquinho é uma das grandes realizações dos últimos cem anos. Porque é uma combinação do que há de mais avançado na informática com o que há de melhor na sabedoria judaica.

Muitos judeus do século XX viam o mundo moderno como uma ameaça e preferiram ignorá-lo, esconder-se dele, afastar-se dele, trancar-se no mundo da Torá e evitar que seus filhos tivessem qualquer contato com algo de fora. Outros judeus caíram no extremo oposto. Acharam o mundo exterior tão maravilhoso que se entregaram a ele de corpo e alma, abandonando por completo a Torá. O pessoal da Universidade Bar-Ilan optou por viver simultaneamente nos dois mundos, o laico e o sagrado, aproveitando os avanços tecnológicos e científicos para mergulhar mais a fundo nos ensinamentos milenares do judaísmo. Não vale a pena preservar para a posteridade um objeto que simboliza a decisão de unir dois universos aparentemente contraditórios?

Em quarto lugar, eu colocaria na cápsula a letra de uma das minhas canções prediletas: "Am Yisrael Chai", do rabino Shlomo Carlebach, de abençoada memória. Por que justamente essa canção? Por causa das circunstâncias em que foi composta e cantada pela primeira vez. Foi nos anos 1970, quando Shlomo Carlebach viajou para Moscou. Era uma época em que todos diziam que a comunidade judaica soviética tinha se acabado. Oficialmente, não havia mais escolas judaicas desde 1917. Nenhum livro judaico havia sido impresso na Rússia desde então. O comunismo era o único credo livremente propagado. O judaísmo já exalara seu último suspiro – era o que se pensava. Eis que alguns judeus – Golda Meir, Elie Wiesel e o rabino Carlebach, entre outros – resolveram ver *in loco* o que estava acontecendo. E descobriram que havia judeus lá, sim, havia jovens judeus em busca de judeus, havia judeus famintos de contato com seu povo.

Shlomo Carlebach ensinou aos jovens judeus soviéticos essa canção, "Am Yisrael chai, od Avinu chai", "O povo de Israel vive, nosso Pai Celeste ainda vive", e eles entoaram em coro essas palavras na rua, na noite de Simchat Torá. E, hoje, mais de 2 milhões de judeus soviéticos vivem em Israel. E, hoje, na época de Chanuká, acende-se uma menorá na praça Vermelha em Moscou. E, hoje, há rabinos de todas as correntes trabalhando na Rússia. E, hoje, existem yeshivot, escolas judaicas e movimentos juvenis judaicos na Rússia.

O renascimento da comunidade judaica soviética é, a meu ver, uma das grandes maravilhas dos últimos cem anos. Merece ser recordado pelas gerações futuras.

E, por último, eu colocaria na cápsula do tempo um convite de Bat-Mitzvá de uma das nossas turmas de alunas na Congregação Israelita Paulista. Por que essa escolha? Porque a mudança de *status* das mulheres foi certamente um dos grandes marcos do século xx. Os direitos reivindicados e obtidos pelas mulheres nos últimos cem anos constituem uma das maiores transformações na história da civilização. E essa revolução repercutiu no judaísmo, tendo efeitos em todas as correntes judaicas. E, embora ainda tenhamos um longo caminho a percorrer até que se concedam às mulheres direitos iguais aos dos homens na prática do judaísmo, nossas cerimônias de Bat-Mitzvá na CIP representam um começo, um passo pequeno porém altamente significativo. Por isso eu incluiria na cápsula um convite para a celebração da maioridade religiosa das nossas meninas.

São esses, então, os cinco objetos que eu escolheria para simbolizar a vida judaica no século XX: um selo de Israel, um cartão-postal do Museu do Holocausto, em Washington, um CD-ROM da Universidade Bar-Ilan, a letra de "Am Yisrael Chai" e um convite de Bat-Mitzvá da CIP. Cinco itens que retratam as cinzas das derrotas que amargamos nos últimos cem anos e as alegrias das vitórias que saboreamos.

E, se me permitissem colocar uma coisinha a mais em nossa cápsula, eu poria lá dentro um papelzinho com duas palavras hebraicas que resumem a vivência judaica nesse período. Penso nos judeus que fugiram da Alemanha nazista e conseguiram chegar ao Brasil, trazendo consigo a esperança de reconstruir a vida. E uma das primeiras coisas que fizeram ao chegar foi construir uma sinagoga, nos moldes das que haviam deixado para trás.

E deram à sua nova sinagoga um nome dos mais sugestivos: Etz Chaim, "Árvore da Vida". Talvez seja este o maior milagre do século: o fato de que, depois de tudo que padecemos, ainda estamos aqui, vivos, vibrantes, vigorosos, crescendo, como uma verdadeira "Árvore da Vida". Oxalá nosso Etz Chaim ainda esteja se ramificando no ano 2100.

P. S.: Baseei-me num artigo de Jack Riemer para escolher os cinco itens. Nada mais justo do que lhe dar o devido crédito.

O sentido do perdão – a perspectiva judaica

Revista O hebreu, *junho de 2000*

A recente viagem do papa a Israel representa, a meu ver, um clímax nas relações entre o Vaticano e o Estado judeu. São relações complexas, porque se desenvolvem em dois níveis diferentes: entre duas religiões (catolicismo e judaísmo) e entre dois Estados (o Vaticano e Israel).

Um dos pontos altos da viagem foi a visita do papa ao Yad Vashem, o Museu do Holocausto, em Jerusalém, onde o sumo pontífice permaneceu bastante tempo. Embora não tenha assumido nessa ocasião a culpa da Igreja durante o Holocausto, a presença física do papa nesse local sagrado, aliada ao tributo que rendeu aos mártires judeus, e à sensibilidade com que se dirigiu aos sobreviventes, reforçou o pedido de perdão ao povo judeu feito por ele durante a missa que celebrou em Roma, alguns dias antes de embarcar para o Oriente Médio.

A decisão do papa de pedir perdão, não só ao povo judeu, como também a outros povos, foi corajosa e revolucionária, pelos critérios da Igreja Católica Romana. Pedir perdão não resolve os problemas do passado, mas talvez possa impedir a repetição dos erros no futuro. As palavras do papa podem incentivar os cristãos a agir hoje diferentemente do que agiam ontem. Além de aplacar a própria consciência, a atitude da Igreja constitui uma iniciativa importante na direção da reconciliação com outras religiões. Num mundo dominado pelo triunfalismo ideológico e político, o pedido do perdão do papa é um sinal de humildade, coragem e força espiritual.

Falando do ponto de vista judaico, o pré-requisito para um pedido de perdão é a teshuvá, o arrependimento. Teshuvá significa perceber que estamos no caminho errado, ter a coragem de voltar atrás e tomar um novo rumo. O autêntico arrependimento não é um remorso inútil e autodestrutivo pelos erros que cometemos, mas sim a decisão madura e consciente de mudar, de melhorar, de se modificar. A teshuvá é uma renovação – moral, psicológica e espiritual.

O conceito judaico de teshuvá não traz consigo a conotação negativa de uma penitência. Pelo contrário, implica a nossa capacidade, como seres humanos, de despir-nos daquilo que fomos e procurarmos um novo "eu" – mais autêntico, mais nobre, mais significativo. O passado é uma realidade, ele está indelevelmente inscrito no livro da nossa vida. Mas o passado não determina o futuro! É verdade que o impulso do passado tende a nos manter sempre naquele mesmo ritmo. O passado cria uma trilha que nos prende, por comodismo, aos caminhos já percorridos. No entanto, o judaísmo nos ensina que podemos, se quisermos, modificar o ritmo, mudar o rumo e alterar o nosso modo de vida.

Os erros do passado não podem ser apagados. Mas podem e devem ser construtivamente aproveitados. A teshuvá envolve uma transformação total da personalidade, e não apenas um arrependimento por alguma transgressão específica. Se a pessoa se propõe a não repetir determinado erro, mas retém aqueles traços de caráter que corroem sua alma – a raiva, o ódio, a inveja, a intolerância –, será incapaz de renovar o seu ser.

Há muitos obstáculos no caminho da renovação; e é preciso identificá-los e compreendê-los, para que possamos tentar superá-los. Muitas vezes estamos presos atrás das grades dos nossos impulsos, emoções, atitudes e hábitos. O arrependimento é um processo de libertação, no qual o homem ou a mulher se desvencilha das correntes que prendem e confinam seu espírito.

Não é fácil se arrepender. O arrependimento genuíno significa ter a coragem de dizer: "Eu falhei. Eu estava errado. Tentei, mas não consegui. Ou, talvez, não me esforcei o suficiente. Estou me sentindo culpado. Vou mudar". Ninguém quer dizer essas coisas. "Culpa" é uma palavra desagradável, as pessoas pensam. Na verdade, não é. A culpa é ruim somente se for reprimida ou ignorada. Ninguém quer admitir que esteve caminhando na direção errada.

De fato, não é fácil se arrepender. Não é fácil demolir o próprio coração. Mas, talvez, se o fizermos, poderemos começar a reconstruir um coração melhor, mais meigo, compreensivo, humano, disposto a pedir perdão e a perdoar.

Foi isso que fez Oseias, um profeta fora do comum, o meu preferido. Como os demais profetas, Oseias também denunciava o abuso do poder, a extravagância dos ricos, a corrupção dos tribunais, a imoralidade dos sacerdotes e a idolatria que dominava a nação. Mas Oseias era diferente. Ele não falava com ódio. Era um profeta sereno, meigo e afetivo, portador de uma mensagem diferente.

Quando jovem, ele tinha se casado com uma mulher chamada Gomer, que não gozava de boa reputação. Depois do nascimento de três filhos, ela o abandonou por outro homem; e, com o passar dos anos, tornou-se prostituta. Depois, conforme relata Oseias, Deus disse a ele: "Assim como Eu continuo a amar os filhos de Israel, embora Me tenham traído, vá, ame novamente aquela mulher que é adúltera, e traga-a de volta como sua esposa".

E assim foi. Gomer voltou para a casa de Oseias e passaram a viver juntos novamente. Porém, foi mais do que uma reconciliação conjugal. Na dor da rejeição, na amargura da infidelidade e no esforço para restabelecer o relacionamento, Oseias encontrou a essência da sua profecia.

Foi um *insight*, uma percepção notável. Enquanto outros profetas retratavam um Deus zangado, um Deus temível, um Deus ciumento, um Deus castigador, um Deus vingativo, Oseias ouviu a voz de Deus dizendo com ternura: "Ela errou, a sua mulher. Mas ame-a assim mesmo. Aceite-a de volta". O que Oseias trouxe para a profecia judaica foi o tema do perdão.

O que há de tão significativo no perdão? Pensemos em nossa própria vida.

Em primeiro lugar, é bom ser perdoado. Quando eu era menino, ser perdoado era uma necessidade diária. Sempre que eu cometia um erro, podia contar com a compreensão, a ternura, o perdão dos meus pais. Eu me lembro da sensação: um grande peso sendo tirado do meu coração, uma gostosa certeza de ser aceito, um laço inquebrável de amor. É bom ser perdoado.

Segundo: é bom perdoar. Quando cresci, foi a minha vez de conceder perdão aos meus pais pelos seus erros e fraquezas, reais ou imaginários. É um estágio natural, no processo de amadurecimento, compreender os nossos pais e perdoá-los por serem menos perfeitos do que gostaríamos. Eu me lembro da sensação: a crítica se abrandando, os ressentimentos se dissolvendo, a consciência do afeto libertando a alma. É bom perdoar.

Terceiro: é bom perdoar a si próprio. Quando me tornei rabino, eu era muito intolerante comigo mesmo. O autojulgamento era severo, a autopunição, imediata, e o sentimento de culpa, duradouro, até que me conscientizei de que o rabino é também humano e, portanto, falível. Eu me lembro da sensação: uma brisa refrescante, uma ausência de medo, um enorme alívio. É bom perdoar a si próprio.

Perdoar não é esquecer. Se fosse, não haveria mérito algum no perdão. Perdoar é reconhecer plenamente a falta cometida, analisar cuidadosamente a situação e desculpar conscientemente o culpado. Sem penalidades, sem jogar culpa, sem recriminações, sem reviver o passado, sem ares de superioridade. Perdoar é o ato de reconstituir o relacionamento original, uma tentativa de recuperar a inteireza inicial e a determinação de procurar um começo mais bem-sucedido.

Todo casamento é uma sequência de perdões. Falhamos, tropeçamos, machucamos um ao outro. Mas, então, entra o perdão para curar as feridas. Em um bom casamento, é um perdão recíproco: o reconhecimento das fraquezas, dos erros e até mesmo das faltas graves, que são postas de lado com a finalidade de manter o compromisso maior.

O perdão é necessário em tudo, sem exceção. É impossível sobreviver se as raças não perdoarem, depois de tanta intolerância e preconceito. É impossível sobreviver se as religiões não perdoarem, depois de tanto ódio e perseguição.

É impossível sobreviver se as nações não perdoarem, depois de tantas guerras e derramamento de sangue. Em toda parte, as pessoas têm que dizer umas às outras: "Volte... Eu te perdoo... Eu te amo... Vamos tentar novamente... Não é tarde demais..."

Eu não sou ingênuo. Conheço a realidade. Existem aqueles que não estão prontos para ser perdoados. Existem aqueles que não estão prontos para perdoar. Existem aqueles que não estão prontos para perdoar a si mesmos. Mas só podemos saber quem está pronto se tentarmos.

"Errar é humano, perdoar é divino." Isso, meus amigos, é o resumo da profecia de Oseias. E é por isso que eu o admiro tanto. Profeta amável e sensível, ele apresentou um único tema original. Mas foi um tema de grande profundidade e extensão: o poder de cura do perdão.

Perdoar requer grandeza de espírito. Pedir perdão também. Não podemos subestimar a importância e o impacto histórico dos recentes pronunciamentos do Vaticano e do sumo pontífice. Há judeus que criticam o papa por ter citado apenas a omissão de indivíduos católicos durante o Holocausto, sem ter pedido perdão pela omissão da Igreja como instituição. Há quem considere insuficiente um pedido de perdão que não menciona o silêncio do papa Pio XII e de outros líderes da Igreja Católica diante das atrocidades nazistas.

É natural querermos um pedido inequívoco de perdão por parte da Igreja Católica pelos males que seus ensinamentos causaram ao povo judeu, ao longo dos tempos e, em especial, neste século que ora chega ao fim. Mas, enquanto não vem esse mea-culpa amplo, geral e irrestrito, vamos aceitar de bom grado a teshuvá, o arrependimento do Vaticano.

Como dizem os rabinos no Talmude: "É grande a teshuvá, porque ela regenera o mundo".

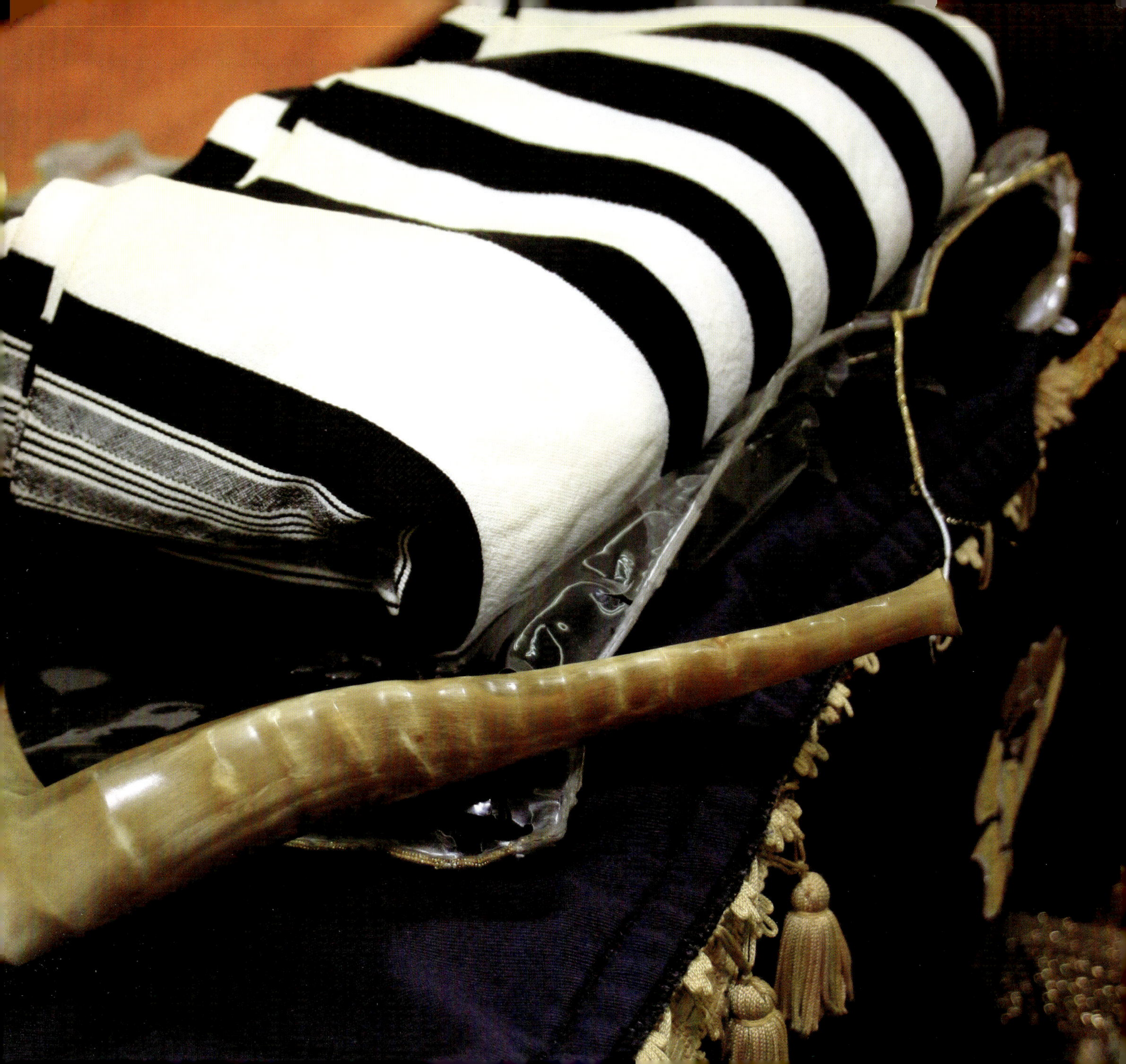

Três recados

Jornal Tribuna Judaica, *julho de 2000*

Não há dúvida de que os relacionamentos dentro do mundo judaico vêm se deteriorando nos últimos anos. Quem se lembra da emoção que nos irmanou durante a Guerra dos Seis Dias e o heroico resgate em Entebbe percebe com tristeza que há muito tempo não nos sentimos mais irmãos. Talvez aqueles episódios tenham causado apenas suspensões temporárias de hostilidades que estão se agravando cada vez mais.

As rupturas são numerosas e profundas. Em Israel, são divisões entre judeus religiosos e seculares, entre ashkenazim e sefardim, entre aqueles que são a favor do processo de paz e aqueles que são contra. Na diáspora, as tensões se manifestam principalmente entre ortodoxos e liberais, sem contar que cada uma das correntes também está internamente dividida.

Embora a maioria de nós saiba disso e ache lamentável, nada parece nos motivar a mudar a situação. Nem as sucessivas pesquisas que apontam as divisões internas como o maior perigo para o futuro do nosso povo, nem mesmo o trauma provocado pelo assassinato do primeiro-ministro Yitzhak Rabin, em 1995. Tentativas esporádicas de aliviar as tensões têm sido feitas, mas não deram em nada.

Nesse contexto, gostaria de mandar três breves recados através da *Tribuna Judaica*: um aos meus irmãos ortodoxos, o segundo aos meus companheiros liberais e o terceiro aos radicais de ambos os lados.

Aos meus irmãos ortodoxos, digo o seguinte: os judeus liberais que vocês condenam amam o judaísmo tanto quanto vocês, embora manifestem seu amor de forma diferente. Entre os judeus liberais há muita gente que contribui de corpo e alma para o bem-estar da comunidade judaica. Foram eles que construíram algumas das melhores instituições locais e entre eles se encontram alguns dos maiores benfeitores do Estado de Israel. Não os denigram.

Aos judeus liberais que caçoam dos ortodoxos e os consideram fundamentalistas fanáticos, eu digo: tenham mais respeito pelas tradições do nosso povo. Sem a Torá, sem o cumprimento das mitzvot, não haveria judaísmo hoje. Nem haverá judaísmo amanhã.

E aos extremistas de ambos os lados, digo: vocês rebaixam todos os judeus e degradam a si mesmos. Parem de ferir nosso povo pequeno, vulnerável, porém nobre em seus propósitos, um povo que ainda tem muitas contribuições a dar para nós mesmos e para o futuro da humanidade.

Uma mitzvá difícil

Prédica, 17 de novembro de 2000

Na leitura da Torá de ontem, Parashá Vayicrá, encontramos duas mitzvot. A primeira é a hospitalidade. A Torá descreve detalhadamente o carinho com que nosso patriarca Abraão acolheu três estranhos: como ele saiu correndo ao encontro deles, insistiu em que parassem para descansar e preparou para eles uma lauta refeição.

A outra mitzvá é menos evidente e só aparece nas interpretações dos sábios a respeito desse trecho bíblico. Abraão tinha acabado de ser circuncidado e ainda estava se recuperando. Os três estranhos eram, na verdade, anjos enviados por Deus para praticar o mandamento de bikur cholim, visita aos doentes.

Essa é uma mitzvá que é frequentemente negligenciada em nossa sociedade, por vários motivos. Primeiro, porque nossas amizades são tão superficiais hoje em dia. Chamamos de "amigo" qualquer um com quem cruzamos numa festa e de quem ouvimos uma piada ou uma fofoca, mas geralmente essa pessoa não é alguém com quem realmente nos importamos, alguém em cuja vida queremos nos envolver e a quem queremos estender a mão quando precisa de ajuda. A verdade é que temos uma porção de conhecidos, mas poucos "verdadeiros amigos". Outro motivo para nosso desleixo em relação à mitzvá de bikur cholim é que gostamos de estar com os amigos em ocasiões alegres, mas relutamos em estar com eles nas horas de sofrimento e não nos sentimos à vontade diante da dor alheia. Por isso, delegamos ao rabino a função de visitar os doentes. Assim, privamo-nos da oportunidade de cumprir um mandamento importante, um ato que traz enorme benefício não só para a saúde espiritual e até física do paciente, como também para o nosso próprio bem-estar.

Quem já foi hospitalizado sabe que não é uma situação das mais agradáveis. Baruch Hashem, tive muita sorte nesse sentido. Nasci num hospital, como a maioria de nós, mas desde então, graças a Deus, foram poucas as vezes em que precisei me internar. Na última vez em que fui hospitalizado, foi por um problema pequeno, uma coisinha de nada. Mesmo assim, lembro-me do desconforto de ser deitado numa cama, vestindo uma roupa que não cobre nada, e ser mexido por uma porção de pessoas. Colocam no nosso braço uma pulseira para saberem quem somos. Determinam quando e o que vamos comer e a que horas vamos dormir. Entram no quarto quando querem, acordam-nos quando querem, tiram nosso sangue quando querem. Reúnem-se em volta do nosso leito e falam a nosso respeito entre si, usando palavras complicadas que a gente não entende. É uma experiência assustadora e embaraçosa.

Mas aí, de repente, chega algum amigo e pergunta: "Oi, como você se sente? Você está melhor?" E é tão bom para a alma ouvir isso! Claro que há muitas pessoas maravilhosas que trabalham no hospital e vêm ao quarto para nos visitar e perguntar como estamos. Há médicos, enfermeiros e auxiliares de enfermagem que tratam os pacientes com carinho e fazem tudo para serem gentis e atenciosos. Mas é diferente receber a visita de alguém de fora, ver o rosto de alguém que veio nos visitar por razões puramente pessoais, não profissionais. É então que se percebe a importância da mitzvá de bikur cholim.

Mas é uma mitzvá difícil visitar um doente, principalmente um doente em estado grave. Digo isso com profundo conhecimento de causa, porque é algo que faço com muita frequência e, apesar disso, ainda me deixa um pouco inibido. Mesmo assim, depois de trinta anos de rabinato, creio que consegui aprender algumas coisas sobre esse ato tão significativo.

Aprendi a enxergar o paciente como um ser humano que tem suas necessidades e esperanças, seus temores e sentimentos, seus receios e anseios. Se quisermos realmente ser úteis, temos que ser sinceros com a pessoa a quem estamos visitando. Não devemos demonstrar pena dele ou dela. Os doentes precisam de companhia, não de piedade. Temos que fazer tudo ao nosso alcance para conferir dignidade à pessoa acamada. Temos que deixar o paciente falar sobre sua doença, se ele ou ela assim o desejar. Não adianta tentar distrair o paciente com assuntos triviais se seu coração está cheio de ansiedade, precisando desesperadamente desabafar. Devemos respeitar a vontade do doente de ficar quieto quando quiser, seja por não ter forças para falar ou simplesmente por preferir se manter em silêncio. Às vezes, o paciente quer ter companhia, mas não quer ter a obrigação de conversar. Nossa presença pode ser mais confortadora do que quaisquer palavras. O mero fato de estar sendo lembrado, nessa hora de sofrimento, por aqueles que compartilharam com a pessoa momentos alegres e agradáveis pode ser o maior consolo.

São sugestões simples, mas que talvez possam fazer uma diferença e conscientizar-nos de quão importante é essa mitzvá e quão necessário é praticá-la quando nossos amigos estão doentes.

Lembro-me de uma visita que fiz muitos anos atrás a uma senhora que estava hospitalizada, uma sócia da nossa congregação. Ela estava muito brava e muito ofendida porque ninguém da CIP tinha ido visitá-la. "Veja só", ela reclamou, "trabalhei tanto para a congregação, dediquei tanto tempo ao serviço voluntário, e agora que estou doente ninguém veio me ver!" Aí eu respondi: "Mas eu estou aqui, eu vim visitá-la". E ela disse: "Você não conta!"

"Como assim, por que eu não conto?", perguntei. E ela explicou: "Porque você é rabino. Como eu posso saber se você veio me visitar porque se importa comigo ou porque faz parte do seu trabalho?"

Pois é, meus amigos, foi naquele dia que eu aprendi algo a mais sobre a mitzvá de bikur cholim. Assim como a guerra é importante demais para ser deixada nas mãos dos generais, o mandamento de visitar os doentes é importante demais para ser deixado nas mãos dos rabinos. Se o próprio Deus levou tão a sério essa mitzvá a ponto de enviar três mensageiros Seus para cumpri-la quando Abraão estava convalescendo da cirurgia, o mínimo que podemos fazer é observar o mandamento regularmente, com seriedade e sinceridade.

Que sejamos poupados de estadias no hospital por muitos e muitos anos. E que tenhamos a sabedoria, a força e a compaixão necessárias para visitarmos uns aos outros no hospital, se e quando for preciso. E que Deus nos ajude a cumprir bem essa difícil mitzvá.

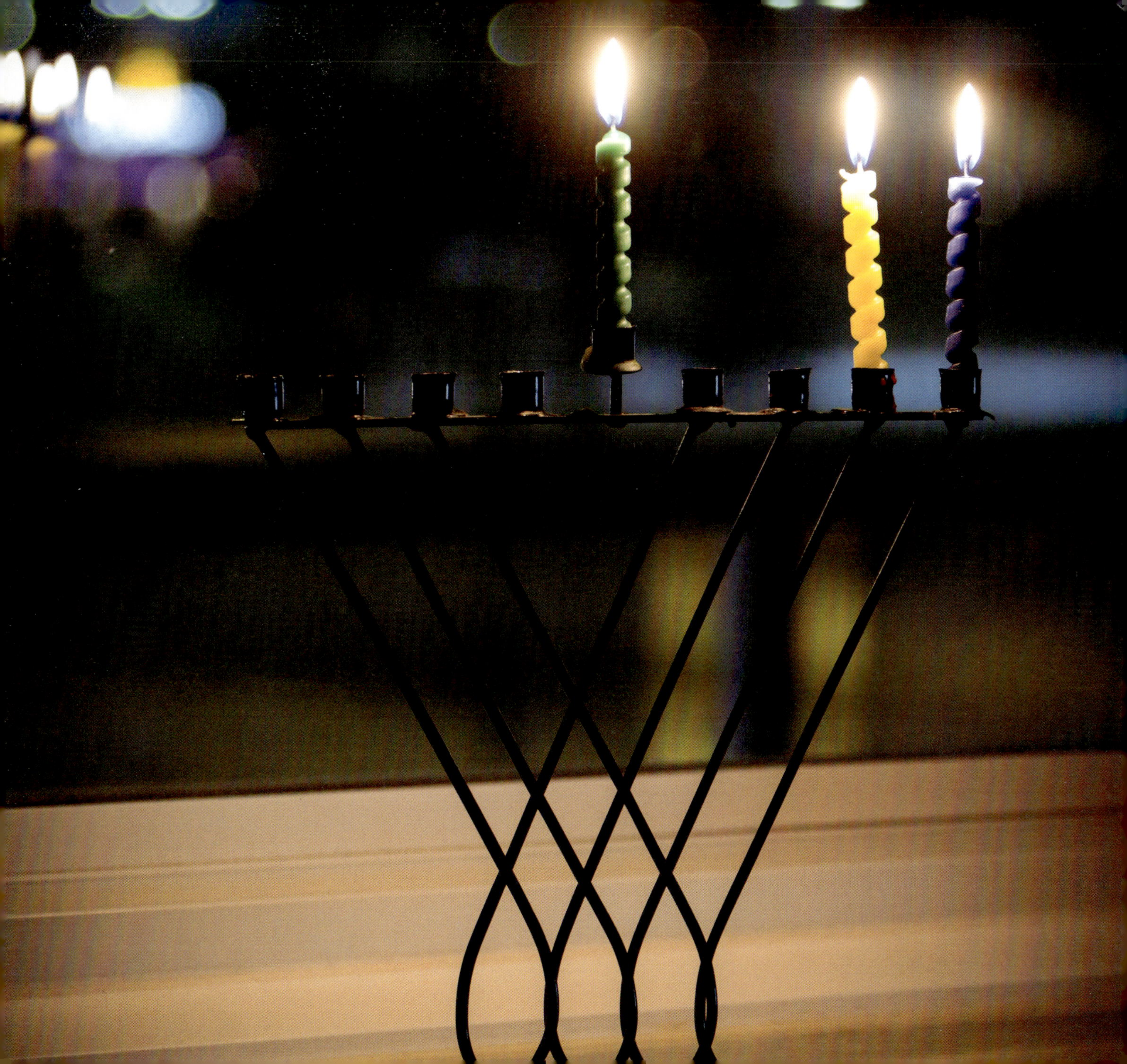

Amizade

Prédica, 25 de fevereiro de 2001

É difícil e raro encontrar um amigo fiel, um amigo de verdade. Mas existem algumas regras que podem nos ajudar a conquistar e preservar uma amizade preciosa.

Regra número 1: Se quiser ter amizades longas, procure ter memória curta.

Regra número 2: Se procurar amigos sem defeitos, não terá nenhum amigo.

Regra número 3: Seu melhor amigo é aquele que traz à tona o que há de melhor em você.

Regra número 4: Um amigo é alguém que compreende seu passado, acredita em seu futuro e o aceita hoje, do jeito que você é.

Regra número 5: A amizade não deve ser vista como algo que recebemos, e sim como algo que oferecemos.

Regra número 6: É bom ter um amigo para compartilhar as tristezas; mas é indispensável ter um amigo para compartilhar as alegrias.

Regra número 7: Ninguém é tão autossuficiente que não precise de um amigo.

Não há maior riqueza do que ter amigos. Bons amigos. Mas não nos esqueçamos: para ter um amigo, é preciso ser um amigo. A amizade é uma estrada de duas mãos.

A alegria também é sagrada

Revista O hebreu, *outubro de 2001*

A maioria dos judeus acha que o jejum é mais importante do que o júbilo. Não é verdade. O Talmude afirma que, no outro mundo, as pessoas serão condenadas por cada prazer legítimo ao qual renunciaram nesta vida. Os nazireus – aqueles personagens bíblicos que se abstinham do vinho e de todos os prazeres pessoais e familiares para se consagrarem totalmente a Deus – eram chamados de "pecadores". Isso porque estavam se privando das alegrias da vida, algo que a Torá jamais exigiu.

Aqueles judeus que observam apenas um feriado judaico durante o ano geralmente escolhem Yom Kipur, um dia de abstinência total – sem comida, sem bebida, sem banho, sem sexo. Mais ainda, Yom Kipur é um dia de autocrítica, confissão de pecados, sentimentos de culpa, um dia triste de recordação em que rezamos o Yizcor pelos entes queridos que partiram. Como nada disso pode ser considerado divertimento, os judeus que só observam Yom Kipur ficam com a impressão de que a penitência e o pesar são a essência do judaísmo.

No entanto, o feriado de Sucot desmente essa ideia. Denominado no Talmude como "o feriado", "hachag", Sucot é "zman simchateinu", literalmente "a época do nosso regozijo". E o dia que o suplementa, Simchat Torá, é uma manifestação da mais pura alegria.

Para ser um bom judeu é preciso ter todas as qualidades humanas e também seus respectivos opostos. "Para tudo há um tempo: um tempo para chorar e um tempo para rir, um tempo para lamentar e um tempo para dançar" (Eclesiastes). O importante é saber quando agir de um modo e quando do outro. É interessante lembrar que no período bíblico todos os feriados eram celebrados num clima de alegria. Mesmo Yom Kipur era um dia de purificação, mas não de tristeza. Os rabinos contam que antigamente, na tarde de Yom Kipur, realizavam-se festas ao ar livre, quando as moças solteiras dançavam nos campos perante os rapazes da região, e estes escolhiam entre elas sua futura esposa.

Talvez tenha sido a destruição dos templos em Jerusalém e os sucessivos exílios que acrescentaram uma dimensão de luto e sofrimento ao calendário judaico. Depois, o período de perseguições e expulsões na Idade Média intensificou o lado sombrio das comemorações judaicas. O resultado é que para muitos judeus, aqueles que perderam completamente os aspectos positivos da tradição, o judaísmo se resume atualmente num resíduo de proibições destituídas de significado.

Sucot é a receita para recuperar a alegria judaica. O feriado que celebramos este mês nos ensina que comer, beber e cantar são verdadeiras mitzvot. E em Simchat Torá, quando dançamos na sinagoga com os Rolos da Lei, corpo e alma se integram, prazer e santidade se fundem numa expressão espontânea de júbilo, uma "dança da vida" autenticamente judaica.

Sucot e Simchat Torá provam que a alegria também pode ser sagrada.

Responsabilidade social

Palestra no Instituto Sergio Motta, 28 de novembro de 2001

A desigualdade em nosso país constitui um escândalo social e moral ao qual não podemos mais fechar os olhos. Nada – mas nada mesmo – é mais urgente no Brasil do que corrigir a injustiça social. É verdade que somente a ação governamental pode cortar pela raiz esse mal tão profundo e persistente. Existem, porém, muitas medidas que nós, indivíduos e grupos de cidadãos, podemos tomar para atenuá-lo.

Para nós, judeus, ajudar os necessitados é um imperativo ético e religioso. A justiça econômica e social é uma constante em nossa Torá, o Antigo Testamento. Nossos profetas – Amós, Ezequiel, Isaías, Jeremias – condenavam a indiferença pelos pobres como um pecado mais grave do que não render culto a Deus.

A palavra hebraica que expressa o conceito de caridade é Tzedacá. Tzedacá significa "justiça". Alimentar um faminto não é um ato de condescendência, não é na verdade um ato de caridade. É um dever de justiça. O objetivo de Tzedacá é restituir a um ser humano a dignidade que Deus lhe deu. O que a tradição judaica está nos dizendo é que, quando se trata de alimentar quem está com fome, vestir quem está com frio, abrigar quem não tem onde morar, não se pode depender unicamente do sentimento humano. Faz-se necessário um ato de justiça.

O Talmude relata que o rabino Yehuda há'Nassi, responsável pela redação da Mishná, o código legal judaico contendo as leis suplementares, pós-bíblicas, costumava conferir as maiores honras aos ricos. À primeira vista, parece incompreensível tal conduta. Por que a posse de bens materiais haveria de tornar um indivíduo mais merecedor de honrarias?

A razão para o comportamento aparentemente estranho do rabino Yehuda é que ele tinha uma concepção mais profunda sobre a riqueza. O dinheiro e as posses, dizia ele, são na verdade empréstimos feitos por Deus pelo curto prazo de uma vida. Daí, raciocinava o rabino Yehuda, se Deus confiou a alguém uma grande fortuna, é porque Ele acredita que aquele indivíduo saberá utilizar suas posses para fins bons e nobres. É óbvio que, quanto maior a quantia emprestada, mais digno e confiável deve ser, aos olhos do Todo-Poderoso, o homem que a recebeu. Assim sendo, ele merece ser tratado com todas as honras.

Um conto judaico ilustra bem essa ideia de que o poder e a riqueza são concedidos por Deus não só para satisfazer os desejos de quem os recebe, como também para ajudar os outros.

Um ricaço judeu já estava cansado de passar a vida cuidando dos negócios, sempre ocupado com assuntos mundanos, e desejava muito ter mais tempo para o estudo e a oração. Um dia, resolveu fechar sua fábrica e dedicar-se exclusivamente à vida espiritual. Não via a hora de comunicar ao rabino sua nobre decisão. Finalmente conseguiu marcar uma audiência e contou ao rabino seus planos. Após alguns minutos de silêncio, o rabino respondeu: "É mesmo?! E você já pensou no que vai acontecer aos seus empregados se você fechar a fábrica? Não lhe passou pela cabeça que Deus lhe deu toda essa fortuna não só para o seu próprio benefício, mas também para que esses pobres trabalhadores pudessem ter um emprego?"

De acordo com Maimônides, o grande filósofo judeu da Idade Média, o grau mais alto de filantropia é dar a alguém as condições para se sustentar a si mesmo – oferecendo-lhe um emprego, ou ajudando-o a aprender um ofício, ou dando-lhe um empréstimo para começar um negócio próprio. Meus amigos: a justiça social não virá por obra e graça de um grande líder, nem mesmo por Providência Divina. A justiça social virá somente quando cada um de nós se conscientizar da sua responsabilidade individual perante a sociedade em que vive.

Uma das maiores contribuições do judaísmo é seu ensinamento de que uma sociedade não deve ser julgada pela sua riqueza ou seu poder, mas sim pela maneira como trata seus membros mais fracos e carentes. O conceito de Tzedacá implica muito mais do que caridade. Praticamos Tzedacá não só para ajudar "o pobre, a viúva, o órfão", como também porque, não o fazendo, deixamos de atingir a plenitude da nossa condição humana.

Obrigado

Prédica, 11 de janeiro de 2002

Uma das falhas da natureza humana é nossa recorrente ingratidão e aparente falta de memória. Aprendemos com facilidade a dizer "por favor", mas dificilmente nos lembramos de dizer "obrigado". Pelo visto, demonstrar nosso reconhecimento por um auxílio prestado não nos parece tão urgente depois de termos conseguido a ajuda que necessitávamos.

Na verdade, só quando estamos com algum problema grave é que nos recordamos de quanto dependemos dos outros. Quando a saúde está boa e os negócios vão bem, revertemos à ideia errada de que esse mar de rosas resulta exclusivamente do nosso próprio esforço ou inteligência.

E essa verdade se aplica especialmente ao nosso relacionamento com Deus. Em momentos de doença ou aflição, pedimos imediatamente socorro ao Ribono Shel Olam. Mas, depois que passa aquela crise, quantos de nós se preocupam em agradecer a Deus e cumprir as fervorosas promessas que fizemos a Ele?

A Torá fala a respeito dessa ingratidão no contexto do confronto entre o faraó e Moisés. Moshe Rabeinu exige que os escravos hebreus sejam libertados. O faraó se recusa terminantemente. A fim de romper a teimosia do faraó, Deus lança uma série de pragas sobre o Egito.

As primeiras pragas deixaram o faraó totalmente indiferente. Mas, depois, Deus fez cair uma chuva de pedras tão forte que destruiu todas as plantas e árvores e seres humanos e animais naquela região. Nas palavras da Torá, foi "um granizo tão violento que nunca o Egito tinha visto algo semelhante desde que se tornara uma nação".

Abalado pela devastação provocada por essa sétima praga, o faraó mandou chamar Moisés e Aarão e, perante eles, declarou-se arrependido dos seus atos. Confessou que havia cometido um pecado ao proibir os hebreus de partirem, reconheceu que Deus tinha sido justo ao castigar o Egito e prometeu solenemente que, se a tempestade cessasse, ele libertaria os escravos.

Moisés pediu então a Deus que fizesse parar a chuva de pedras. E o que aconteceu com o faraó assim que a chuva cessou? Acabou-se na hora sua humildade. Desapareceu instantaneamente seu sentimento de culpa. Revelou-se sua enorme ingratidão, o triste defeito da natureza humana: "Quando faraó viu que a chuva, o granizo e os trovões tinham cessado [...] seu coração se endureceu novamente e ele não deixou partir os filhos de Israel".

Pois é, meus amigos, existe um pequeno faraó em cada um de nós. Quando estamos em apuros, tornamo-nos humildes e não temos vergonha de pedir ajuda. Mas, assim que o problema se resolve, esquecemos completamente daqueles que nos ajudaram.

Vamos, então, extrair mais uma lição da nossa Torá. Vamos nos lembrar em todas as horas, nas horas ruins e nas horas boas também, de que nosso bem-estar depende de inúmeras outras pessoas. Vamos nos lembrar, acima de tudo, de que dependemos sempre de Deus. E em todos os nossos relacionamentos, com nossos semelhantes e com nosso Criador, vamos nos esforçar não somente para dizer "por favor", mas especialmente para dizer "muito obrigado".

שבט אפרים
שבט ראובן
שבט לוי
שבט יהודה
שבט יששכר
שבט זבולון
שבט דן
שבט נפתלי
שבט גד
שבט אשר
שבט בנימין
שבט מנשה

O tempo é o dom mais precioso

Prédica, 16 de setembro de 2002

É hora de Neilá. Não é o momento oportuno para um discurso prolongado. Quero apenas lhes dizer algumas palavras, poucas, sobre um pecado que tantos de nós cometem. Talvez, se nos arrependermos sinceramente e se nos comprometermos a corrigir essa falta ao longo do ano que ora se inicia, Deus se compadeça de nós e nos absolva nestes últimos minutos do Dia do Perdão.

O pecado ao qual me refiro é o roubo. Nenhum de nós aqui, creio eu, se considera ladrão. No entanto, quase todos nós roubamos diariamente de nossos entes queridos aquilo de que eles mais precisam: nosso tempo. O tempo é o presente mais precioso que Deus nos deu. É também o presente mais precioso que podemos dar àqueles que amamos.

Vi certa vez uma propaganda numa revista. Era de uma joalheria, não me lembro qual. Mostrava uma jovem, vestida para a formatura universitária, com aquela beca preta, o capelo na cabeça, o canudo na mão e o pai, todo orgulhoso, entregando-lhe um relógio. A legenda dizia: "Não há melhor presente do que o tempo". Que grande verdade! O melhor presente que um pai pode dar à filha é o tempo. Nada, mas nada mesmo, é tão apreciado. Isso eu aprendi dos erros que cometi no relacionamento com minha própria filha.

Amar, amar de verdade, é dizer à pessoa amada: "Meu tempo é seu".

Conheço muitas pessoas que trabalham dia e noite e que, quando alguém lhes pergunta por que trabalham tanto, respondem que é pelos seus filhos. Mas aposto que, se perguntássemos aos filhos, eles prefeririam que os pais trabalhassem menos por eles e vivessem mais com eles.

Lembro-me, alguns anos atrás, de um sócio da nossa congregação, um homem muito rico, que sofreu um acidente. Fui visitá-lo no hospital logo que ele foi transferido da

UTI para a semi-intensiva. Encontrei-o ditando para sua secretária e falando pelo telefone com algum assessor. Obviamente, eu não disse nada, mas acho que ele percebeu o que eu estava pensando, então ele se justificou: "Rabino, é pelos meus filhos que estou fazendo isso".

Não era pelos filhos, não! Os filhos e netos já estavam mais do que bem providos. Ele estava trabalhando naquele quarto de hospital simplesmente porque não conseguia parar, porque era viciado em trabalho. E isso é triste. Quem quer realmente fazer algo de bom pelos filhos tem que dizer a eles: "Meu tempo é seu". É disso é que eles precisam, mais do que qualquer outra coisa. Brinquedos caros e *video games* e aparelhos eletrônicos e roupas de grife que os pais dão aos filhos são apenas uma prova de poder aquisitivo. Mas a atenção dos pais, o tempo que eles dedicam aos filhos, é uma prova de amor. A verdadeira diferença entre alguém que diz que ama sua esposa e seus filhos e alguém que realmente os ama é que quem realmente ama dá de presente seu tempo.

Nesta hora em que os portões do céu estão prestes a se fechar, façamos ao Todo-Poderoso um último pedido.

Al chet shechatanu lefanecha, pelo pecado que cometemos diante de Ti, ó Deus, ao adorarmos a fama mais do que a família, ao considerarmos as posses mais importantes do que as pessoas, ao oferecermos presentes em vez de presença, veal kulam, Eloha selichot, selach lanu, mechal lanu, caper lanu, por tudo isso, ó Deus da misericórdia, perdoa-nos, desculpa-nos, absolve-nos.

E conscientiza-nos, ó Deus, de que, se queremos fazer deste Ano-Novo um ano significativo, precisamos reordenar nossas prioridades e aprender a usar nosso tempo sabiamente, compartilhando-o com aqueles a quem amamos. Porque não há nenhum presente mais precioso do que o tempo.

Deus vê

Revista Shalom,
7 de julho de 2003

O trecho da Torá esta semana (sábado, 15 de julho) relata a coragem e a ousadia de cinco mulheres, filhas de Zelofchad. A história é notável não só por serem as heroínas mulheres – isso, em si, uma raridade nos tempos bíblicos e até nos dias de hoje –, mas principalmente por narrar a primeira revisão de uma lei já estabelecida. Aqui, dentro da própria Torá, Deus altera um decreto divino em razão de um imperativo moral. Trata-se de um magnífico precedente para as futuras gerações em sua conduta diante da Halachá.

A história merece ser relida. De acordo com uma das leis já dadas aos israelitas durante suas andanças no deserto, todos os bens dos pais seriam herdados pelos filhos homens ou, na ausência destes, por outros familiares do sexo masculino. Na época, ninguém tinha feito objeção.

Eis que morre o tal de Zelofchad. E suas filhas vão se queixar a Moisés, dizendo que não tinham irmãos homens e que, se a lei fosse obedecida, elas ficariam sem nada. Moisés, com sua modéstia característica, levou o assunto ao seu superior, o Todo-Poderoso. E Deus repensou a questão, chegando à conclusão de que as mulheres haviam sido injustiçadas pela lei original e que era preciso levar em consideração seu bem-estar e sua dignidade.

A compaixão de Deus falou mais alto. Ele reconheceu o erro e alterou a lei, para que as filhas de Zelofchad pudessem receber por herança a terra de seu pai.

Surge então a pergunta: por que Moisés não havia percebido essa falha legal antes? Por que nenhum dos anciãos tinha notado a iniquidade? É verdade que, para Moisés e os setenta anciãos, representantes de uma típica sociedade patriarcal, era perfeitamente normal que coubessem apenas aos homens os direitos de herança. Afinal, eram os homens que cuidavam das finanças da família e da comunidade. Mesmo assim, parece estranho que ninguém tivesse ao menos questionado a validade dessa lei.

Rashi, comentarista bíblico da Idade Média, explica que Moisés e seus respeitáveis assessores estavam tão envolvidos com os assuntos do dia a dia que haviam perdido a capacidade de se preocupar com os sentimentos das pessoas. "Seus olhos não viam", disse Rashi. Na verdade, é assim que a maioria de nós passa a vida, correndo para lá e para cá, tratando das necessidades cotidianas, encarando os outros como objetos ou, na melhor das hipóteses, como indivíduos que podem cumprir uma função em nosso benefício, não como seres humanos que têm, cada um, seus próprios anseios e receios. Olhamos para eles, mas na realidade não os vemos.

Deus age de forma diferente. Deus sente a dor de Suas criaturas. Se, por um lapso, havia decretado uma lei que menosprezava determinada parcela da população, Ele não hesita em rever Seus conceitos quando percebe que um coração foi magoado por Sua causa. Deus vê cada pessoa como um ser sagrado, criado à Sua imagem.

Que tal tentarmos ver os outros assim? Quando nos referirmos aos famintos, aos idosos, aos desabrigados, aos deficientes, aos membros de outras minorias, que tal nos lembrarmos de que cada um deles é um ser humano?

Uma bênção enigmática

Prédica, 5 de outubro de 2003

Durante uma de minhas viagens a Jerusalém, um rabino idoso me deu uma bênção estranha e inusitada. Era o tipo de rabino que se vê frequentemente na Cidade Santa: um homem que renuncia aos prazeres materiais da vida e passa a maior parte do seu tempo mergulhado nos livros místicos da Cabala.

Havíamos nos encontrado diversas vezes no Kotel, o Muro, e esse seria o último encontro antes da minha volta ao Brasil. Quando nossa longa conversa estava chegando ao fim, ele se virou para mim e disse: "Faltam apenas alguns dias para Yom Kipur e eu sei que vocês, rabinos da diáspora, costumam abençoar sua congregação. Então permita-me invocar uma brachá para você transmitir aos seus fiéis".

E essa foi a bênção que ele pronunciou, enquanto apertava calorosamente minha mão: "Que Deus lhes conceda não aquilo que vocês querem, mas sim aquilo de que vocês precisam".

Que bênção curiosa! Profunda e perceptiva. Uma bênção bem formulada e, ao mesmo tempo, enigmática: "não aquilo que desejamos, mas sim aquilo de que necessitamos".

A primeira reação ao ouvirmos tal bênção é refletir sobre quais são nossas verdadeiras necessidades. Se um cabalista devoto, um homem genuinamente piedoso, pede a Deus que nos conceda somente aquilo de que precisamos e não aquilo que desejamos, ele está obviamente exigindo mais de nós do que de Deus. O que ele pretendia era que eu e os membros da minha congregação analisássemos seriamente a diferença entre aquilo que achamos necessário e aquilo que é realmente necessário.

Do que é que realmente precisamos? Qual é o mínimo indispensável?

Primeiro e acima de tudo: vida, a própria vida. Chaim é a palavra repetida com maior frequência em nossos serviços religiosos de Rosh Hashaná e Yom Kipur. É o refrão das Grandes Festas: "Zochrenu lechaim, Melech chafetz bachaim, vechotvenu beSefer hachaim, lemaancha Elohim chaim", "Recorda-Te de nós para a vida, ó Rei que amas a vida, e inscreve-nos no Livro da Vida, sendo Tu, ó Deus, o dono da vida".

O corolário natural? Saúde. Saúde física e mental, o bom funcionamento do nosso corpo e da nossa psique. Ainda outra necessidade fundamental é parnassá, sustento: alimentos, roupas, um lugar para morar, "ganhar a vida". Estes três itens – vida, saúde e sustento – constituem as condições mínimas da existência humana. Se concentrarmos a atenção exclusivamente em nossas necessidades básicas, conforme parece indicar a estranha bênção do rabino, então a lista já está completa. Não há mais nada a acrescentar. Incrível, não é?

Se tivéssemos que pedir a Deus somente aquilo que é absolutamente indispensável, como seriam poucas as nossas preces!

Baseando-nos numa análise superficial, poderíamos concluir que a bênção daquele homem sábio e bondoso, além de ser fora do comum, não primava pela generosidade. Além de excêntrica, era insuficiente.

Será mesmo? O que aquele místico queria nos transmitir é, a meu ver, algo muito mais profundo do que captamos à primeira vista. O que ele queria, acima de tudo, era nos conscientizar de que, na verdade, precisamos muito menos do que pensamos; que nossas necessidades estão distorcidas e exageradas; que estamos confundindo nossas vontades com nossas necessidades. A lista dos nossos desejos é quilométrica. Se tivéssemos que enumerar tudo aquilo que gostaríamos de ter ou de ser, não saberíamos por onde começar. São tantos os desejos despertados pela inveja ou pelo consumismo! É isso que o sábio rabino queria nos mostrar: que nossa escala de valores está errada. Passamos a vida sonhando com muita coisa de que não precisamos, lutando para conseguir aquilo que poderíamos certamente dispensar.

Agora, por outro lado, e isso é igualmente importante, se não ainda mais importante, existem muitas coisas de que precisamos e não percebemos. A brachá do rabino é um apelo para incluirmos em nossa vida valores e metas que talvez tenhamos até agora omitido.

Sejamos honestos com nós mesmos: será que vida, saúde e sustento são o suficiente?

O carinho de uma família não é uma necessidade básica, sem a qual a vida perde o sentido? E a amizade, o carinho daqueles poucos verdadeiros amigos leais, não é uma necessidade fundamental?

A lista de necessidades vai ainda além. Como podemos deixar de mencionar a sobrevivência do Estado de Israel? A segurança de Israel não é uma condição *sine qua non* para a segurança dos judeus no mundo inteiro?

Tampouco podemos omitir, em nossa relação de "necessidades essenciais", a paz no Brasil e a paz no mundo. Nossa sociedade precisa desesperadamente de menos violência, menos ódio, menos tensão social, menos terrorismo, menos atritos internacionais, menos guerra. Com a proliferação de armas de destruição em massa, impedir uma guerra não é o pré-requisito primordial para a sobrevivência da humanidade?

Nossa lista já está ficando longa, mas ainda temos que acrescentar uma última necessidade fundamental: coragem. Minha mãe sempre dizia que, sem coragem, a vida seria insuportável. A estrada da vida, sabemos, é cheia de obstáculos e abismos; sem coragem, sem fé, confiança e perseverança, não conseguiríamos a caminhada. Cada um de nós, em algum momento, é obrigado enfrentar uma doença, uma perda, um revés, uma decepção. É a coragem que nos permite lutar e, quem sabe, talvez até vencer.

Que Deus nos dê a todos, este ano e por muitos anos mais, a sensibilidade para saber o que pedir. E que sejamos inscritos e selados, junto com nossos entes queridos, nas páginas mais lindas do Livro da Vida.

Gmar Chatimá Tová.

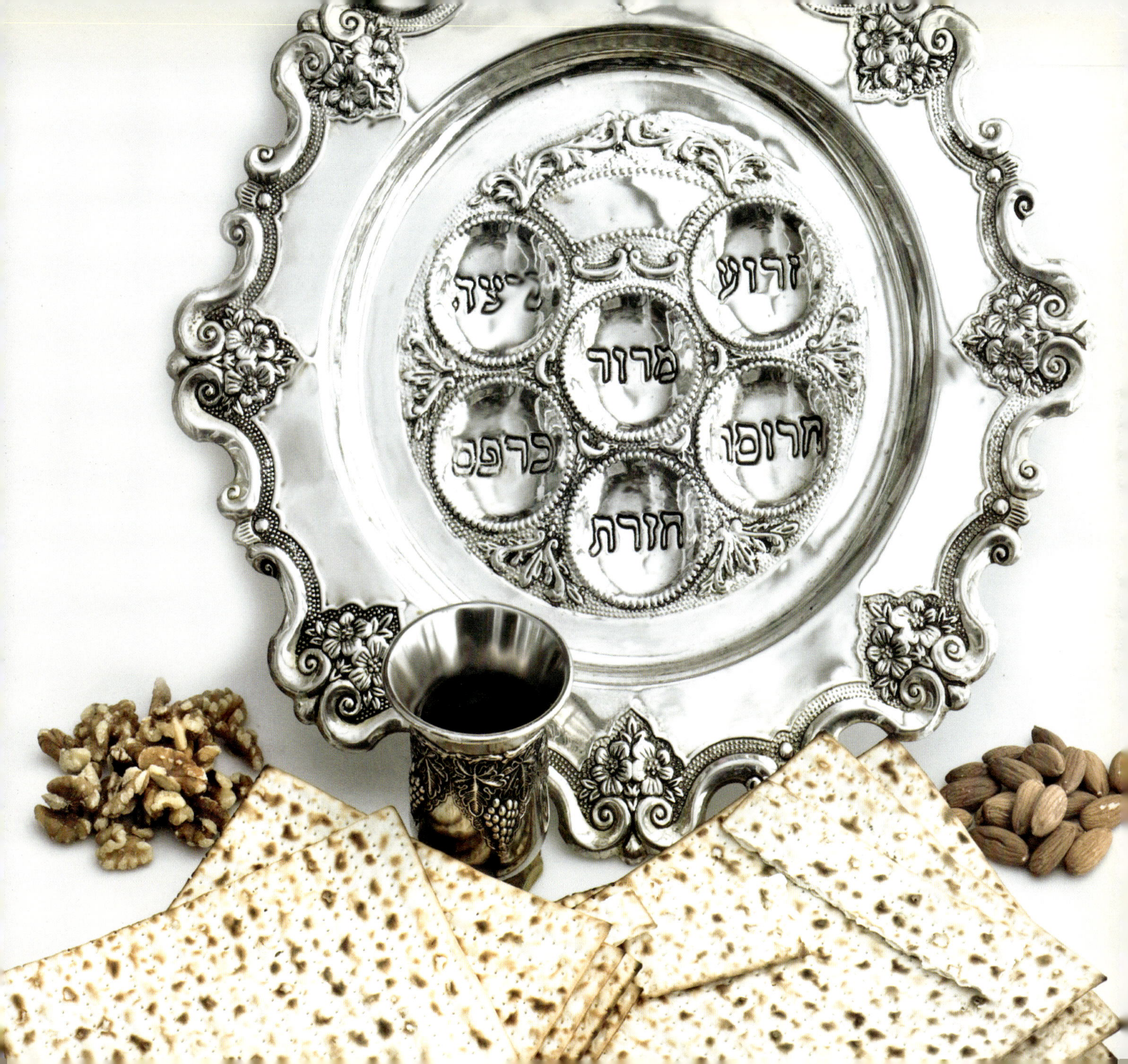
זרוע
מרור
כרפס
חרוסת
חזרת

Quem desiste nunca vence

Revista Shalom,
18 de janeiro de 2004

A primeira tentativa de Moisés junto ao faraó havia sido um desastre total. O apelo de Moisés para que o faraó libertasse os israelitas escravizados tinha provocado uma opressão ainda mais cruel do que antes. Em frustração e desespero, Moisés havia protestado: "Ó Deus, por que fizeste mal a este povo? E por que me escolheste como Teu porta-voz?"

E, na leitura da Torá no último Shabat, Deus responde a Moisés, dizendo simplesmente: "Eu sou o Senhor e Eu me comprometi com Abraão, Isaac e Jacó". O que será que Deus quis dizer com isso? De acordo com Rashi, a resposta de Deus trazia a implicação de que havia um propósito, uma intenção, um desígnio divino por trás de tudo o que estava acontecendo; e que Moisés precisava aguentar firme, pois ele estava destinado a ser o instrumento através do qual se cumpriria a promessa feita por Deus aos antigos patriarcas.

Foi somente então, ao ouvir a resposta de Deus, que Moisés resolveu não desistir. E aquele momento, quando ele se conscientizou da necessidade de continuar tentando, apesar de todos os obstáculos, foi, a meu ver, o ponto crucial em sua carreira como o maior líder do nosso povo.

Moisés acaba colhendo os frutos de sua paciência e persistência: Deus faz com que as águas do mar Vermelho se abram, para permitir a passagem dos israelitas. Depois, Ele faz cair do céu o maná, para que eles tenham o que comer, e ensina Moisés a tirar água da pedra, para que eles tenham o que beber. Se Moisés tivesse desanimado com o primeiro "não" do faraó, os hebreus jamais teriam sido libertados da escravidão do Egito e não chegariam nunca à Terra Prometida.

Para alcançar a grandeza que caracteriza um verdadeiro líder, são necessárias inúmeras qualidades, mas talvez a mais indispensável seja a perseverança, a capacidade de não desanimar diante do fracasso, a determinação de tentar outra vez. Moisés sofreu uma série de derrotas. Enquanto ele elaborava grandes planos para libertar os israelitas do cativeiro, eles o criticavam e se mostravam desleais. Enquanto ele tentava elevar os pensamentos do seu povo, eles brigavam entre si e insistiam em se preocupar com assuntos banais. E mesmo assim, apesar de todas as frustrações, Moisés não desanimou e não desistiu do seu objetivo.

Que bela lição para todos nós, em nossa vida cotidiana! Às vezes, basta um pouquinho mais de esforço, um pouquinho mais de paciência, um pouquinho mais de persistência, um pouquinho mais de fé… e o que parece ser um fracasso irremediável pode tornar-se um triunfo glorioso. A única verdadeira derrota é aquela que vem de dentro. O único obstáculo intransponível é a nossa própria fraqueza interior.

Quem desiste nunca vence; só vence aquele que nunca desiste. Não importa quão duro o golpe, o ser humano só está fora de combate quando ele decide não se reerguer.

Cada um de nós tem seus problemas pessoais. E muitos dos nossos problemas pessoais são realmente difíceis de resolver. Não creio que haja um homem ou uma mulher ou mesmo uma criança que jamais tenha sofrido um fracasso ou um revés. No entanto, o judaísmo nos ensina que não devemos nunca, mas nunca mesmo, deixar nossas derrotas abalarem nossa crença na possibilidade de um dia alcançarmos a vitória.

Temos muito para aprender com Moisés e sua vitória final. Cada dia é um novo dia, com novos desafios e novas oportunidades. Se caímos, se erramos, levantemo-nos e tentemos novamente. Moisés o fez. Nós também somos capazes.

A memória do caráter

Prédica, 27 de maio de 2004

O que um rabino pode aprender com a vida através do seu envolvimento com a morte? O que a morte ensina sobre a vida? Eu gostaria de compartilhar com vocês, nesta breve mensagem no segundo dia de Shavuot, algo que eu tenho observado. A grande verdade que sobressai sob o impacto da morte é que a *única* coisa que permanece quando a vida chega ao fim é o caráter. A integridade, a dignidade, o bom nome que a pessoa deixou.

A gente se preocupa e se irrita com tanta coisa: onde morar, como morar, quanto gastar, que roupas comprar, que comida preparar, aonde ir, o que fazer, quando, como, quem, o quê... todas as pressões cotidianas e os problemas que somos obrigados a resolver no dia a dia. Mas quando a pessoa exala seu último suspiro, e a família se depara com a realidade da morte, como se tornam banais todos aqueles problemas!

A herança daquele que se foi não são suas propriedades, nem seus objetos de valor, nem suas empresas, nem quantas vezes seu nome saiu no jornal. O que realmente importa, o único que importa, é o caráter.

Existe um ditado alemão que diz: "Quando se perde a riqueza, não se perde nada. Quando se perde a saúde, se perde muito. Quando se perde o caráter, se perde tudo".

O Talmude conta, em nome de Rabi Meir, uma linda história sobre uma raposa que estava de olho num pomar cheio de frutas deliciosas. Mas havia uma cerca em volta, e a raposa não podia entrar. Finalmente, ela descobriu uma abertura na cerca, mas quando tentou entrar percebeu que o buraco era pequeno demais para ela passar. Então ela pensou: "Bem, se eu fizer jejum durante três dias, meu corpo ficará magro e passará pelo buraco". E assim fez. Depois de três dias sem comer, ela conseguiu entrar no jardim. Foi uma festa! Ela se encheu de uvas e de todas as outras frutas gostosas que lá havia. Quando já estava satisfeita, pensou: "É melhor eu sair logo daqui, antes que chegue o dono do pomar". Mas quando tentou sair ela percebeu, para seu grande desespero, que tinha engordado de tanto comer e já não passava mais pelo buraco na cerca. Coitada da raposa! Ela teve que jejuar mais três dias. Quando finalmente conseguiu sair, ela olhou para trás e disse com tristeza: "Você, jardim, é tão lindo, suas frutas são tão deliciosas, e eu, com tanta esperteza e tanto esforço, fiquei sem nada!"

Meus amigos: assim é com o homem. Nu ele vem ao mundo, e nu também ele tem que partir. Depois de toda a sua luta aqui na terra, ele não leva nada consigo. E tudo que ele deixa para trás é insignificante. *Exceto* a memória do seu caráter.

Portanto, a morte de um ente querido nos ensina uma profunda lição: compensar a brevidade da vida aumentando sua intensidade. E não perder tempo com trivialidades.

Ética nos negócios

Revista Shalom,
4 de julho de 2004

A integridade nos negócios é um conceito que remonta aos primórdios do povo judeu. Quando nosso patriarca Abraão chegou à conclusão de que ele e seu sobrinho Lot tinham rebanhos numerosos demais para compartilharem as mesmas pastagens, Abraão ofereceu a Lot a primeira escolha quanto à terra que ele gostaria de ocupar.

O capítulo bíblico seguinte relata a recusa de Abraão de apossar-se de qualquer parte dos despojos de guerra depois de ter vencido a batalha contra os reis. Mais tarde (Gênesis 23), lemos que Abraão não aceitou o presente que lhe foi oferecido por Efron, preferindo pagar o preço devido pela caverna de Machpela, local de sepultura de sua falecida esposa, Sara.

O Talmude enfatiza repetidamente a importância da honestidade nas relações comerciais.

De acordo com nossa tradição, a primeira pergunta que é feita pelo tribunal celestial a um recém-chegado é: "Seus negócios foram conduzidos decentemente?" (Shabat 31).

Cumprir o prometido é um dos requisitos da retidão nos negócios. O judeu tem que ser um homem de palavra. Isso vale, é claro, não só nas relações comerciais como também nos relacionamentos pessoais. "Aquilo que sair dos teus lábios terás que pôr em prática" (Deuteronômio 23:24). Mais ainda, nossos rabinos dizem que, mesmo que a promessa não tenha sido verbalizada, mesmo que tenha sido feita apenas mentalmente, ela tem que ser cumprida. Por exemplo, se alguém pensa em fazer um donativo, tem que fazê-lo. Esse é o grau mais alto de virtude moral.

A propaganda enganosa é proibida. Não se pode atribuir a um produto uma qualidade que ele não tem. Tampouco se pode fazer qualquer afirmação que induza o potencial comprador a supor que o produto é melhor do que de fato é. Os rabinos dão ao versículo que se encontra no capítulo 19 do Livro de Levítico, "Não colocarás um obstáculo diante de um cego", não só uma interpretação literal, como também um sentido figurativo. Vender drogas a um jovem ingênuo é colocar diante dele um obstáculo que fatalmente o fará tropeçar. Vender um alimento não kosher a um judeu praticante, sem que ele saiba o que está comprando, é criar um empecilho para sua observância religiosa.

A Torá equipara a violação da propriedade alheia a um roubo. "Não removerás o marco do terreno do teu vizinho", lemos no Deuteronômio, capítulo 19. É considerada tão grave essa ofensa que ela é incluída entre as maldições enumeradas pelos levitas: "Maldito aquele que remover o marco do terreno do seu vizinho" (Deuteronômio 27). O termo hasagat gevul, literalmente "violação de fronteira", aplica-se também a qualquer forma injusta de competição: plagiar um trabalho alheio, infringir o direito autoral ou praticar a "pirataria", como se diz atualmente.

Dois homens foram certo dia falar com o rebe para pedir seu conselho sobre uma sociedade que pretendiam fazer. O rabino pegou um pedaço de papel, escreveu as quatro primeiras letras do alfabeto hebraico e disse: "Este deve ser o seu contrato. Alef é a inicial de emuná (fé), bet representa brachá (bênção), gimel é a primeira letra de guenivá (roubo) e daled é a inicial de dalut (pobreza). Se vocês tiverem fé, confiança um no outro, sua parceria será uma bênção; mas, se forem desonestos um em relação ao outro, o empreendimento fracassará e deixará ambos pobres".

Essas, então, são algumas das diretrizes que o judaísmo oferece para assegurar a ética nos negócios. Eram válidas nos tempos antigos e continuam válidas até hoje.

Prioridades

Revista Shalom,
31 de outubro de 2004

Um judeu holandês sobreviveu ao Holocausto escondido num porão. Terminada a guerra, ele imigrou para os Estados Unidos, completou seus estudos, tornou-se um respeitado acadêmico e acabou sendo nomeado chefe do Departamento de Filosofia de uma universidade. Completamente assimilado, ele havia se casado com uma mulher não judia e não tinha nenhum vínculo com a comunidade judaica. De judaico, só guardou o sobrenome: Schwartz. Não porque se orgulhasse dele, mas simplesmente porque dava muito trabalho para mudá-lo.

Certo dia, o presidente da universidade o chamou e pediu que ele recepcionasse o dr. Abraham Joshua Heschel, que havia sido convidado para fazer uma conferência na faculdade. O professor perguntou: "Quem é ele?" O presidente respondeu: "O dr. Heschel é um renomado rabino, teólogo e filósofo". O professor, um tanto irritado, perguntou: "E por que o senhor me escolheu para servir de cicerone?" "Por dois motivos", respondeu o presidente. "Primeiro, porque você é judeu. Segundo, porque você é o chefe do Departamento de Filosofia."

E assim, com muita má vontade, o professor foi buscar o rabino Heschel no aeroporto. No caminho de volta para a cidade, os dois começaram a conversar sobre filosofia. Em certo momento, Heschel perguntou ao professor: "O senhor é judeu?" O professor, não querendo esticar o assunto, respondeu com um lacônico "sim". Heschel então lhe perguntou: "E o que o senhor faz com seu judaísmo?" O professor ficou quieto alguns instantes e depois disse: "Nada, na verdade, nunca parei para pensar nisso". Heschel olhou fundo nos seus olhos e disse: "Se o senhor me permite uma sugestão, pense nisso, sim".

Acho que devemos nos formular a mesma pergunta que o dr. Heschel dirigiu a um professor de filosofia totalmente assimilado e indiferente. Nós somos judeus. Mas o que estamos fazendo com nosso judaísmo? O que estamos fazendo de judaico? Que papel o judaísmo desempenha em nossa vida?

Uma primeira providência que podemos tomar para tornar mais significativo o papel que o judaísmo desempenha em nossa vida é aumentar nossos conhecimentos judaicos. Nós, judeus modernos, somos um paradoxo. Por um lado, somos um povo com alto nível de educação. Damos muito valor ao estudo. A maioria de nós tem diploma universitário e fazemos questão de que nossos filhos e netos cursem as melhores escolas. Mas, no que tange ao judaísmo, somos tão ignorantes! Parafraseando Winston Churchill, "nunca tantos souberam tão pouco a respeito de tanto".

Meus amigos: é impossível fazer algo com nosso judaísmo sem saber o que é o judaísmo. E o conhecimento não cai do céu. Só podemos captar a beleza do judaísmo se estudarmos nossa herança. Temos que ler livros judaicos e temos que passar tempo na presença daqueles que sabem mais a respeito do judaísmo do que nós. Nesse sentido, o rabinato da Congregação Israelita Paulista está introduzindo cursos de judaísmo para todas as faixas etárias: aulas de Torá, história judaica, pensamento judaico e seminários sobre tefilá, liturgia. Pretendemos reativar nossa biblioteca no quinto andar e transformá-la num Beit Midrash, uma verdadeira "Casa de Estudos". Queremos oferecer aos nossos sócios um contato maior com as fontes judaicas.

Existem exemplos inspiradores do poder que o conhecimento tem de trazer de volta ao caminho judaico aqueles que se afastaram. Lembram-se de Franz Rosenzweig? Na Alemanha, antes da Primeira Guerra Mundial, Rosenzweig fazia parte de uma família assimilada; seus primos tinham se convertido ao cristianismo. Ele havia decidido fazer o mesmo e iniciou a preparação para o batismo. Começou a estudar o judaísmo, não porque estivesse interessado no judaísmo em si, mas porque queria entender as raízes do cristianismo. Vejam só o que aconteceu: quanto mais ele se aprofundava nos estudos judaicos, mais se apegava à sua fé ancestral. Acabou abandonando a ideia de se converter e se tornou um grande expoente do pensamento judaico.

O que mais podemos fazer com nosso judaísmo, além de adquirir conhecimentos? Podemos dar à sinagoga seu devido valor. Para muitos, a sinagoga transformou-se num posto de gasolina. Só se entra quando é necessário; senão, passa-se reto. São tantos os judeus que não sentem nenhum envolvimento com a sinagoga, nenhuma responsabilidade por ela. Não é isso que a sinagoga deve ser. A sinagoga é o nosso abrigo espiritual, é o endereço do povo judeu. Nenhuma outra instituição unifica tão bem os judeus através dos séculos e através das fronteiras. Essa é a única instituição em que um judeu de São Paulo e um judeu de Cingapura, um judeu da Idade Média e um judeu do século XXI podem entrar e sentir-se em casa. Quando fazemos parte de uma congregação religiosa judaica, sentimo-nos irmanados a todos que fizeram parte dela antes de nós, todos que a construíram e a mantiveram antes de nós, e todos que fizeram parte de sinagogas como ela ao longo dos tempos.

A gente abre um Sidur e as gerações que nos antecederam ressuscitam dentro de nós. Dizemos as mesmas palavras que nossos ancestrais diziam e percebemos que somos um elo numa cadeia infinita. Somos parte da história do nosso povo, compartilhamos uma experiência coletiva. O sofrimento dos nossos antepassados nos dói fundo na alma. Sentimos com eles o tormento do exílio e da perseguição. Mas não são apenas suas tristezas que revivemos dentro da sinagoga. Participamos também dos seus triunfos e júbilos. Sentimo-nos vinculados aos extraordinários personagens da saga judaica: nós estávamos lá com eles no Sinai, quando a Torá foi entregue; nós estávamos lá com eles naquele glorioso 14 de maio de 1948, quando o Estado de Israel renasceu. A sinagoga nos conscientiza de que compartilhamos da eternidade de Klal Yisrael. Se queremos fazer algo com nosso judaísmo, precisamos pertencer.

Se queremos fazer algo com nosso judaísmo, é hora de começarmos a praticar nossa religião. Sempre houve em nosso meio diversos graus de observância: há judeus ultraobservantes, judeus observantes, judeus menos observantes, judeus pouco observantes. Para mim, a menor centelha de observância é digna de respeito. Se alguém vem à sinagoga apenas para rezar o Kadish no Yahrzeit da mãe ou do pai, eu digo "Ótimo!" A perfeição não é necessária; quem não pode ou não quer praticar tudo, que pratique alguma coisa.

Mas alguma coisa é preciso praticar. O judaísmo está em apuros quando jejuns são desprezados e feriados judaicos passam despercebidos, quando a colocação do talit e dos tefilin torna-se exclusivamente uma demonstração para os alunos que estão se preparando para seu Bar-Mitzvá.

Há pouco tempo, eu estava em Jerusalém e, como sempre faço quando estou em Jerusalém, fui ao Kotel, o Muro Ocidental. Era a hora das orações matutinas e um grupo de turistas judeus estava tirando fotografias. Aproximou-se de um deles um rabino, com uma linda barba branca, e ofereceu-lhe um par de tefilin. "Não, obrigado", respondeu o sujeito, "eu não sei usar isso". Aí o rabino disse: "Pegue então este talit. Basta colocá-lo nos ombros". E o fulano respondeu: "Não, obrigado, não estou interessado". O rabino estendeu-lhe um Sidur, dizendo: "Talvez você queira acompanhar o serviço religioso…" E o moço respondeu: "O senhor não está entendendo: eu sou apenas um turista!"

Meus amigos: tantos de nós são apenas turistas no judaísmo. Queremos só assistir, sem participar. Não sabemos o que fazer e, pior ainda, não queremos saber. Tornamo-nos meros espectadores da nossa tradição. Somos os mensageiros de uma herança milenar e a tragédia é que esquecemos a mensagem.

O rabinato da Congregação Israelita Paulista está assumindo a responsabilidade de revitalizar a prática do judaísmo na CIP. É tão importante uma rotina religiosa! Ela nos mantém de prontidão para ouvir os ditames de Deus. Ela nos torna atentos ao sagrado. Senão, no corre-corre da vida cotidiana, a santidade certamente nos escapa. É hora de trazermos as mitzvot de volta ao judaísmo liberal. O fato de sermos judeus não ortodoxos não nos isenta da prática do judaísmo. Sem uma estrutura de mitzvot, é impossível transmitir nossa fé de geração em geração, ledor vador. Nossa prioridade a partir de agora será proporcionar à juventude da CIP um ambiente mais rico em vivência religiosa, tradição e rituais. Entristece-nos profundamente quando um dos nossos jovens sai em busca de outra sinagoga, alegando que nós, judeus não ortodoxos, colocamos a observância em segundo plano. Essa tendência estamos determinados a reverter.

O que podemos fazer com nosso judaísmo? Cuidar zelosamente do legado que recebemos dos nossos pais e avós, não deixar que ele se esgote, transferi-lo intacto aos nossos filhos e herdeiros. Nesse sentido, creio que devemos, todos nós, ser "judeus tradicionais". Porque tradição significa, literalmente, o ato de transmitir alguma coisa de uma geração a outra. A escolha é nossa: preservar o judaísmo e fazer jus aos sacrifícios dos nossos predecessores, ou deixar que o judaísmo se perca e desonrar a memória de todos que viveram e morreram como judeus.

Formulemos a nós mesmos, com seriedade, a pergunta do rabino Heschel: o que estamos fazendo com nosso judaísmo? Se soubermos, em nosso íntimo, que a resposta é "nada" ou "quase nada", vamos assumir o compromisso de mudar essa realidade. Vamos nos empenhar em adquirir mais conhecimentos sobre nossos valores e nossa tradição. Vamos nos integrar mais intensamente à nossa sinagoga. Vamos nos compenetrar da nossa identidade como membros da família judaica, unidos por um destino comum. Vamos começar a praticar mitzvot, mesmo que não sejam muitas. Vamos dar à nossa vida um alicerce judaico. Para que, daqui a algum tempo, se alguém nos perguntar o que estamos fazendo com nosso judaísmo, possamos erguer a cabeça e responder: "Muita coisa!"

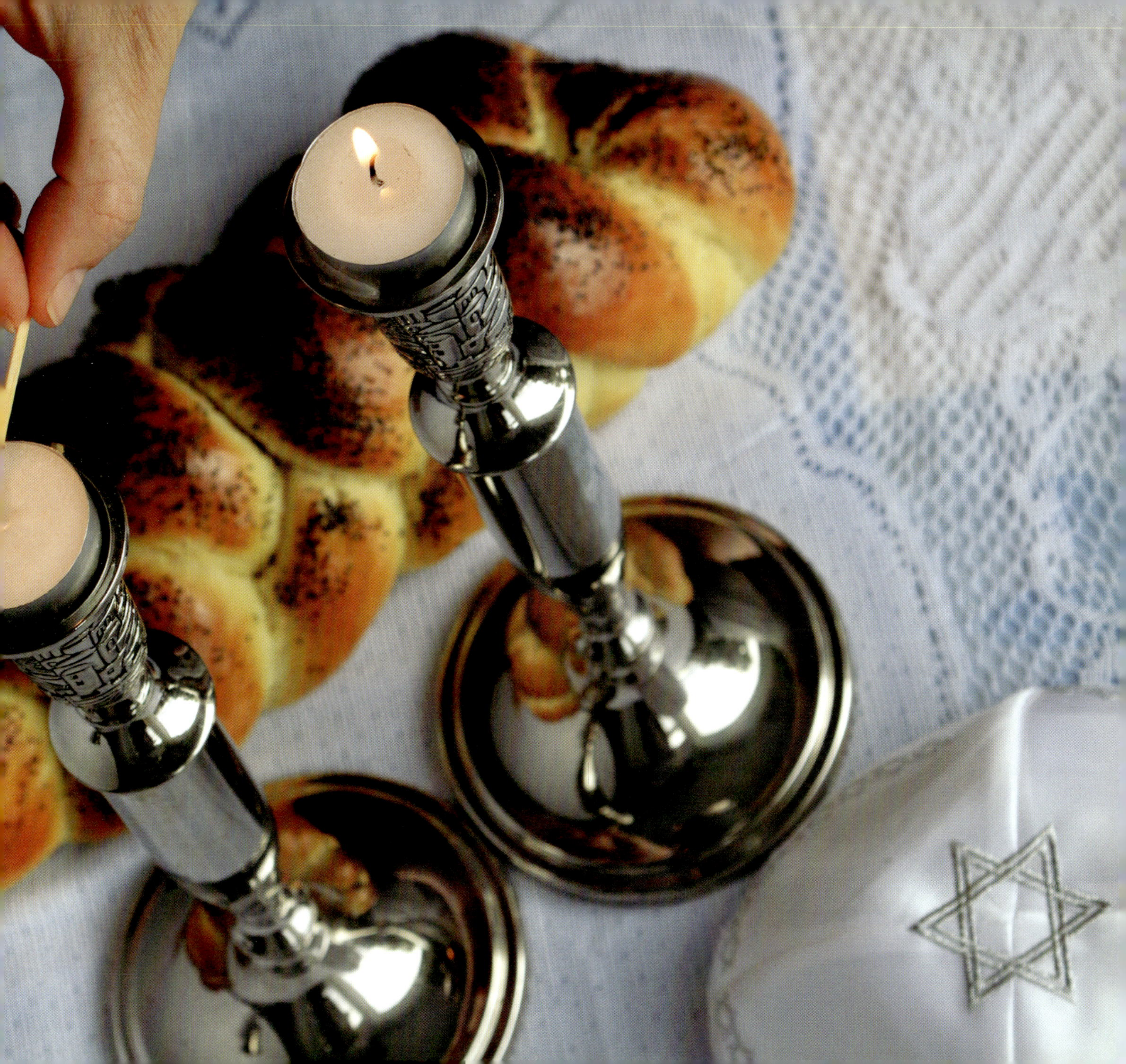

Lea vive

Revista Shalom,
14 de novembro de 2004

No trecho da Torá que lemos no próximo Shabat, Vayetze, há uma passagem sobre o nascimento do quarto filho de Lea, Judá. Seu nome em hebraico, Yehudá, vem da raiz "odé", que significa "agradecer", e foi escolhido por Lea para exprimir o que sentiu ao dar à luz: "Desta vez, darei graças ao Senhor!"

No Talmude, há um comentário dizendo que "desde o início dos tempos, ninguém havia agradecido a Deus como Lea".

Por que será que os rabinos julgaram esse agradecimento o mais extraordinário de todos? Afinal, muitos outros personagens bíblicos já haviam expressado antes – e com maior eloquência – sua gratidão a Deus. A explicação, de acordo com os sábios, é que aquela declaração de Lea foi qualitativamente diferente, foi especial porque brotou do fundo de sua alma.

Até então, Lea sofria de um enorme complexo de inferioridade. Sentia-se rejeitada e desrespeitada. Seu marido, Jacó, só estava com ela por uma exigência do sogro, que fez questão de casar Lea, a filha mais velha, antes da caçula Raquel, a quem Jacó realmente amava. A Torá nos diz que Raquel "era bela de ser ver", mas não fala nada sobre a aparência de Lea, provavelmente porque ela era tão feinha que não havia nada para elogiar. Seu próprio pai tinha forçado Jacó a se casar com Lea para que ela não ficasse "encalhada". Que humilhação!

Toda vez que Lea dava um filho a Jacó, pensava consigo mesma: "Agora, sim, meu esposo me amará". Doce ilusão! Jacó continuava apaixonadíssimo por Raquel.

Só após o quarto parto é que Lea teve o *insight* de que não adiantava ficar esperando que seu marido passasse a valorizá-la. Ela se conscientizou de que Deus a ajudaria a encontrar dentro de si mesma os recursos necessários para sair daquela vergonhosa situação ou, pelo menos, para suportá-la. Lea descobriu repentinamente a importância da autoestima e da fé. Por essa descoberta, ela se sentiu profundamente grata a Deus.

Há um quê de Lea dentro de cada um de nós. Lea vive dentro de nós sempre que nossa força vence nossa fraqueza, sempre que o otimismo vence o pessimismo, sempre que a fé vence o desespero.

Lea vive em todos os pacientes de câncer que se propõem a retomar a vida depois de semanas e meses de dolorosos tratamentos com radiação e quimioterapia. Lea vive nos alcoólatras e viciados em drogas que enfrentam tanta dificuldade para se recuperar.

Lea vive em todos os casais cujo relacionamento está à beira do abismo e que conseguem, com muito esforço, paciência e dedicação, reencontrar o amor e reconstruir seu casamento.

Lea vive em todas as pessoas que passam por um trauma – físico, emocional ou espiritual – com efeitos devastadores sobre sua própria vida e a de sua família e que, apesar da dor, da angústia, da vontade de desistir, encontram a coragem para superar e seguir em frente.

Lea vive em todos os seres humanos que dão a volta por cima.

Lea é uma de nossas matriarcas, não só porque dela provieram quatro tribos de Israel, mas principalmente porque dela proveio o exemplo da esperança. E Lea é uma de nossas grandes mestras, porque ela nos ensina a lidar com o sofrimento que aflige a todos, em um ou outro momento da vida. Ela nos ensina a confiar em nós mesmos e a nos sentirmos gratos pelo amparo de Deus.

Auschwitz: sessenta anos depois

*Prédica,
16 de janeiro de 2005*

Este ano comemoramos o sexagésimo aniversário da libertação do campo de concentração de Auschwitz.

Por que a mera menção do nome "Auschwitz" faz os judeus do mundo inteiro se arrepiarem? A resposta é óbvia: o profundo pavor do Holocausto penetrou as raízes da nossa psique – um pavor que é tão indelével quanto os números marcados a fogo nos braços judeus.

Auschwitz é a linha mestra da nossa filantropia, da nossa pedagogia, do nosso judaísmo, do nosso sionismo. É o argumento máximo contra os casamentos mistos, contra o abandono das tradições e da educação judaica. O Holocausto é o recurso decisivo depois que todos os outros falharam. É o meio mais seguro de angariar fundos na comunidade: negar uma contribuição é considerado mais do que mesquinhez, é uma traição aos 6 milhões.

Mas será que Auschwitz é suficiente para motivar, incentivar e sustentar judaicamente nossos filhos? Confesso minha preocupação de que depender excessivamente do trauma do Holocausto pode ter um efeito contraproducente sobre nós e sobre as futuras gerações.

Tenho receio das consequências desastrosas daquele raciocínio que vê o mundo eternamente dividido em duas partes adversárias: "eles" e "nós", os goim e os judeus. Eles, os perseguidores, e nós, as vítimas.

Se ensinarmos aos nossos filhos que o mundo inteiro busca nossa destruição, se lhes ensinarmos que o mundo sempre nos detestou, continua nos detestando e sempre nos detestará, acabaremos provocando na terceira e na quarta geração uma resignação paralisante. Pois que sentido tem tentar influenciar favoravelmente a opinião pública, se acreditamos que todos os não judeus nos odeiam, independentemente dos nossos atos?

Será que é essa a autêntica história? É essa a sabedoria da fé judaica que queremos legar?

A meu ver, precisamos de outra mentalidade, outra filosofia, outra maneira de transmitir o judaísmo à próxima geração. Não é através do medo da morte que conseguiremos incutir em nossos filhos a vontade de viver judaicamente. Não se pode construir uma identidade judaica sólida e sadia sobre os pilares do temor, da raiva e do ódio.

Existem amigos a serem conquistados, alianças a serem formadas, novas opções a serem encontradas. Existem alegrias judaicas a serem celebradas. Existe um futuro judaico que promete mais do que a reencenação de um passado trágico.

Que ninguém me entenda mal: não sou insensível e não sou ingênuo. O Holocausto é uma memória sagrada. Quem aconselha o esquecimento está traindo nossa obrigação fundamental de reverenciar os mártires do nosso povo. Quem discorda da necessidade de nos mantermos eternamente atentos ao antissemitismo é tolo ou irresponsável. O que estou dizendo é apenas isto: não pode haver nem negação nem obsessão. O que estou dizendo é que tem de haver um senso de proporção e equilíbrio.

O pêndulo judaico está desregulado. O Holocausto é um elemento crucial da nossa história, mas não se pode fazer dele o único sentido da nossa existência. O Holocausto é nossa tragédia, mas não nossa razão de ser. Auschwitz não pode ser a única lente através da qual nossos filhos enxergam o passado e o futuro. Amargurar o coração dos jovens não é nenhum tributo aos kedoshim que morreram. A imortalidade dos nossos mártires está ligada à vitalidade judaica, não à melancolia.

Ao comemorarmos neste ano o sexagésimo aniversário da libertação dos campos de concentração, que possamos converter a dor em esperança, o medo em coragem, o luto em um grande Canto de Rendenção.

Judaísmo e tolerância religiosa

Palestra para o Rotary Club, 3 de junho de 2005

O início do século XXI vem assistindo a um fenômeno cuja velocidade e consequências ainda não podem ser calculadas: a globalização. Neste primeiro momento, já se percebem desdobramentos para terrenos fora do econômico: as comunicações, em sua capacidade de conectar instantaneamente os pontos diferentes do planeta, tornaram as distâncias irrelevantes. Computador, internet, TV a cabo, organizações virtuais são nomes e hábitos já incorporados ao padrão de vida atual.

Um mundo globalizado, pretensamente sem fronteiras, tende a fortalecer a impressão de que estaríamos no limiar de uma civilização realmente universal. Por que, então, ao mesmo tempo, conflitos políticos e étnicos tão particulares estão presentes? Por que a violência no Iraque? Por que as agressões no Oriente Médio? Por que tantas manifestações de fundamentalismo religioso?

Porque a globalização não é uma panaceia. Porque a globalização não promove a verdadeira aproximação. A globalização facilita o diálogo, mas não o substitui.

Formulemos a nós mesmos uma simples pergunta: o que é que aprendemos durante os últimos cem anos? O fato é que o século passado se caracterizou pelo brutal assassinato de dezenas de milhões de pessoas, vítimas de uma ou outra filosofia bolchevista-nazista-fascista-comunista. O Holocausto marcou o apogeu da bestialidade, com o massacre de 6 milhões de judeus europeus. A eliminação de povos inteiros por meio da industrialização da morte foi o sinal distintivo do século XX. Duas guerras mundiais e inúmeros conflitos locais em todos os continentes são o triste ponto de partida para uma reflexão sobre as perspectivas para o futuro.

A intolerância predomina no mundo de hoje. O fanatismo se propaga nas mais diversas esferas. O fanatismo sempre age em nome de algum grande ideal. É por isso que às vezes se torna difícil diferenciá-lo do autêntico idealismo. À primeira vista, idealistas e fanáticos têm muito em comum: a devoção a uma causa "sagrada", a crença inabalável na justiça dessa causa, a disposição de fazer qualquer sacrifício por ela. Quando, porém, o idealista se permite usar quaisquer meios para atingir seu objetivo – por mais violentos e imorais que sejam –, seu idealismo descamba em fanatismo.

Paradoxalmente, o fanatismo e o preconceito prosperam também em países livres. Os Estados Unidos têm sua Ku Klux Klan, Israel tem seus radicais ultraortodoxos. A única diferença é que nos regimes totalitários o preconceito é oficial, patrocinado pelo Estado. Nos regimes livres, o preconceito emana do povo, ou de algumas parcelas do povo. Na ex-União Soviética e em todo o Leste Europeu, o ultranacionalismo preencheu rapidamente o vazio deixado pelo colapso da ideologia comunista. A revolução democrática veio acompanhada de uma onda de xenofobia que se espalhou por toda a Europa, manifestando-se sob a forma de perseguições contra todas as minorias. O desemprego e a deterioração das condições econômicas levaram à busca de bodes expiatórios. A recém-adquirida liberdade de expressão trouxe consigo a liberdade de propagar o ódio e o preconceito.

Na verdade, isso já era de se esperar. A própria abertura da democracia oferece oportunidades ao demagogo, ao radical, ao racista, ao neonazista. Assim como as minorias têm o direito de se expressar numa sociedade democrática, aqueles que se opõem a essas minorias se sentem no direito de hostilizá-las publicamente.

O preconceito contra o estrangeiro, a xenofobia, é um velho cúmplice da humanidade. A admirável Grécia já exibia o mal. Aos olhos de Aristóteles, a "inferioridade natural" dos "bárbaros" (isto é, os não gregos) justificava que eles fossem escravos dos gregos.

Na concorrência localiza-se a raiz mais primitiva do preconceito e do racismo. Tem-se medo do outro porque ele é mais forte ou mais esperto, porque ele vai roubar sua caça, porque vai condená-lo à humilhação ou à fome. Passa-se então a detestar esse outro que causa temor. O que acontece em tempos de crise econômica reproduz o racismo primitivo. Quando a luta pela vida torna-se mais dura, o imigrante, o outro, aquele que tem uma religião diferente, uma cor de pele diferente, passa subitamente a ser visto como o predador, o ladrão, aquele que invade seu solo, rouba seu emprego e destrói sua cultura.

"Eu sou um rabino. Sou um rabino norte-americano. Sou um rabino que escolheu o Brasil e que foi abraçado por este país."

Discurso aos amigos

Texto lido na homenagem realizada na Sala São Paulo, 30 de março de 2009

Meus queridos amigos. Esta noite é mágica para mim e para minha família, minha esposa, Amanda, e minha filha, Alisha. Esse aconchego, essa alegria, essa consideração... sentimentos tão humanos que eu só poderia experimentar no Brasil, onde vivo há quase quarenta anos. E onde pretendo viver pelo menos mais cinquenta anos na ativa. Eu sou um otimista inato.

Agradeço a Ladislau Brett, que concebeu a ideia deste evento, com muita dedicação e energia criativa. Agradeço a Jack Terpins, Claudio Lottenberg, Israel Levin, Vera Bobrow, Sérgio Serber, Walter Feldman, Dóris Wolff, Karen Zolko, Miriam Wassermann, Cláudia Resende Minerbo, Bernardo Lerer. Que belo time! Que sorte a minha poder contar com a lealdade de gente tão amiga. Obrigado a todos.

Eu sou um rabino. Sou um rabino norte-americano. Sou um rabino que escolheu o Brasil e que foi abraçado por este país. E, como rabino, não posso perder a oportunidade de contar uma historinha. Faz parte da nossa tradição contar histórias.

Um dia, depois de uma prédica na Congregação Israelita Paulista, um amigo me perguntou, em tom de desafio: "Rabino, qual é a diferença entre os judeus e os árabes?" Eu respondi: "Bem, os árabes religiosos acreditam em Alá, um Deus único. Eles são semitas. Os árabes palestinos querem ter seu país independente". Aí o rapaz me interrompeu: "Rabino, eu perguntei as diferenças. Nós, judeus, também acreditamos nisso tudo".

Sabem de uma coisa? Ele tinha razão.

Fiquei pensando sobre o que o meu amigo disse. E logo me veio à mente a cidade de Hebron, na Cisjordânia. Lá existe um edifício amplo, retangular, muito antigo. Os judeus entram por um lado para visitar o túmulo do patriarca Abraão. E os muçulmanos entram pelo outro lado para venerar seu patriarca Ibrahim. Abraão e Ibrahim, claro, eram a mesma pessoa.

Pensei, então, nessa insistência judaica em sempre ser um lado de uma moeda que tem dois lados. Abraão e Ibrahim, o Muro das Lamentações, o nosso Kotel, em Jerusalém, que tem, exatamente do outro lado, a Esplanada das Mesquitas. Israel e os palestinos na mesma terra. Somos os dois lados da mesma moeda!

Sigmund Freud, o pai da psicanálise, não era exatamente um especialista em judaísmo, nem mesmo judeu praticante. Mas, no momento em que ele codificou em ciência o diálogo do homem consigo próprio, será que não estava exercendo até o limite essa nossa busca judaica atávica pelo outro lado da moeda?

Não estamos nós, judeus, procurando a todo momento saber o que somos? Judeus, preocupados com a sobrevivência de nosso povo e com o bem-estar de Israel? Ou cidadãos brasileiros, comprometidos com a justiça e a felicidade de nosso país e dos nossos concidadãos? Judaísmo ou universalismo?

Vamos virar a ampulheta da história e voltar até Maimônides, Moshe ben Maimon, um espírito iluminista que viveu no século XII, quando a Europa mergulhava no obscurantismo.

O que era Maimônides? Era espanhol? Claro, ele é reverenciado em Córdoba, a cidade em que nasceu e que lhe prestou homenagem com uma estátua. Maimônides era árabe? Lógico: foi uma das luzes do pensamento árabe-espanhol, médico da corte no Egito. E Maimônides era judeu?

Nenhuma dúvida, ele é um dos nossos orgulhos, autor dos 613 preceitos e também da Mishná Torá, uma preciosa mistura de Constituição e Código Civil, atual até nossos dias. Maimônides se contentou em ser um dos lados da moeda? Não, ele tinha plena consciência da inteireza do seu ser. Uma moeda inteira, não apenas um de seus lados.

E por que nós temos que nos contentar com uma existência parcial? Como poderíamos ser bons judeus sem que fôssemos, também e por isso mesmo, bons brasileiros, bons pais, bons filhos, bons colegas de trabalho; bons filhos de Abraão e de Ibrahim? Bons seres humanos, em síntese? O rei Davi, que é meu personagem predileto na Bíblia, levou certa vez uma bronca terrível da esposa.

Ele havia voltado para casa, digamos, meio "alto", depois da festa de recepção da Torá, a nossa Lei, em Jerusalém. E o que ele respondeu? Disse que o judeu não só pode como deve se alegrar com a Torá. Pode ser que ele só estivesse querendo arranjar uma desculpa para uma esposa furiosa, mas a mensagem é clara: nada mais divino do que ser humano.

Foi no Brasil que descobri que uma moeda nunca tem um só lado. Pode ter dois, mas pode ter também vinte ou trinta lados.

Tenho certeza de que Maimônides não se referia apenas aos judeus quando nos recomendou, entre os preceitos positivos: "Salvar os perseguidos, livrando-os de seus perseguidores".

Essa capacidade tão brasileira de fundir culturas, de aceitar diferenças, me parece que responde tão bem à eterna busca judaica pelo diálogo com o outro lado! Somar em vez de dividir. No Brasil, convivendo com a enorme variedade de problemas do país, e sua gigantesca capacidade de solucioná-los, tenho certeza de que me tornei mais universalista. E tenho a certeza também de que, ao assim me transformar, eu me tornei mais judeu, na acepção histórica e também religiosa da palavra.

Meus queridos amigos, é ainda Maimônides quem nos ensina: não guardar rancor e não buscar vingança. O colo quente e carinhoso da sociedade brasileira é o melhor ninho para que esses mandamentos se realizem.

Diz a nossa tradição que o equilíbrio do mundo está baseado na existência de pelo menos 36 pessoas justas (lamed vav tzadikim), muitas das quais exercem sua justiça anonimamente. Acredito firmemente nisso.

E estou certo de que, desses 36 homens e mulheres justos, muitos devem viver no Brasil. Talvez em São Paulo. Talvez mesmo nesta sala, bem ao seu lado.

Muito obrigado.

Índice de textos

A alegria também é sagrada 217
A busca – caminhos que levam a Deus 162
A crise moral no Brasil 158
A disposição de escutar 168
A felicidade está aqui 21
A luta da Anistia Internacional 117
A memória do caráter 234
A necessidade de relevância 97
A política da não intervenção 57
A sabedoria do silêncio 180
Amizade 216
Antes de morrer 61
Apollo, *Soyuz* e nós 35
As escolhas de Moisés 51
As paredes que restam 154
Auschwitz: sessenta anos depois 246
Autoestima 157
Bebê de proveta – o nascimento de Louise Brown 54
Carnaval de 1974 – novas impressões 14
Cidade da paz 88

Cinquenta anos de Israel: uma vitória para o sionismo 177
Contando nossas bênçãos 121
Deus vê 226
Dia das Mães 186
Discurso aos amigos 251
É fácil criticar 173
Ética nos negócios 236
Eu acuso! 47
Excesso de bagagem 24
Êxodo 1985 131
Formulando as perguntas certas 182
Glasnost 138
Há dois mares na terra de Israel 46
Jesus: um emissário de Deus? 66
Judaísmo e tolerância religiosa 248
Judaísmo num mundo em transformação 81
Lea vive 244
Liderança e compaixão 107
Memória construtiva 140
Meus problemas com Deus, os problemas de Deus comigo 93

Nosso anjo interior 104

Nossos atos estão sendo registrados 166

O campo dos sonhos 149

O cometa Halley e o judaísmo 135

O décimo homem 44

O homem pode fazer dinheiro, mas o dinheiro não faz o homem 19

O intangível 27

O meshigas do milênio 193

O papa em Auschwitz 64

O sentido do perdão – a perspectiva judaica 204

O shofar silencioso 71

O tempo é o dom mais precioso 224

Obrigado 221

Onde está o homem 112

Os amores do presidente 174

Os fardos que carregamos 188

Os últimos cem anos 200

Plantando para o futuro 199

Prioridades 238

Quando os sonhos não se realizam 42

Quem desiste nunca vence 232

Relações judaico-cristãs 95

Religião e política combinam 30

Responsabilidade social 219

Santificando o novo 145

Se eu pudesse falar com o papa... 90

Sobras 164

Tancredo é bom para os judeus? 126

Terror e Torá 99

Testamentos 110

Tolerância 170

Três recados 210

Três verbos: "crescer", "ir adiante" e "ver" 11

Tributo a Vladimir Herzog 41

Um novo leste europeu: isso é bom para os judeus? 147

Uma bênção enigmática 228

Uma década na Congregação Israelita Paulista (CIP) 79

Uma mitzvá difícil 212

Vinte anos da Lei da Anistia 190

Zelig 124